公务员、事业单位人员公开招聘面试辅导用书

面试
其实很简单

李鹏飞 著

暨南大学出版社
JINAN UNIVERSITY PRESS

中国·广州

图书在版编目（CIP）数据

面试，其实很简单/李鹏飞著.—广州：暨南大学出版社，2023.1
ISBN 978-7-5668-3532-1

Ⅰ.①面…　Ⅱ.①李…　Ⅲ.①公务员—招聘—考试—中国—自学参考
资料②行政事业单位—招聘—考试—中国—自学参考资料　Ⅳ.①D630.3

中国版本图书馆 CIP 数据核字（2022）第 192720 号

面试，其实很简单
MIANSHI，QISHI HEN JIANDAN
著　者：李鹏飞
··

出 版 人：张晋升
责任编辑：黄文科　高　婷
责任校对：刘舜怡　黄子聪
责任印制：周一丹　郑玉婷

出版发行：暨南大学出版社（511443）
电　　话：总编室（8620）37332601
　　　　　营销部（8620）37332680　37332681　37332682　37332683
传　　真：（8620）37332660（办公室）　37332684（营销部）
网　　址：http：//www.jnupress.com
排　　版：广州尚文数码科技有限公司
印　　刷：广州市金骏彩色印务有限公司
开　　本：787mm×1092mm　1/16
印　　张：18.75
字　　数：320 千
版　　次：2023 年 1 月第 1 版
印　　次：2023 年 1 月第 1 次
定　　价：59.80 元

面试，就是相亲

面试怎么会是相亲？

面试，可不就是相亲吗！

你得规规矩矩地坐在那里，虽然忐忑不安，小心脏"噗通噗通"的，但还是尽量让自己表现得淡定从容。你甚至感觉到自己的血压在升高，感觉到毛孔里的液体挣扎着往外喷涌。

你的对面坐着一些人，他们目不转睛地盯着你——他们是考官，也就像是你未来的老丈人、丈母娘（公公、婆婆），像是你女朋友（男朋友）的七大姑八大姨。

你总觉得自己的坐姿可能不太优雅，觉得自己手脚放的位置不合适、不舒适，但你不能乱动，还得清晰地回答每一个问题。

这些陌生人对你的印象评价，可能决定了你一生的幸福。你要在短短的时间内，表现出最优秀的一面，赢得他们的认可和好感，让他们给你打出高分。

你看，上面描述的，是面试，还是相亲？

面试和相亲，何其相似！它们的质是相同的。

参加机关单位或者事业单位面试的考生们，大多有过类似相亲的经历吧？

假如你要参加面试，不妨拿出相亲的劲头和经验去对待它。没什么大不了的，咱亲都相过了，焉能怕一次小小的面试？

"真传一句话，假传万卷经。"面试其实很简单，就和相亲一样——假如你了解并掌握其中规律的话。在这本书里，笔者尽量用最少的话、最简单的叙述把问题讲清楚。

简单的，才是有效的。

著 者

2022 年 10 月

目 录
CONTENTS

第一章

面试的程序规则和加分细节

公务员、事业单位人员的公开招聘，近年来基本是采用结构化面试的方式。

结构化面试，也可称为标准化面试，是一种事先按照一定的要求，在试题构成、测评要素、评分标准、时间控制、考官组成、程序规则和分数统计等各个环节进行规范性设计的面试方式。

对考生来说，就是考官按照预先准备好的一套试题，以问答方式同你当面交谈，或者以书面形式给你几道题，让你当场回答。考官根据你的言语、行为表现和气质风度，对你的相关能力和个性特征作出相应评价，打出相应的分数。这种面试方式，在机关单位、事业单位、国有企业的公开招聘中得到广泛应用。

公开选拔领导干部和招聘教师、特殊岗位人员时，可能采取公开演讲、现场示范操作、说课、试讲等其他方式的面试。

下面我们具体讲一下结构化面试。

一、面试程序

笔试成绩公告之后，考试主管部门一般会按照 1∶3 的比例，在指定的网站上以公告形式公布面试人员的名单、面试地点、面试的主要要求等内容。同时，通知考生到指定地点领取面试通知书或在网上下载打印面试通知书。接到面试通知书后，考生要认真看通知书的内容，记清楚面试的时间、地点和有关要求，做好各种准备。结构化面试的内容和程序基本是这样的：

（一）按照规定时间到达考点

按照面试公告和面试通知书上的提示，考生要按照指定时间到达指定的面试地点集中。

面试地点，一般是初中或高中学校（小学的桌凳太矮太小，不适合成年人使用；大学的级别较高，协调起来比较麻烦，当地考试主管部门一般不会选择；机关事业单位的房间太少太小，不适合作为面试考场）。

面试时间，一般会选择在双休日或节假日期间。因为学校只有在这段时间才能腾出教室用来面试；面试当天的任务非常繁重复杂，工作人员是从各单位认真筛选出来的，评委也是被第三方机构临时召集起来的，他们都有自己的本职工作，也只有在这段时间能够抽身前来。主考方要求考生到达面试地点的时间，一般是早上 7 点。

近几年，因为新冠肺炎疫情的原因，进入考点之前，主考方可能会对考生的健康码等进行查验，并测量体温。同时，重点对身份证、笔试准考证、面试通知书这三样东西进行对照查验。因为笔试准考证目前多采用本人从网上下载打印的方式，其个人身份和照片的真实性无法保证，所以身份证是必须随身携带的。

进入学校（面试考点）大门，迎面的醒目之处，一般会伫立着几块提示板或者电子屏幕，显示面试考场和候考室的分布示意图，一般按照岗位和专业的序号排列，直接明了，一看就懂。

相互存在竞争关系的考生、报考相同岗位的考生，都安排在同一个考场和候考室，回答同一试题，面对同样的考官和评分标准，非常公平。同样，来自五湖四海、素不相识的考官也会集中抽签，抽到相同号码的考官，分别集中起来进入相应的考场。

假如考生是从外地来的或者对考点情况不熟悉，即使看过了示意图也难以辨明方位，可以向佩戴胸牌标志的工作人员求助。

特别注意，面试当天，一定要在规定的时间节点进入考场和候考室。到了时间，工作人员会立即关闭大门。哪怕你晚到了一秒钟，也只能眼睁睁看着大门关闭。规则就是规则，谁也不能打破。

（二）候考室待考

进入候考室前后的工作流程大致如下：

1. 再次查验相关证件

候考室工作人员再次查验考生的身份证、笔试准考证、面试通知书。这并不多余，因为第一次的查验可能出现疏漏。同时，曾出现过考生走错候考室和有人冒名顶替充当"枪手"等情况。走错候考室，就意味着可能会失去面试资格。

2. 身体扫描

用金属探测仪等相关设备检查考生是否随身携带或隐藏电子通信设备。

3. 宣布纪律

面试纪律工作人员口头宣布面试纪律或有关注意事项，或者将相关内容写在黑板上。一般包括以下内容：

（1）面试考生不准携带任何无线通信工具、电子存储记忆录放设备等进入考点。误带的必须在抽签开始前交给候考室工作人员统一保管，否则一律按违纪处理，不得参加面试。

（2）面试考生按规定抽取面试号。进入面试考场后，只允许使用面试号，在自我介绍及答题过程中，考生不得以任何方式向评委或工作人员透露本人的姓名、准考证号、家庭住址、工作单位等信息。违者评委不予评分，成绩按无效处理。完成面试的考生，领取面试成绩单后，径直离开考场，不得逗留。

（3）面试考生要遵守纪律，禁止大声喧哗，服从工作人员管理。扰乱面试现场秩序的按相关规定处理。

（4）如发现面试考生有违纪舞弊行为的，将按《事业单位公开招聘违纪违规行为处理规定》予以处理。

考生一定要自觉遵守这些规定，否则将可能被取消考试资格，甚至进入公职人员招录的"黑名单"。

4. 上交相关物品

工作人员提醒考生将手机和各种电子通信设备统一上交，指定专人在专门区域保管。

5. 抽签候考

候考室工作人员组织考生通过抽签的方式，抽取自己的考号——也就是进入面试考场的先后顺序：1 号、2 号、3 号……然后，考生就只需坐在那里静等工作人员召唤了。

在进入考场前，考生可以利用等候的时间复习备考，也可以闭目养神。但是，不得做出任何违反规定的行为，必须服从工作人员的管理。

中午前没有进入考场的考生，工作人员一般会提供午餐。在等待中，考生有水喝、有饭吃、能上厕所，但不得随意走动，不能与外界联系，不能脱离工作人员的视线。就是上厕所，也必须一个一个来，还得在工作人员引导监督之下进行。

假如你是 5 号考生。到时候工作人员会大声提醒："5 号考生！请 5 号考生跟我进入考场。请 6 号考生做好面试准备。"把随身携带的复习资料等其他物品交给工作人员统一保管，你两手空空跟着他（她）走就行了。切记不要随身携带其他物品，特别是与考试有关的资料。更不要心存侥幸，暗地里携带电子通信工具用于作弊。如果那样，你的这些行为会被记入诚信档案，会被列入公职人员招录的"黑名单"，甚至承担其他法律后果。

6. 考场应答和等待结果

到考场内，考官（也叫评委）会让考生坐下，并向考生介绍面试的方式、注意事项等内容。考生听清楚后，就开始进入答题程序。

面试有考官读题和题本两种形式。

考官读题的方式太过费力，并且耗费时间。目前大多采取题本的方式，就是把打印好的考题放在桌子上，让考生自己看题。

面试时间为 10 ~ 20 分钟，题目一般 3 ~ 5 道。

答题结束后，或许考官会让考生坐在原地等待评分结果，或许工作人员会引导考生离开考场，到门外的某个地方等待面试结果。

评分结束后，可能通过三种方式告知考生得分：①主考官口头向考生宣布面试得分，工作人员随即将得分结果通知单交给考生；②工作人员领着考生重返考场，主考官口头向考生宣布面试得分；③工作人员走出考场，交给考生一张得分结果通知单。

这个阶段，有许多需要高度重视的问题，在后面的章节中笔者将详细地描述和探讨。

7. 离开考场

在工作人员引导下，考生到指定地点拿走自己的手机和其他物品，离开这个戒备森严的地方。在这场面试结束之前，考生不能再进入考场。

进入候考室到面试结束之前，考生是不可能和外界联系的。面试过程受到全程监督，并且要全程录像录音。大门口、围墙内外有武警、公安或保安人员站岗执勤。每个考场内外都有工作人员服务和纪检监察人员监督。所有的工作人员，都经过了精挑细选。

想要作弊，那是不可能的。近年来的公务员、事业人员招考越发规范，越发公平、公正、公开，程序纪律非常严谨，滴水不漏。

如果你愿意的话，可以打听一下和你竞争同一岗位的其他考生的面试分数，你就知道自己是否有资格进入体检环节了。现在，许多报考同一岗位的考生，会建立一个微信群经常交流，很容易知道彼此的情况。

几天后，招考主管单位一般会按照1∶1的比例，在网上公布进入体检环节的考生名单，同时通知考生领取书面体检通知或提醒考生自己下载打印。

二、面试的评分标准和方法

面试的评分标准和方法比较复杂。作为考生，你只需要了解这些内容就可以了：

（1）面试的总分一般是100分。

（2）面试考官一般由5～11人组成，大多为7人，每个考官都要打分。像体操比赛一样，"去掉一个最高分，去掉一个最低分"，其他考官打分的平均分就是你的最终面试成绩。

（3）报考同一岗位的人，面试题完全一样。每一名考生面试结束后，现场公布成绩。

（4）面试的评分标准和要素。面试时，招考主管单位或第三方命题机构会制定通用的评分标准和每道题的答题评分要素。考官评分时，会参考这些东西。但评分标准和要素不是固定不变的，会根据实际需要灵活制定。

面试常用的评分标准和要素大致如表1－1所示：

表1-1 面试常用的评分标准和要素

（单位：分）

面试 要素	辩证思维 能力	应变反应 能力	组织协调 能力	语言表达 能力	情绪控制 能力	举止 仪表
权重	22	22	18	18	10	10
"好" 90分以上	20~22	20~22	16~18	16~18	9~10	9~10
"较好" 80~90分	18~20	18~20	14~16	14~16	8~9	8~9
"一般" 70~80分	16~18	16~18	12~14	12~14	7~8	7~8
"差" 70分以下	0~16	0~16	0~12	0~12	0~7	0~7

面试题没有标准答案，所以也不可能有不可变动、必须遵循的评分依据和标准。

这些标准要素，考官会去参考。但是，"萝卜青菜，各有所爱"，每个人都有着与众不同的审美标准。就像谈恋爱一样，"情人眼里出西施"，有的人是因为你漂亮才喜欢你，有的人是因为喜欢你才觉得你漂亮。

你能否得高分，基本上取决于考官对你的印象。就和相亲一样，就是看你的衣着打扮、气质风度、言谈举止能不能让对方喜欢。只要你的表现让考官喜欢，你就能得高分。即使你答题的内容不如别人精彩，但假如你表现出了令人欣赏的特质，你依然会占有优势。当然，回答内容能更精彩一些，那就再好不过了。

如何让考官欣赏你、喜欢你，我们在下文细说。

三、面试的细节和技巧

（一）进门之前

工作人员引领考生到考场（教室）门前，示意考生进去。

1. 第一个动作细节：道谢

这个时候，你是否可以直接敲门进去？可以。但是，能够先向工作人员道谢的话，应该更好，比如说一声：辛苦了，谢谢！

整个面试过程，应当对所有遇到的人表示尊重，对所有付出劳动的人表示感谢。这是一个最基本的原则，不仅面试需要这样，在平时的生活工作中也应该坚持做到。

此外，你对工作人员的一声道谢，看似微不足道，但也许考场内的考官已经听见了。他们虽然和你未曾谋面，但是已经在心里给你打分了：这个考生有礼貌、有素质，懂得尊重人。

第一印象，是何等重要啊！假如你是考官，你会不会对这样的考生心生好感？会不会给他打高分？向别人说句真诚的道谢，可能给你增加2～5分。

2. 第二个动作细节：敲门或报告

手指微曲，轻轻地、有节奏的"嗒—嗒—嗒"，或者一长两短的"嗒——嗒—嗒"。这样敲门显得小心翼翼，相当于轻声问询：您好，我可以进去吗？

敲门，最忌讳的是急速连续和用力过重，就像打机关枪或大炮连射，"咚咚咚，咚咚咚"，这种敲门方式显得很没素质。在农村，这种敲门方式一般是用于报丧的。

敲门的前后，你也可以大声地说："报告！"目前，绝大多数考生不会采用这种方式。假如你的做法与众不同，会引起考官的关注。与众不同，才能出类拔萃。这声"报告"，也许会为你增分；这声"报告"，或许让考官把你当成自己的学生，师生情深啊！

听到考场内传来声音：请进。这时你才可以进去。

（二）进门之后和答题之前

1. 第一个动作细节：关门

注意，轻轻地关门，尽量不发出大的声音。可以一手拧着锁柄，一手扶着门，轻轻关上。

假如你随手用惯性把门甩上，"砰！"震耳欲聋。考官心里会对你如何评价？关门，也是得分的要素。

关门的时候，尽量侧着身子，不要让脊背（屁股）正对着他人。这样显得比较小心谦恭，也会给在场人员留下好印象。

2. 第二个动作细节：问好

进门之后，你会看到，各位考官在考场的正位，背靠墙壁坐成一排。桌子上对应摆放着"主考"（主评委）、"考官"（评委）之类的标志牌；工作人员坐在考场的两侧，面前摆放着"记分员""核分员""计时员"

"监督员"之类的标志牌。

考生使用的桌凳，摆放在考官席的对面不远处（3～5米）的中间位置。桌子上会摆放着"考生"标志牌。

这时候，一般情况下，考生应走到"考生"座位的旁边，向考官鞠躬行礼，并说："各位考官，大家好（上午好，下午好）！我是×号考生。"这种做法，也几乎是所有的培训教材和培训机构认可的规范做法。

笔者建议这样去做——走到桌边，先别说话，面向考官席鞠躬，然后再分别向两侧的工作人员席鞠躬，并开口问好："各位考官、各位工作人员，大家好！我是×号考生。"

只向考官问好，好像有点势利了。假若也向其他没有评分权力的工作人员问好，那就是真正的尊重人了。考官会因此对你刮目相看。

这还是那个基本原则——对所有遇到的人表示尊重，对所有付出劳动的人表示感谢。

就像你去相亲一样。你不能只对你未来的公公婆婆或岳父岳母问好，也必须向在座的邻里乡亲、"七大姑八大姨"问好。不然，你未来的公公婆婆或岳父岳母会很尴尬，觉得这个儿媳或女婿没礼貌，你的形象得分就会大打折扣。优秀是一种习惯，习惯是平时养成的。

另外，如何称呼考官？可以称为考官，可以称为评委，也可以称为老师，或者是"考官老师""评委老师"，自己觉得自然习惯就好。当然，"老师"二字重千斤啊！你是我的老师，能不关照自己的学生吗？科举时代的考官，都被那些中举的士子们称为"恩师"呢！

3. 第三个动作细节：入座

入座这个动作也要注意。教室中考生所用的桌凳，大都个头小、重量轻、底盘不稳，稍微一碰，就会发出响声或倾倒。如果桌子、凳子之间的空间太挤，或者歪斜不合适了，你可以稍加挪动。如何做到落座时不出丑呢？每个人都有自己的习惯，就按照平时的习惯去做好这一点吧！

关于坐姿。许多面试教材上明确强调并配有照片或插图：落座之时，臀部和身体不能太靠后，不能显得大模大样，不能用太舒服的姿势。臀部所占的面积，不能超过凳面的二分之一或三分之一。身体要挺直，不能东倒西歪或驼背耸肩。这种说法并不错，这样的坐姿，看起来小心谨慎、谦恭有礼。但你总不能拿把尺子去测量吧？况且，凳子的高低大小不一，每个人的高矮胖瘦不同，臀部落座的面积总不能千篇一律吧？

怎么落座合适呢？先坐下去，再调整姿势。感觉到两脚踩地时能够用上力气，起身时不需前仰后合，两脚一蹬就能轻松站起来。这种坐姿最好，有利于挺直身体，让人感觉自信，并且说话时肚子能用上力气，胸腔能产生共鸣，无须用很大力气，就能让声音洪亮，容易带动情绪去引导感染考官。练过武术的人，对这一点应该很有体会。

坐得过于靠前，不但自己感觉很不舒服，也显得太过谦卑，会影响考官的印象，并且声音是从嗓子眼中挤出来的，中气不足、少气无力。同时，身体要挺直并且放松，不能东倒西歪或驼背耸肩。这一点如何把握衡量呢？你感觉自己的肩膀有下沉下坠的感觉，小肚子里面有充实的感觉就行了。这就是太极拳里要求的"立身中正、沉肩坠肘、气沉丹田"。这种方式最放松，做到这一点也并不难。假如做不到也不要紧，尽量放松一些就可以了。

4. 第四个动作细节：考官宣布面试规则时

一般是由主考官宣读面试规则或须知。基本内容如下：×号考生，欢迎你参加这次面试。请注意，我现在开始宣读面试规则：面试中，不得透露个人的姓名、家庭住址和其他所有的有关信息。否则，将取消你的面试资格。本次面试，一共10分钟（或15、20分钟）。你看题、思考、回答的时间，都要计算在内。面试共有三（或四、五）道题，就放在你面前的桌子上。桌子上有一张白纸和一支笔。你答题的时候，可以思考成熟后回答。也可以先在白纸上列出答题提纲或要点，然后照着提纲要点答题。你可以思考成熟一道回答一道，也可以三（四、五）道题思考成熟后一起回答。请注意把握答题的时间。在只剩下一分钟（或两三分钟）的时候，工作人员会对你进行提醒。没有答完或答得太少，都将影响你的面试成绩。回答问题的时候，要讲普通话。声音要洪亮，吐字要清晰。有不明白的地方，可以向考官提问。但提问的次数过多，可能会影响你的面试成绩。答题结束后请回答"回答完毕"。答题完毕离开考场的时候，不要把考场内的任何东西带走。请问，你听清楚了吗？（这时候，你要回答：听清楚了。）好。现在开始答题。（话音刚落，计时员立即掐表计时。）

在考官宣布面试规则的时候，你一定要认真倾听。如果听清楚明白了，可以适时向他们点头致意。这也是一种礼貌和尊重，会增加他们的好感。

切记：此时不能心不在焉，更不能偷偷去看考题。这是极不礼貌的，会严重影响你的得分。

（三）答题环节的动作细节

答题环节，除了思考和书写答题要点外，其他时间都要抬起头，将目光集中在考官席上。特别是在回答问题的时候，要注意用目光和身体语言，和考官进行互动沟通和感情交流。

以坐在中间的主考官为主，目光缓缓地在考官席上一一逡巡暂留。如果与考官目光相对，可以向他行个注目礼，也可以对他点头微笑。

总之，回答问题的时候，不能目光呆滞、神情呆板。既要严肃认真，也要让考官感受到，考生是个"活生生的、有血有肉的人"，让他们感受到你的思想和情绪。

眼睛是心灵的窗户。和考官之间的眼神互动，能舒缓你的紧张情绪，也能自然而然地拉近你和考官的感情距离。如果你很自然地和考官进行目光交流，即使你回答得不尽人意，他也会稍微高抬贵手。交流沟通的能力，也是面试的一项内容。

回答问题的基本方法和原则：有始有终、有条有理、有主有次。

这三个原则，可以用一套模式进行概括：

各位考官，现在开始答题。

第一道题，我的观点是：一、……二、……三、……

（第一道题回答完毕）

第二道题，我的观点是：一、……二、……三、……

（第二道题回答完毕）

第三道题，我的观点是：一、……二、……三、……

三道题全部回答完毕。请指示！

…………

总结如是——

1. 有始有终

有始有终的回答方式，对考官起到了提醒的作用。你一说"开始答题"，考官就不自觉地开始集中精力。你一说"回答完毕"，考官就会放松自己的神经，暂时进入休息状态。考官也是很紧张辛苦的，这样的一张一弛，会让考官感到舒适。

2. 有条有理

无三不成文。只要你的回答不足三个部分，肯定是不够完善的，难以得高分。三，是最基本的平衡数字。老子有云：道生一，一生二，二生三，三生万物。

能说上个一二三，才显得条理分明，才容易做到逻辑严密，考官才容易听清接受，也能规范考生自己的语言表达，不至于说得过多或过少。

一、二、三，也能舒缓自己的紧张情绪，同时给自己争取短暂但重要的思考时间。

3. 有主有次

每一道题，都可以分为三个以上的部分回答，但不需要平均用力。你觉得哪一部分更重要，哪一部分的内容自己能回答得更精彩，就多答一些。

另外，对考官要尊重礼貌，但要适可而止。比如，向考官问好，一次就行了，多了会让人厌烦。尊重他们，但不谄媚。"开始答题""回答完毕"之类的话语，也不宜重复过多。

考生回答完所有题目后，主考官也许会问考生："是否还有其他的内容需要补充？"考生此时一般要回答"没有补充了"之类的话语。

（四）离开考场

答题完毕，不要急着离开。主考官会对你说："×号考生，请你暂时到考场外等候。计分结束后，工作人员会向你宣布考试成绩。"

1. 第一个动作细节：整理桌子

这个时候，你不要急着离开。主考官提示你外出候分后，你可以向主考官点头说声"好"，然后将桌面上的纸和笔之类的东西整理一下，让纸和笔"横平竖直"、物归原位。

2. 第二个动作细节：真情告别

你可以站起来，走到桌子旁边（进门后向考官和工作人员问好的地方），向考官和工作人员道谢："大家辛苦了，再见！"这样会给在场人员留下好的印象。面试的得分其实就是印象分。

请注意，这时候，分数还没有打完。考官正式拿起笔来打分，最早是在最后一道题即将答完的时候，甚至你所有题全部答完后才开始打分。你在考场内从始到终的一言一行，都会影响得分的高低。站起来的时候，要用手扶一下桌子和凳子，防止肚子碰到桌子，防止腿脚把凳子碰倒。如果这时候出丑，那多不划算啊，丢分也丢人。

考官从看到你的第一眼、听到你的第一句话开始，就已经开始在心中给你打印象分。随着你的表现和答题的情况，印象分随之不停地浮动。直到你的背影消失在他们的视线，印象分立刻就变成了最终的面试成绩。

从看到人的第一眼起，大多数人都会不自觉地在心里给对方一个评价。这个评价，是一种好感度，是一种模糊的分值。假如第一眼对你的评价是 80 分，你的面试得分是在 70～90 分之间浮动；假如是 70 分，你的最低得分不会少于 60 分，最高得分一般不会超过 80 分。

大家想一想，我们自己是不是这样来评价人的？我们是这样，考官也是这样。"察己则可以知人，察今则可以知古。古今一也，人与我同耳。"这是人类固有的一种认知感知方式。

只要做到以上强调的这几点，你的面试成绩不会低。

四、高分考生的主要表现和特点

笔者发现，凡是能够得高分的考生，在面试考场上都有着如下的表现和特点。各位考生可以将此作为标准，在平时的学习训练中有针对性地去强化提高，在考场上有意识地去自我指导和规范校正。

（一）形象出众，气质超群

首先是颜值高。帅气的男生、漂亮的女生具备了先天的优势，一出场就"自带光环"，会吸引所有人的眼球，给考官留下好的第一印象，他们的得分都不会太低。

其次是仪容美。"三分长相，七分打扮"，得体的服装搭配、适当的修饰装扮，可以弥补长相上的先天不足，为个人形象增光添彩。

最后是气质好。言谈举止彬彬有礼，举手投足落落大方；阳光、自信；有礼貌、尊重人，不卑不亢；语速适中、语调适中；等等。气质风度不是一朝一夕能够培养出来的，它是家教家风和个人多年的修养造就的。但是考前短期的强化训练，也能起到一定的作用。

以上三个方面，会立即让考官在心中形成对你的第一印象，这十分重要，甚至能够决定你的得分档次。

（二）条理清晰，声情并茂

前面已经讲过，考生答题时必须注重条理性，凡事能够说上个"一二三"最好。

同时，在回答的时候，也要注意适当的感情、情绪投入。"感人心者，莫先乎情"，用感情和情绪去吸引汇聚相应的语言词汇，用感情和情绪去感染打动考官，这样容易得高分。

（三）言之有物，契合主题

回答的内容一定要有针对性，直奔主题，不能有太多的虚话套话废话，不能让考官反感。所回答的内容，观点要明确，措施要具体，要句句紧扣主题，千万不能跑偏。

要让考官觉得：说得对！有道理！就应该这样去做！就应该这样去想！哎呀，这个考生说的，"于我心有戚戚焉"！

做到这一点，需要有一定的思考分析能力和办事能力，也需要对社会有着一定的了解。如果是刚出校门的大学生，对社会情况不够了解，也可以通过平时沟通交往、关注新闻时事、多学习相关面试题参考答案等方式获取相关知识。

（四）特色明显，引人关注

所有面试题目都回答得较好，或者其中一道题回答得特别精彩或者比较有特色，就容易引起考官的兴趣，就容易得高分。如果做不到这一点呢？

假如你能有一两句话说得十分漂亮、富有特色，能让考官记在心里，也能得高分。古往今来，许多脍炙人口的古文诗词，不就是因为其中的一两句经典名句，才得到人们的认可而流传至今吗？在平日的工作生活中，一些人就是因为曾经说过或者经常重复一两句独具特色的话，给人留下了深刻的印象。在面试中，能让考官记住你的一两句话，也非常不错了。

能让考官记住的语言，必须与众不同、特色明显，或者言简意赅、耐人寻味。这些语言，可以是名言警句，可以是寓言典故，也可以是自己总结出来的特色语言、人生感悟。

　　记住：只要你能让考官记住自己的一两句话，就能得高分。这是一种十分奏效的面试答题技巧，也是平时能够给领导、同事和其他人留下深刻印象的方法。这一两句话，甚至能成为人们对你的全部记忆和你的特有"标签"。

　　上述的内容，有的在之前已经讲过，有的还要在之后的章节中继续探讨。为了让考生能够对这些标准有一个整体的认识，也因为怕考生在匆忙中忽略了这些内容，所以笔者才将其总结为一个章节。

第二章

面试前的训练和注意事项

面试能否得高分，最终取决于自己的综合素质，取决于一二十年来个人的努力。但是，考前的集中"魔鬼式"科学训练，也能让考生迅速适应这种面试方式，在短时间内增加得分，正所谓"临阵磨枪，不快也光"。

此外，面试之前除了参加各种面试培训机构的培训、个人自主进行"魔鬼式"训练外，还要做好两项准备工作：后勤保障和心理保障。后勤保障主要指的是硬件、物品方面的准备；心理保障主要是指通过各种方式消除恐惧恐慌心理。

一、"四个一"训练模式

根据笔者多年的培训经验，"四个一"训练模式很有效。所谓"四个一"训练模式，就是考生在面试前，尽量坚持做到"四个一"：

（一）一身汗

锻炼出汗，让你的身体达到最佳状态。可以打乒乓球、羽毛球，可以跑步健身。通过这些轻强度的活动，让心脏的供血能力更足，让肺的输氧功能更强，为大脑提供更好的服务，让大脑更清醒，反应更灵敏更迅速。出汗，能让皮肤更有光泽，整个人显得精神焕发。

拿破仑有句名言："人的身体结构即命运。"中医理论认为，人的身体结构及功能即命运。北京中医药大学副教授曲黎敏在《黄帝内经》讲座中，明确提出并强调了这一点。

古今中外，许多名人的身体是非常好的，精力充沛得惊人。乾隆皇帝被称为终身体育锻炼的实践者；毛泽东主席注重锻炼身体是众所周知的事情。但周恩来总理锻炼身体的事情，就鲜为人知了，他是一个不折不扣的武林高手呢！他年轻时曾师从"玉面虎"韩慕侠学习形意拳和八卦掌。韩慕侠，就是电影《武林志》中的头号大侠东方旭的原型，曾在黄埔军校担任首席武术教官。

假如身体状态不好，你面试那天就会表情木讷、反应迟钝、情绪紧张，怎么能得高分呢？

当然，锻炼也要有度，每天一个小时左右即可，关键是坚持。锻炼强度也不要太大，能感觉到心跳加剧、呼吸紧促，把汗出透即可。这种程度的锻炼能让你感到神清气爽、精神焕发。

（二）一顿饭

这里用"一顿饭"泛指所有的家务工作。因为，做饭的代表性最强，好处最多，所以用它做代表。

早起做好饭，摆放端正，招呼长辈先动筷。亲自动手，把家里打扫得干干净净，打扫中挪动的家具、物品放归原位，或者放在最合适的地方。

这对考试有什么用处？这个时候，还不抓紧时间去学习？笔者解释一下：

（1）做家务，能锻炼身体动作的协调性，能培养细致入微、耐心有序、统筹周全的思维和行为习惯，锻炼自己对"恰到好处"的度的把握。

（2）做家务，能培养注重观察并立即动手解决问题的习惯。看一个人，一张口、一举手投足，就能看出他是否经常做家务。不会做家务的人，往往以自我为中心，心中装不下别人，习惯别人服务他。前文已讲过了许多言行的细节，大家对照一下就可以发现，通过做家务，就能自然养成物归原位、轻拿轻放、主次分明等好习惯，就容易获得考官的好感。

（3）做家务，特别是给父母做饭端饭、让父母先动筷子，能培养彰显自己的诚敬心，能蕴养出让别人亲近接纳的气质气场。不懂得孝敬和感恩父母的人，能真正对别人好吗？能自然本能地在外人面前表现得谦恭有礼吗？能和别人处理好关系吗？能让别人喜欢他吗？这个道理无须多讲。你是不是对别人好、是不是尊重对方，别人感觉得到；阅人无数的考官更是慧眼如炬、明察秋毫，你根本骗不了他们。

假的就是假的，气质气场是装不出来的。林则徐在《十无益》中说过："存心不善，风水无益；父母不孝，奉神无益。"曾国藩曾说过，看一个家庭的兴败，要看"子孙睡到几点起床，是否做家务……参加劳动则鬼神也敬重"。

也许会有人说："我平时不做家务。但面试时候小心一些、表现优秀一些不可以吗？"

不行！优秀，是一种习惯。"功夫在平时"，你没有养成一种好的习惯，即使你给自己设计了一套完美无瑕的面试应对方案，临场时也会因为不习惯而显得笨手笨脚，或者因为紧张将那套应对方案抛到九霄云外。

做家务，会让人逐渐养成一种好的品质和习惯：眼里有问题，心中有别人。

面试，是表现，不是表演。去表演的话，很可能像个小丑，像个蹩脚的演员，"画虎不成反类犬"。

（三）一件善事

做善事，好像和面试没有任何关系。

其实关系大了。做善事的时候，自己可能比被帮助的人更愉快。助人为乐嘛！愉快的情绪，让人放松。放松是恐慌、紧张的对立面和克星。一个人什么时候最自信？做出成绩的时候、有成就感的时候、受到别人夸奖和肯定的时候。

自信，是一种气质，需要经年累月的涵养。平时就应该养成行善助人的习惯。面试前去做善事，会收到不错的效果。

何为善事？许多人对此并不十分明了。做善事，不仅仅是扶老太太过马路，帮老大娘背包袱，帮五保户老大爷扫地挑水。这是"60后""70后"小时候最流行的写作文的内容。做善事，也不仅仅是向灾区捐款、修桥铺路之类的善行义举。

利他即是行善。只要是对别人有帮助的，都是善行。比如，有人问路，你能如实告知；别人口渴时，你顺便给他倒杯水；有人悲伤或沮丧时，你真诚地去劝慰。

弃恶亦为行善。你过去好逸恶劳，四体不勤五谷不分，但从现在开始能主动去做家务，是行善；你过去经常通宵上网、彻夜不归，现在能稍微克制一下自己，让父母不那么担心生气了，也是行善。

为己亦是行善。每天学点知识充实自己，是行善；能想办法让自己变得更聪明智慧、更豁达开朗，也是行善。"为己"，亦即提升个人的修为。"人不为己，天诛地灭"中的"为己"，应当这样理解。

善念等同善行。看到、听到别人遇到了不幸，你不能进行实质性的帮助，但是能在心中默默地祝福，是行善；当你看到别人遇到了好事、取得了成功，不嫉妒不眼红，能真正为他们高兴，也是行善。

时时处处皆可行善。就算是偶尔想起当年同桌的"他"或"她"，在思念中泛起一丝甜蜜，默默地想念和祝福，是行善；就算是突然想起自己过去做的错事坏事，虽然已经不可能挽回和更改，但能在心中真诚忏悔和反省，下决心以后坚决杜绝，也是行善。

正能量的念头和行为，都是行善。做善事，能净化自己的心灵，使自己变得乐观从容和镇定。

（四）一个小时

这个原则，在笔试或平时的学习工作中都很实用。

面试前，考生需要通过题海战术，迅速熟悉各种题型，掌握审题和应对技巧。这非常有必要，但必须注意劳逸结合，每次复习或模拟训练，都尽量不要超过一个小时。因为大脑集中注意力的时间，连续工作、高度紧张的时间负荷，仅仅一个小时。超过一个小时，就会效率低下、头昏脑涨、事倍功半。

一张一弛是文武之道。训练一个小时左右，就要休息一下。一次休息不少于10分钟，和学生的课间休息一样。只要时间充足允许，二三十分钟甚至一个小时也可以。

休息，可以是躺卧在沙发上闭目养神，也可以是唱歌听音乐，还可以是喝茶聊天，甚至可以像小孩子一样打滚嬉闹。最好是进行跑步打球等体育锻炼——锻炼是积极的休息和修复。

改变，或不再持续正在进行的行为，都是一种休息。只要能让大脑得到休息就行，哪种方式你喜欢、哪种方式效果好就用哪种方式。养足精神，继续投入战斗，会事半功倍。

如何在这一个小时中有效提高效率，增强实战能力呢？

1. 自问自答

上网搜索一些面试题，自己先试着回答，然后和网上的参考答案对照一下，比较一下异同，感悟一下答题技巧和思路，形成自己的风格和思路。注意，网上的东西，仅仅是一家之言，良莠不齐，不一定就是最好的答案，只可做参考借鉴。

2. 他问你答

可以找几个同学或朋友。准备一个房间，摆好桌凳，布置成一个面试考场的样子，经常进行一下情景模拟，让他们过一把当考官的瘾。

这样对面试大有裨益，和部队军演的效果是一样的。模拟之时，一定要严肃，把"军演"当作"实战"来对待，不可有游戏心态。

3. 你问他答

自己当考官，让别人当考生。站在考官的角度，给别人评分，你肯定会思考得更多，理解得更深刻、更客观。可以反观自己：别人犯的毛病，自己犯了没有？考官讨厌的表现，自己身上有没有？别人好的表现，自己能做到否？以人为镜，可以明得失！

实战模拟非常重要。通过模拟，能够使你不断适应熟悉面试的形式、内容，减少临场时的紧张情绪，回答得更加流利从容。

实战模拟，是通过题海战术实现的。在各种面试题的轮番轰炸中，逐渐由生变熟、熟能生巧，不断探索总结答题的基本思路、完善自己的语言风格和思维模式，反省自己知识储备上的不足从而查漏补缺，主动地充实完善自己。在不停的场景模拟应对中，不断地反观自己的言行举止和修养，有针对性地提升自己，习惯成自然，把一些优秀的行为标准融入自己的日常生活，提升自己的能力。

有一句话，笔者非常欣赏：把一个简单的动作练到出神入化，就是绝招；把一件平凡的小事做到超凡入圣，就是绝活。

没有付出就没有收获。简单的重复，是由不会到会、由生疏到熟练的必经途径。

二、不可忽视的后勤准备

公开招聘的公告简章或面试通知书上，会对面试的有关要求进行提示。各位考生一定要认真阅读，对照检查，认真做好每一项准备工作，不可有一丝疏漏。

（一）形象设计

佛靠金装，人靠衣装。三分长相，七分打扮。合适的打扮，能给人留下好的第一印象。

面试的衣着打扮，没有明确的标准和指定的内容，只有原则性的要求和提倡：不能奇装异服，整洁端庄大方即可。

1. 男生

春秋季，整套的西装、领带、黑色皮鞋即可。夹克之类的其他服装，如果能让你看起来更有气质，也可以。

夏季，浅色短袖衬衣，配上颜色稍深的裤子，深色的皮凉鞋即可。千万不能穿得太凉爽，背心、短裤不能穿，露脚指头的凉鞋不能穿，拖鞋更不行。

冬季，可以参考春秋季的装束，里面穿上保暖的内衣就行。考场的空调暖气很充足，进考场的时候不必穿得太厚太臃肿。如果室外温度过低，在室外时披上一件外套，进入考场时随时脱掉即可。

另外，头发要适当打理一下，让自己看起来更精神；胡子要刮干净，不能显得邋遢。

特别提示：头发较少、秃顶的男生，尽量戴假发。戴不戴假发，效果悬殊着呢。

2. 女生

女生面试所穿衣物，以端庄、大方、简洁、得体为原则，衣物的样式没有过多限制。但是，不能过于暴露、性感，首饰之类的装饰物不可过多，可以把银行、电信等行业上班一族的衣着作为参照。

比如，夏季，有的女生会选择女式西装和短裙，看起来非常干练，很好；有的女生会选择连衣裙，颜色或者素雅，或者靓丽，显得青春逼人、活泼可爱，也非常好。春秋季的服装，样式就更多了，裙子也可，长裤也可。冬季，穿得不显臃肿即可。女生不宜浓妆艳抹，略施淡妆即可。头发，保持柔顺本色，不宜染烫。

总之，不论男女，在衣着打扮上，要起到扬长避短的作用，把自己的优点、美的一面凸显衬托出来，把缺点和先天的缺陷进行技术处理或淡化。

为了显得干练简洁，从头到脚尽量减少饰物。天津南开中学的入门处，立着一面醒目的大镜，镜子上方篆刻着南开中学创始人严修书写的"容止格言"："面必净，发必理，衣必整，钮必结。头容正，肩容平，胸容宽，背容直；气质勿傲勿暴勿怠，颜色宜和宜静宜庄。"周恩来总理一生将此奉为圭臬。青少年时期，还将其手书贴在家中大立镜旁，作为警句每天警醒自己。周总理的做法，值得我们每一个人学习借鉴。把自己装扮得好看一些，让别人和你相处时如沐春风，你的得分就能高一些。

（二）随身证件

赴考之前，一定要仔细检查一下随身物品：身份证、面试通知书、笔试准考证……这些证件在公开招聘简章和面试通知书上都有提示。如果忘带了，你就"归去来兮"吧。

（三）考察考场

考察考场这一点，公开招聘简章和面试通知书上没有提示，但是很重要。

考场是个陌生的环境，提前去看看，去里头转悠几圈，面试的时候，就不会那么紧张了。就像运动员比赛前必须提前熟悉赛场一样，熟悉的、习惯的赛场，能减轻运动员心理压力，使其发挥得更好。

如果不能进入考场，在考场外转转也可以。最起码，你知道考场的具体位置，面试当天不至于走错地方耽误时间。

（四）饮食保证

高考之前，有的学校和家长会为考生准备专门的食谱和食品。主要以牛鱼禽等低脂肪、高蛋白肉类，日常的米面等主食，各类蔬菜水果为主。考生尽量不要摄入过多的脂肪和对身体健康有一定影响的食品。

面试也需如此，食品卫生很关键。如果不慎在面试时出现拉肚子等症状，面试得分就要大打折扣了。

（五）交通住宿

不论考场的距离远近与否，你都不可掉以轻心，必须在指定的时间进入考场。要提前规划好路线，预约准备好交通工具，确保准时到达。

假如考场较远，就要提前订好酒店。酒店离考场越近越好，尽量步行20分钟以内可以到达。考试前晚和当天，尽量把时间用在休息和复习上，别浪费在路上。

千万别不在乎，意外总在你不在乎的时候发生，总在你以为不会出意外的时候发生。你敢保证你考试当天能顺利搭上出租车？你预约的出租车一定能顺利到达？会不会堵车？会不会起雾？……

晚到一秒钟，你就会被拒之门外，失去面试资格。前功尽弃，岂不可惜！

三、消除紧张心理的策略

对考生来说，面试可能会出现两种情况：一是不会。不知道该如何回答考题，甚至连考题都看不懂。二是紧张。如果在平时，这些题自己肯定能对答如流。可一入考场就高度紧张、如临大敌，要么结结巴巴，要么大脑瞬间一片空白，虽有千言万语可就是如鲠在喉——"举头痴望考官，竟无语凝噎"。

这是正常现象。因为你要面对许多陌生和未知的事物：

（1）内容陌生。从小学到大学，你学的考的都是书本上的、有范围的、指定的、有标准答案的东西，可以有针对性地去复习和强化训练。而面试的范围，涉及社会、政治、工作、人际关系等各个方面，单从课本上是学不到的。这对刚刚走出校门的学生来说，是一个全新的领域。

（2）方式陌生。过去用笔动手去考试，现在整个人要用口去考试，这对你来说可能很陌生。

（3）环境陌生。陌生的环境容易让人紧张。中考、高考，是以县为单位组织的，考生都在本地的学校参加考试。但是机关单位、事业单位的招考，你报考哪个地方、哪个级别的单位，都要到相应的地方应试，这些地方对你来说是陌生的。

（4）人员陌生。考官都是外地人，工作人员也素不相识，而且你不知道对手是谁、水平如何，就像要到未知的战场上和未知的对手打一场胜负难料的肉搏战。

陌生会导致紧张。同时，心有所求、患得患失的心理，已经伴随自己多年的对考试的恐惧，都会造成紧张心理。那么如何消除紧张心理和情绪？

在前文中我们分析过一些化解应对的方法。在后面相关章节中，我们还要探讨这方面的内容。为了便于大家综合掌握，这里专门做个总述：

（一）把陌生变成熟悉

面试的内容不熟悉：多找些面试题和参考答案，多看多想，可能就会总结出一些规律，增加对面试内容的了解。

面试的形式不熟悉：可以请教参加过面试的人（最好是多次参加过面试和面试得过高分的人，他们的经验更可取），了解一下面试的过程，或者按照本书中对面试过程、场景的描述，自己布置一个面试考场，找来一些朋友充当考官，进行模拟训练。

面试的考官不熟悉：通过在考场上问好行礼、进行眼神和身体语言交流等方式，消除陌生感；在面试前、平时生活中，多积极主动地和陌生人打交道。习惯成自然，当你面对考官时就不会那么紧张了。

面试的环境不熟悉：接到面试通知后，多去面试的地方转悠转悠。

（二）多锻炼

强壮有力的人往往胆大，精力充沛时胆子比平时更大。所以，平时要注重体育锻炼，自己的身体素质强起来的同时，心理素质也会强大起来。

（三）多做好事

自信的时候不紧张，受到感动的时候不紧张。多做一些好事、让别人表扬自己的事情，就会让自己保持自信的状态，自然就不那么容易紧张了。努力去做一些让自己提升进步和不断突破的事情，比如学习、锻炼之类，就会让自己处在自信状态，就不会那么紧张了。

提升自己，也是在行善事。

（四）食物疗法

在此，笔者稍微友情提醒一下：进面试考场前，可以准备几块巧克力。假如面试前一晚上没有睡好，或者早饭没有吃好，巧克力能够迅速提供身体所需的能量，并且起到醒神凝神、稳定情绪、缓解压力、预防感冒、缓解腹泻等作用。

　　在全球著名魔幻小说哈利·波特系列的第三部《哈利·波特与阿斯卡班的囚徒》中，有这样的情节：在火车上，摄魂怪盯上了哈利·波特。一瞬间，哈利·波特感到浑身冰冷，"恐惧包围了他，心中的快乐全部消失了，代之的是无尽的绝望"。教授卢平给他吃了一块巧克力之后，"一股暖流通过指尖蔓延到全身，失去的快乐又回到了身上，就像阳光照到了心里面"。

第三章
面试题型分类和答题技巧

目前，机关单位和事业单位公开招聘面试，主要采取结构化面试的方式。

结构化面试的题型，按照其题目的内容性质、答题方向和要素，可以划分为8大类型：观点评析类、计划组织类、应急事件类、人际关系类、情景模拟类、自我认知类、综合复合类、一题多问类。这种划分方式，可能和其他的培训教材、培训机构的分类标准不尽相同。这种划分方式，是为了让各类型题目的特点更加突出，便于考生理解掌握，也便于总结出答题规律。

每类面试题，都有其独特的、相对固定的思维模式、答题规律。如果仔细观察分析的话，每类题型甚至有着相对固定的"万能答案""万能程序""万能思路""万能关键词"。

下面，我们针对这8大类型的面试题，逐一地来分析总结其题目特点、解题思路和答题规律。

一、观点评析类

很多面试辅导材料和培训班把此类面试题称为综合分析类。就是给你一段内容，让你进行分析、评价，阐明自己的观点。笔者将其定名为"观点评析类"，是为了凸显观点、评价、分析这三种要素。这类题，可以再次划分为三小类：一句话、一件事、一种现象。

（一）一句话

一句话，主要是指古今中外的名人名言、民间俗语之类。特别是最近一段时间来，国内有影响力的人物、政治家在重大事件、热点难点问题、重要场合上发表的观点、指示之类的话语。这些话语往往短小精悍，富有哲理，富含智慧，对人和事的启发性、指引性较强。

近年来，古往今来的中外名言警句考得越来越少了，而现代政治家的时政言论成为观点评析类题目的主体，在各类面试中出现的频率最高。这一点，一定要格外重视。

这类题该怎么回答？有没有一定的规律可循？先举例说明。

例❶ 在党的二十大报告中，习近平总书记强调："江山就是人民，人民就是江山。中国共产党领导人民打江山、守江山，守的是人民的心。"你是如何理解这句话的？

【参考答案】这句话，可以这样理解：江山，是人民的江山；人民，是江山的主人。中国共产党领导人民打江山，是从敌人、反动派手中夺回了原本应该属于人民的江山，是共产党和人民同呼吸、共命运，得到了人民的衷心拥护和爱戴，真正地和人民心连心。失去了民心，就会被人民抛弃，就会失去了江山；守住了民心，就会江山永固、国运绵长，国富民强、幸福安康。无论是打江山、守江山，都必须得到人民的拥护，都必须不忘党的初心，守住人民的心。

"江山就是人民，人民就是江山"，这句话是开国元勋习仲勋经常用来教育子女的话。1999年，在新中国成立50周年大典中，在天安门城楼上，习仲勋同志公开发出了这样的感叹。2021年2月，在党史学习教育动员大会上，习近平总书记在讲话中引用了这句话。此后，在考察河南、青海时，在"七一勋章"颁授仪式上，在庆祝中国共产党成立100周年大会上，在党的十九届六中全会上，在多种场合和会议中，习近平总书记多次从不同的角度强调和解读了这一重要论断。在党的二十大报告中，这一论断得到进一步的丰富和完善。

习近平总书记在二十大报告中的这句话，和他之前所说的"时代是出卷人，我们是答卷人，人民是阅卷人""人民对美好生活的向往，就是我们的奋斗目标""民之所忧，我必念之；民之所盼，我必行之""必须坚持人民至上、紧紧依靠人民、不断造福人民、牢牢植根人民"等许多话语，都是异曲同工、一脉相承的。

他的这些话，充分体现了中国共产党以人民为中心的发展思想，体现了党"为中国人民谋幸福，为中华民族谋复兴"的初心和使命，体现了党"人民至上"的根本观点，诠释了党"全心全意为人民服务"的根本宗旨，同时也体现了一个大党难能可贵的历史清醒和政治清醒。从习仲勋到习近平，我们清晰地看到了红色血脉、红色基因的传承和发扬。这让我们不得不由衷地感叹：我们的党，不愧是光荣的、伟大的、正确的党。

这句话虽然言简意赅，但是内涵极其丰富，外延及其广阔，可以说是无所不包、无所不容，很难真正的理解把握和真正做到。在平时的工作生活中，我们应该怎样去贯彻落实这句话呢？

第一，对各级党组织和政府来说，要把"群众满意不满意、答应不答应"作为工作的出发点和落脚点，把群众的评价作为干部考核使用的重要依据，开展工作前倾听群众呼声、开展工作中征求群众意见、工作完成后听取群众评价，真正实现全过程的人民民主。

第二，对每一名党员干部，特别是我们新时代的年轻人来说，最重要的是要主动增强和人民群众的深厚感情，自觉做到从群众中来，到群众中去，权为民所用、利为民所谋、情为民所系，把群众的表情作为工作的晴雨表，真正做到了解民情、汇聚民力、集中民智。

第三，对全党、全国和全社会来说，要把这句话的以人民为中心的发展思想，体现在法律法规和社会行为规范的每一个方面、每一个细节，体现在每一个领域，体现在儿童读物和学生教材中，体现在教育工作的方方面面，起到潜移默化、润物无声的效果。

这样，人民江山将永远屹立在世界的东方，中国式现代化指日可待。中华民族伟大复兴，在我们这一代必然变成现实。（回答完毕）

例❷ 习近平总书记在党的二十大报告中强调：从现在起，中国共产党的中心任务就是团结带领全国各族人民全面建成社会主义现代化强国、实现第二个百年奋斗目标，以中国式现代化全面推进中华民族伟大复兴。

"中国式现代化"，立即成了街头巷尾热议的"关键词"，也引起了全世界的广泛关注。你是如何看待理解"中国式现代化"的？

【参考答案】习近平总书记在二十大报告明确指出：中国式现代化，是中国共产党领导的社会主义现代化。既有各国现代化的共同特征，更有基于自己国情的中国特色。中国式现代化，是人口规模巨大的现代化，是全体人民共同富裕的现代化，是物质文明和精神文明相协调的现代化，是人与自然和谐共生的现代化，是走和平发展道路的现代化。

同时，他指出：中国式现代化的本质要求是坚持中国共产党领导，坚持中国特色社会主义，实现高质量发展，发展全过程人民民主，丰富人民精神世界，实现全体人民共同富裕，促进人与自然和谐共生，推动构建人类命运共同体，创造人类文明新形态。

按照我个人的理解和感受，中国式现代化，其实也是马克思主义中国化的又一个重要成果，是中国特色社会主义创造的人类文明新形态，具有里程碑式的意义。它切合中国实际，体现了社会主义建设规律，也体现了人类社会发展规律。它既兼收并蓄，也独树一帜，更体现了我们的道路自信、理论自信、制度自信、文化自信，体现了我们党和人民的志气、骨气和底气。中国式现代化这条道路，说明我们现在走的既不是封闭僵化的老路，也不是改旗易帜的邪路，不仅走得对、走得通，而且也一定能够走得稳、走得好。

中国式现代化是中国共产党和中国人民长期实践探索的成果，是一项伟大而艰巨的事业，其中的困难和艰辛是不可避免，甚至不可想象的。

"道阻且长，行则将至。"走好中国式现代化的道路，我们必须做到"两个维护"，强化"四个自信"和"四个意识"，时刻保持政治上的清醒和坚定，把我国制度优势更好转化为国家治理效能；必须坚持发扬斗争精神，不信邪、不怕鬼、不怕压，知难而进、迎难而上、踔厉奋发、勇毅前行；必须发挥党员干部的先锋模范作用和党组织的战斗堡垒作用，逢山开路遇水搭桥，打一仗胜一仗，积小胜为大胜，我们就能以中国式现代化，全面推进和实现中华民族的伟大复兴！（回答完毕）

例❸ "先天下之忧而忧，后天下之乐而乐"，这句话你是怎样理解的？

【参考答案】各位考官：这句话，是北宋著名文学家、政治家范仲淹的名篇《岳阳楼记》中的一句名言，千百年来广为传诵。

这句话通过对滕子京的赞颂，表现出作者远大的政治抱负和伟大的胸襟胆魄，间接抒发了自己的政治情怀：为官者（作者当时的身份）应把国家、民族的利益摆在首位，为国家的前途、命运分担忧愁，为人民的幸福奋斗，要忧虑在天下人之前，要享受在天下人之后，积极向上、奋发有为。

这句话虽然是千百年前的古人说的，但是直到今天，对我们每个人，特别是每个党员干部和年轻人，仍然有着重要的借鉴和指导意义。我们每一个人，都应该把国家、民族、人民群众的利益放在第一位。

在工作实践中，我们应该怎样去做呢？

一是要加强学习。理论成熟是政治成熟的基础。我们要学习党和国家的方针政策，学习各种理论，真正理解全心全意为人民服务的思想内涵。

二是要健全制度。健全完善干部监督考核机制，用制度来激励人，用制度规范党员干部的思想和行为，自觉树立立党为公、奉献为民的指导思想，把思想和精力集中在干事创业上。

三是要典型引路。榜样的作用是无穷的。几十年来，焦裕禄、王进喜、雷锋等先锋模范人物，让我们干有方向、学有标杆。今天，我们仍然需要用典型引路的方法，学习先进典型那种无私忘我、先天下之忧而忧的崇高精神和家国情怀，为中华民族的伟大复兴努力奋斗。（回答完毕）

例④ **"不忘初心，牢记使命"，你是如何理解这句话的？**

【参考答案】各位考官："不忘初心，牢记使命"这句话，是习近平总书记在党的十九大报告中，提出的最具分量的一句话，并且成了十九大指导思想中的关键词。习近平总书记同时指出：中国共产党人的初心和使命，就是为中国人民谋幸福，为中华民族谋复兴。

"不忘初心，牢记使命"，对我们每个人，特别是我们共产党人来说，具有无与伦比的重要性。因为，习近平总书记在十九大报告中紧接着说了一句话："不忘初心，方得始终。只有不忘初心、牢记使命、永远奋斗，才能让中国共产党永远年轻。"就是说，只有不忘初心、牢记使命，才能善始善终、善作善成地做好每一件事情，达成自己的目标和使命。

但是，初心易得，始终难守。我们怎样才能做到不忘初心，牢记使命呢？

首先，是目标要远大，理想要崇高。就像灯塔一样，只有足够的高，足够的亮，才能让人在云遮雾罩中认清方向，在艰难险阻中充满力量，不因为路途遥远而主动放弃，不因为前途渺茫而心生沮丧。

其次，是抗得住诱惑，忍得住困苦。忘记初心，迷失方向，往往是因为抗拒不了"乱花渐欲迷人眼"的诱惑，是因为受不了"三更灯火五更鸡""板凳要坐十年冷"的寂寞困苦，就这样，雄心壮志渐渐被消磨殆尽，初心随之渐行渐远。我们普通人和成功者、大人物之间的区别，就在于他们坚持下去了，几十年初心不改、信念不衰。而我们，没有做到这一点。

最后，是从小做起，久久为功。许多人之所以忘记初心，是因为他们的初心虽然远大崇高，但是只有模糊的方向。而且他们没有阶段性的小目标，没有具体的措施方法，没有长期作战的准备，希望毕其功于一役，不愿意脚踏实地、一步一步去实现理想。

对我们年轻人来说，从小事做起，把理想和现实结合起来，积小胜为大胜，才是实现理想、不忘初心的关键所在。（回答完毕）

例⑤　拿破仑说过："不想当将军的士兵不是好士兵。"但是，孙中山说过："年轻人要立志做大事，不立志做大官。"请你谈谈对这两句话的认识。（这道题稍微有些难度，但如果按照特定思路去分析，照样不难）

【参考答案】各位考官，关于这道题，我是这么认为的：

第一，拿破仑和孙中山的说法，都是正确的。他们是从不同的角度来阐述自己对人生观、世界观、理想目标的看法。

第二，拿破仑的话，指的是人的理想目标要大、要高远。能当上将军，人生的舞台要比普通的士兵更大，发挥的作用更大。拿破仑更侧重于实现理想的方式方法和过程，说的是实现理想的载体和舞台。孙中山的话，同样指的是人的理想目标要大、要高远，但他更侧重于理想和目标是什么，是干大事而不是当大官。同时，他通过这句话告诫年轻人，不要把当大官作为人生的理想目标。因为，他出生在清朝末年，"三年清知府，十万雪花银"，那个时候当官主要是为了发财，当大官是为了发大财。所以，孙中山更强调年轻人要树立正确的人生观和理想目标。他说的话，有特定的含义和历史背景。

第三，我们年轻人应该如何树立正确的人生观、世界观、理想目标呢？我们首先应该把为人民服务、为社会服务作为树立理想目标的总原则，和中华民族的伟大复兴结合起来，和全面建成小康社会结合起来。党和国家需要我们做什么，我们就把什么作为理想目标。然后再去考虑个人的兴趣和特长，选择具体去从事何种职业、要实现什么目标。只有把国家民族的理想和个人理想融合起来，我们才能乘势而上、借风行船，实现自己的理想目标，实现自己的人生价值。

总之，不论是当将军也好，做大事也罢，都要求我们不但要有远大的理想和宏伟的目标，更要求我们要有坚忍不拔之志，永不言败，永不放弃，不达目的誓不罢休。同时更重要的是，我们要养成终身学习的习惯，不断提高自己的实际工作能力，使自己具备与实现理想目标相匹配的综合素质。（回答完毕）

例 6 有人说："三个臭皮匠，顶个诸葛亮。"也有人说："三个和尚没水吃。"你认为哪句话是正确的？为什么？（此题和上道题很相似。这类题，在面试中出现的频率不是很高。但是，如果这类题能答好，其他类型的题目就不在话下了）

【参考答案】各位考官，这两句话说的都是一个团队的合作与协作的问题。同样是合作与协作，却出现了截然相反的结果。

一个团队，能够科学的协调搭配，形成了互补，形成了合力，就是"众人拾柴火焰高"，就是"众人划桨开大船"，就出现了"三个臭皮匠，顶个诸葛亮"的效果。合作协调不好，相互推诿扯皮，就形成了内耗内卷和躺平，结果就必然是"三个和尚没水吃"。

那么如何实现科学有效的团队合作呢？

首先，团队的每个成员，必须具备自觉的团队精神、强烈的合作意识，自觉把自己作为团队的一员，以大局为重，做好自己的事情，配合好其他队员的事情。

其次，要建立科学严密的制度，用制度规范每一个成员的思想行为，明确每个成员的职责和目标，形成相互协作、令行禁止、荣辱与共的机制。整个团队一盘棋，补台不拆台、内助不内耗。

最后，要选好团队的领导人，增强团队的凝聚力和向心力。领导人要及时协调化解不和谐因素，让大家心往一处想，劲往一处使，形成头羊效应，就会事半功倍，实现一加一大于二的目的。（回答完毕）

例 7 习近平总书记说过："我将无我，不负人民。"请你谈谈对这句话的理解。

【参考答案】各位考官：第一，"我将无我，不负人民"是 2019 年 3

月 22 日，习近平总书记回答意大利众议长菲科提问时，所做的回答。这句话的基本含义是：我愿意以"无我"的状态，全心全意为人民服务，为中国的发展强大、为中华民族的伟大复兴奉献自己，风雨无阻，无怨无悔。

第二，《县委书记的好榜样焦裕禄》这篇文章这样评价焦裕禄：他心里装着人民群众，唯独没有他自己。这句话和习近平总书记的"我将无我，不负人民"，有着异曲同工之妙，言简意赅地道出了中国共产党人精神世界的辩证法，提纲挈领地诠释了全心全意为人民服务的根本宗旨，鲜明体现了党性和人民性的高度统一。"我将无我，不负人民"，出发点在"人民"，落脚点也在"人民"，这是新时代中国共产党人人格的鲜明价值指向。

第三，作为新时代的每一个年轻人，都应该深刻理解和践行习近平总书记的这句话。在平时的工作中，要时时刻刻把人民的利益放在第一位，树立全心全意为人民服务的思想，做到"权为民所用，利为民所谋，情为民所系"，把群众的需要作为自己的工作追求，把群众的脸色作为工作的晴雨表，培养对人民群众的深厚感情，只争朝夕、不负韶华，努力学习、努力工作，提高工作能力、增强奉献精神。这样，才能真正不负党的重托，不负人民的期望。（回答完毕）

例❽　在庆祝中国共产党成立 100 周年大会上的讲话中，习近平总书记提出要"以史为鉴，开创未来"。你对习近平总书记的这句话是如何理解的？

【参考答案】各位考官：第一，"以史为鉴，开创未来"，其实是习近平总书记这篇讲话的主题词和关键词。这句话，为今后一段时间的工作定了调子、指明了方向，对全党提出了更高的要求。

第二，这句话是习近平总书记在建党 100 周年的重大历史时刻，在对党的百年奋斗历程和经验教训进行深刻总结的基础上提出来的。我们党在 2021 年开展的党史学习教育，在十九届六中全会上作出的《中共中央关于党的百年奋斗重大成就和历史经验的决议》，和这句话是一脉相承的，其目的都是"以史为鉴，开创未来"。

"以史为鉴，开创未来"和"不忘初心，牢记使命"一样，都是为了"以史鉴今，资政育人"，都是为了"回望过去的奋斗路，眺望前方的奋进路"，都是为了继续"弘扬红色传统、传承红色基因、赓续红色血脉"，都是为了"用历史映照现实、远观未来"，都是为了"走得再远，也不能忘记来时的路，不能忘记为什么出发"。

习近平总书记的这句话，充分说明，虽然我们的党百年来取得了无数的丰功伟绩、经历了无数的艰难险阻，但我们的党始终是清醒坚定的，始终没有忘记自己的初心使命，始终没有躺在功劳簿上止步不前，而是始终在进行自我反省、自我革命，始终把握了历史发展规律和大势，始终掌握了党和国家事业发展的历史主动。我们的党能够始终坚持做到这一点，可以说，我们的国家幸甚、民族幸甚、人民幸甚。

第三，我们每一个党员干部，我们每一个年轻人，都应该不折不扣地去落实践行这句话。首先要树立远大的理想目标，把"为中国人民谋幸福，为中华民族谋复兴"作为自己的初心使命，根据党和国家事业发展的需要进行人生规划与职业选择，自觉担当尽责，到最艰苦的地方去、到最需要的地方去，将自己的青春融入"国之大者"中，融入党和人民的事业中。其次树立终身学习的理念。学习党的政治理论和方针政策，始终保持政治上的清醒和定力；学习相关的专业知识和技能，活到老学到老，不断增强为人民服务的本领；要根据实际需要去学习，学中干、干中学，努力成为行业骨干、青年先锋，在自己的本职工作上只争朝夕、建功立业。最后树立强大的斗争精神，做敢于斗争、善于斗争的模范。带头迎难而上、攻坚克难，做到不信邪、不怕鬼、骨头硬；要涵养廉洁自律的道德修为，心有所畏、言有所戒、行有所止，不断锤炼意志力、坚忍力、自制力，做一个一心为公、一身正气、一尘不染的人。

做到这一点，中国梦的实现指日可待，中华民族的伟大复兴必然前程似锦！

这是党的殷切期待，也是祖国和人民的殷切期待！（回答完毕）

举例说明到此为止。在短时间内，假如让你去回答这些问题，是不是觉得思路难清，言语匮乏，甚至大脑一片空白？

不要紧，那是因为你刚出校门，对社会、对政治不够了解。假如你上了几年班，并且注重学习、善于思考的话，不用别人教你，你自己就会回答。

以上面的几道题为例，我们总结一下观点评析类中"一句话"题目的回答模式：

（1）解释这句话的基本含义。这句话是谁说的？什么时候、什么地方（什么场合）、对谁说的？这句话最基本的含义和意义是什么？上述内容，其实是对这句话进行了简单的总体评价。

（2）引申解释这句话。这句话还可以怎样理解？在历史上、现实中的具体表现是什么？起到了什么作用？有什么具体鲜活的例子？我们是怎样理解的？这其实是进一步对这句话进行深入的分析评价。

（3）我们应该怎样去做。假如这句话是正确的、正面的，我们应该怎样去做？假如这句话是负面的、错误的，我们应当如何避免这样的思想、行为、事情出现？正确的做法是什么？个人行为层面应该怎样去做？思想认识层面应该怎样去提高？政策法律层面应当怎样去建立完善？等等。可以回答的内容太多了。

大家回顾一下刚才说的例子，稍微明白一些了吧？好像知道该怎么回答了吧？照着这种模式去反复训练，你就会真正理解和熟练运用，将其变成自己的思维和回答模式。这种回答模式的好处如下：

（1）能够理清拓展你的思路，让你知道答题的方向在哪里，应该回答哪些内容，不至于漫无目的、无话可说。

（2）能够让你不论什么问题都能说出个"一二三"，显得条理清晰、成竹在胸，短时间内能"唬"住人。

（3）能够能让你稍加思索就有话可说，不至于当场卡壳，所以能增强自信、舒缓紧张情绪。同时，这种模式由于有固定的套路和开场白、过渡语，给你腾出了一定的思考空间，能够让你边思考边回答问题。

（4）能够让你紧扣中心不跑题。这种模式，其实是由表及里、由近及远、层层递进、环环相扣的关系，逻辑性强，一般不会让你的回答离题万里。

（5）能够让你较好把握回答的时间。按这种回答模式，每道题的回答时间在3分钟左右，不会太长或者太短，非常适合目前大多数面试10～15分钟的时间限制。

（6）能够训练自己形成一种思维习惯和表达习惯。这种回答模式能促使你全面分析看待问题，理论联系实际，出发点和落脚点都放在了解决实际问题上，让人显得务实成熟，考官会对你刮目相看。

这种模式会不会显得套路化、程式化？假如使用这种模式的人多了，会不会千人一面、令人生厌？不会的。为何？

因为模式是死的，可表现形式是灵活的。每个人都是不同的，人生经历和知识储备是不同的，语言表达方式也是不同的，回答的内容不可能千篇一律。

再举个例子，就拿前面我们研讨过的原题来说明。我们按照这种思路，可以说出多种答案。

如前面的例3，以下就是不同的参考答案。

第二种参考答案：

（解释这句话的基本含义）

第一，"不忘初心，牢记使命"是习近平总书记在党的十九大报告中提出的关键词，是报告主题思想中的重要组成部分。这句话的基本含义是：每个共产党员和干部，都不能忘记全心全意为人民服务、为中华民族谋复兴、为中国人民谋幸福的初心和使命。

（引申解释这句话）

第二，"不忘初心，牢记使命"，在这一方面，我们党的无数前辈给我们做出了榜样和证明。周恩来同志，"为中华之崛起而读书""大江歌罢掉头东，邃密群科济世穷"。他把一生奉献给了中华民族和中国人民，成了人人敬仰的好总理。毛泽东同志，"孩儿立志出乡关，学不成名誓不还。埋骨何须桑梓地，人生何处不青山"，他一辈子不忘初心和使命，带领全国人民推翻了三座大山，让中国人民站了起来。县委书记的好榜样焦裕禄同志，"生也沙丘，死也沙丘"，到了生命的最后一刻都没有忘记初心，他的精神永远激励着全党和全国人民不忘初心，牢记使命。

（我们应该怎样去做）

第三，作为新时代的年轻人，应该牢记习近平总书记的这句话，向革命前辈学习，把"不忘初心，牢记使命"作为自己的座右铭。理想目标必须要远大，但同时不能好高骛远，不能眼高手低。要从小事做起，要聚沙成塔、集腋成裘，积小胜为大胜；既要有远大明确的理想目标，也要有具体的实施计划，不断对照自己的短板和不足，加强学习，努力工作，一步一步向着理想目标迈进。确立理想目标并不难，难的是持之以恒，难的是坚持不懈去奋斗去努力，不能遇到挫折就灰心丧气，就轻易放弃。

初心易得，始终难守。只要我们一直坚持下去，我们的理想目标就一定能够实现。（回答完毕）

第三种参考答案：

（解释这句话的基本含义）

"不忘初心，牢记使命"是习近平总书记在党的十九大报告中提出的主题词，也是对全党提出的新要求。这句话指的是：全党都要牢记为中国人民谋幸福、为中华民族谋复兴的初心和使命。

（引申解释这句话）

"不忘初心，牢记使命"，听起来十分简单，但是它的含义和作用是不可低估的。它既是一种理念理想和目标抱负，是一种世界观，也是一种方法论。在十九大报告中，习近平总书记紧接着说了一句话："不忘初心，方得始终"，意思就是说：只有你时刻牢记着自己最初的发心，始终记得自己是从哪里出发、为什么出发，才能够有始有终地去做事，才不至于迷失方向，才不至于走错路，才能够实现自己的目标理想。

（我们应该怎样去做）

要做到"不忘初心，牢记使命"，作为一名党员、作为新时期的年轻人，特别是作为一名公职人员，首先要讲政治，自觉地把自己的理想信念和党的宗旨、理想信念结合起来，听党话、跟党走、感党恩。党需要我们做什么，我们就去做什么，这样，才不会走错路，走邪路，才能坚持正确的方向。

其次，要努力提升自己的综合素质和工作能力，增强为人民服务的意识，提高为人民服务的本领，把自己的素质能力和理想抱负匹配起来，坚决不能眼高手低、心雄手拙，更不能夸夸其谈、纸上谈兵。

最后，要养成三省吾身的习惯。每过一段时间，静下心来，把自己的言行习惯和初心要求对照一番，及时发现自己的错误和不足，及时地拨乱反正，让自己一直坚持正确的方向和做法，才能在正确的道路上，怀揣初心，肩负使命，阔步向前，不负韶华！（回答完毕）

第四种参考答案：

（解释这句话的基本含义）

"不忘初心，牢记使命"这句话是习近平总书记在党的十九大上提出来的。它的基本含义是：每个党员都要牢记为中国人民谋幸福、为中华民族谋复兴的初心和使命。

（引申解释这句话）

自从习近平总书记在党的十九大报告上提出这句话之后，立即在全党、全社会中引起了强烈反响，成了各行各业、各阶层人士耳熟能详的流行语，成了各类人群励志苦行、警醒自己的座右铭。

2019年，全党分两批开展了"不忘初心，牢记使命"主题教育后，这句话又成了党内的一项基本学习制度，对全党的政治理论素质、服务群众服务基层水平、党的作风建设等各方面起到极大的推动作用。

可以说，"不忘初心，牢记使命"已经成为全党，甚至全国人民的思想行为法则，成为一种瞄准目标决不放松、不达目的誓不罢休的蓬勃的精神动力和昂扬的精神状态。出现这种现象可喜可贺。国家幸甚，民族幸甚。

（我们应该怎样去做）

这句话，内涵丰富，意味深长，对每一个人都有着极强的实用性和指导意义。

我们在日常的生活工作中，要真正去落实践行这句话，不但要有坚定的目标，明确的方向，还要有"咬定青山不放松"的狠劲，要有"历尽艰辛痴心不改"的韧劲，要有"板凳要坐十年冷"的恒劲，要有"衣带渐宽终不悔"的傻劲，更要有"旌旗十万斩阎罗"的拼劲。

这些要求，习近平总书记在"不忘初心，牢记使命"主题教育总结大会的讲话中，已经做出了全面的总结，提出了明确的要求，指明了具体的方法。只要我们能够深刻领会，坚持做下去，就能够不忘初心、牢记使命，把自己的涓滴之力，汇聚到民族的磅礴伟力中去，实现自己的人生理想，实现中华民族伟大复兴的中国梦。（回答完毕）

不需要再举例子了。大家可以试试看，这种答题模式具体到每一道题中，可以衍生出无数种答案。平时经常用这种模式去思考问题，就会成为习惯，面试的时候就能对答如流。

假如有些面试题目格外刁钻，看都看不懂，或者你根本不知道如何回答，怎么办？我们举几个刁钻的，或者根本不像面试题的题目，看看能不能回答。

例 ⑨ "道可道，非常道。"请你谈谈对这句话的理解。

【参考答案】各位考官：

第一，"道可道，非常道"是我国春秋时期著名的思想家、哲学家，道家学派（注意，是道家，不是道教。两者是不一样的）创始人老子在《道德经》中的开篇之语，是千古流传、广为人知，但令人费解的一句话。它的直接含义是：世界万物的根本——"道"，是不能真正、完全、准确用语言表述清楚的。如果硬要用特定的语言表达的话，就偏离了"道"本身的含义。

第二，这句话的基本含义很难用语言解释清楚，就像它所说的"道"的含义一样。这句话，和儒家的"只可意会，不可言传"，佛家的"言语道断""不可说，不可说"，王阳明的"知行合一"有着异曲同工之妙。佛道儒三家的这些话，表达的其实是一个意思。"道"的真正含义究竟是什么？"道"在哪里？只能用心去体会、去探索、去实践、去身体力行，才能真正悟道并受用无穷。

第三，如何正确地去理解践行这句话呢？真正理解和践行这句话，需要从三个方面做起：首先，注重学习，善于思考。道无处不在，道日用而不知。所以，我们必须树立终身学习的理念，博学多思，积少成多，融会贯通，善学善成，并且要注重总结规律，形成自己的独特观点。其次，注重实践，亲身体悟。学用分离，不是真知。要知道梨子的味道，必须亲自去尝一尝。因此，我们要读万卷书也要走万里路，要注重不断丰富自己的阅历，在实践中去感受感悟、发现体悟，才能真正对道有个正确的理解。最后，身体力行，尊道而行。知行合一，方为真知。初步理解了道的大意，然后按照道的要求去规范自己的言行，去指导自己的工作生活实践，才能理解道的真谛，真正行之以道。

各位考官，这就是我对"道可道，非常道"的理解。我刚才的回答，也是不全面不准确的。为什么呢？因为，"道可道，非常道"。（回答完毕）

假如你完全看不懂这句话，从来没有听说过这句话，根本不会回答，怎么办呢？不要紧，我们试着用万能模式回答这道题：

【参考答案】各位考官，我对这句话是这样理解的：

（解释这句话的基本含义）

第一，"道可道，非常道"，这句话看似简单，其实内涵丰富，外延广阔。它是我们的古代先贤在长期的生产生活实践中，总结出的至理名言，是我国优秀传统文化的组成部分。

（引申解释这句话）

第二，虽然这句话是千百年前的古人所说的，但是我们不能因为它时代久远而忽视它，而应该站在现代的角度去重新理解它、审视它，赋予它新的含义。

（我们应该怎样去做）

第三，我们应该怎样真正理解和践行这句话呢？我们要弄清楚这句话的出处，并读懂原著，全面理解，千万不可断章取义，不能满足于只言片语的字面意思。一定要弄清楚这句话产生的历史背景和时代背景，从历史的角度去理解它。

同时，要理论联系实际，站在现代的角度，用发展和联系的观点去理解和把握，学中干，干中学，取其精华去其糟粕，做到合理扬弃。这才是我们现代青年应该有的态度和能力。（回答完毕）

这样行不行呢？全部是正确的废话。但总比张口结舌、哑口无言、目瞪口呆好吧？

假如这道题你直接表示不会回答，不能说出个一二三，即使其他题答得再出色，也难得高分。

例 ⑩ **"色即是空，空即是色。"请你谈谈对这句话的理解。**

【参考答案】各位考官，我是这样理解这句话的：

第一，"色即是空，空即是色"是佛经《般若波罗蜜多心经》中的名言，千百年来广为流传，几乎妇孺皆知。

第二，虽然这句话的知晓度比较高，但绝大多数人的理解是完全错误的。这句话真正准确的含义是这样的：色，不是我们常人理解的颜色、好色，指的是物质，指的是现象，指的是形形色色的物质存在，指的是表象和形式；空，不是空无、空白、空气，不是什么也没有，不是虚幻，它指的是本质、是能量、是内容，是物质世界存在的本质状态。能量，谁也看不见、摸不到，可它真的存在，存在的方式就是空。理解了佛经中色和空的含义，这句话就好理解了。

第三，按照这种理解，我们应该怎样用它来指导我们的工作生活实践呢？首先，理解处理好形式和内容、表象和本质、原因和结果等诸多关系，学会透过现象看本质，处理问题抓住问题的关键点和主要矛盾。其次，学会用平常心看待问题，当我们遇到"色"，遇到形形色色的迷惑和诱惑时，要知道它其实是空，不能被物质现象和表面现象所诱惑，从而涵养自己的定力和智慧。最后，我们更要知道空，其实也是色，它们是两位一体，是矛盾的两个方面，是互为依存、密不可分的。时间是空的、感情是空的、事业是空的，但它们也是实际存在的。所以，我们一定要活在当下，认真工作学习，每一天都过得有声有色，让整个人生都出彩、出色。

（回答完毕）

假如你不会回答，怎么办？好办，就按照例 9 万能模板的回答方式和内容，稍作修改甚至完全照搬去回答就可以了。这是"空对空"的回答方式，是特殊情况下的无奈之举。

面试是绝对不会出现这样的题的。举这样的例子，只是为了深化大家对"一句话"回答模式的理解，增强实际运用的能力。

非常难、看不懂的题目，可以这样云里来雾里去地回答。但是，也有的面试题目非常简单，简单得无法解释。为什么呢？因为它一听就懂，根本不需要解释。正因为过于简单，简单得难以展开论述，所以许多考生无话可说，当场放弃回答。放弃回答的自然没有考上。

例 ⑪ 有一句民间俗语：吃饭穿衣量家当。你是如何理解这句话的？

【参考答案】

（解释这句话的基本含义）

各位考官，"吃饭穿衣量家当"，是我们在日常生活中耳熟能详的一句话，也是我们父母经常挂在嘴边的话，特别是在我们小时候，父母经常用来教育我们的话语。

父母说这句话的时候，往往是在我们对生活提出过高要求、让他们难以接受的时候。他们用这句话引导我们在吃穿用上不要过于奢侈，要考虑家庭收入能不能够承担得起，日常的用度是否和家庭条件相匹配。

（引申解释这句话）

"吃饭穿衣量家当"，现在回想起来，父母在说这句话的时候，是何等的无奈。

这句话很有道理。可是在现实中，过度消费、超前消费的现象还是存在的，在个别人身上还十分严重。"月光族""啃老族"都是由于过度追求享受、不考虑自身收入条件而出现的。

这句话，不仅适用于普通百姓的普通生活，也适用于政治社会的方方面面。我们安排一项工作，要事先衡量一下我们的能力和财力是不是能够承受得起。不然，就很可能徒劳无功甚至劳民伤财。

（我们应该怎样去做）

"吃饭穿衣量家当"，要求我们在生活中，要保持艰苦奋斗、勤俭节约的工作作风，把精力用在干好本职工作和为民服务上，而不能把目标确立在吃喝享受上。

同样，在任何工作中，都要把这句话作为一项原则，不能提前消费、透支消费，不能寅吃卯粮，不能拆东墙补西墙，不能把属于子孙后代的资源提前消耗掉，要量入为出、量力而行。这其实是一种科学的、负责任的、实事求是的态度和发展观。（回答完毕）

按照这种解题和答题思路，所有的此类题目都能轻松回答，都能条理清晰地说出个一二三。我们不妨再列举一道怪题来分析。

一次，在面试辅导中，笔者说：任何一句话，生活中的任何一件事物，都能加工成观点评析类的面试题，并且都能套用"一句话"这种回答模式。一位考生为了"刁难"和"考验"笔者，出了这样一道题：

例 ⑫ 有道加法题：$1+1=2$。你对这道题是如何认识的？

【参考答案】

（解释这句话的基本含义）

各位考官，"$1+1=2$"，世界上恐怕没有比它更简单的道理了，没有比它更容易的数学题了。两三岁的小孩子都会做这道题。

（引申解释这句话）

在平时，我对这道题没有关注过，没有思考过，因为它实在是太简单了。可就在刚才的一刹那，我想了很多，对这道题有了许多新的体悟和感受。

"1＋1＝2"，这道题很简单，可它是真理。这让我想到了"大道至简"这句话。真理都是很简单的。这道题，我们现在觉得很简单，可当初发现这个真理的人，他是多么不简单啊！

"1＋1＝2"，在数学的领域，它是非常正确的，是放之四海而皆准的真理。可它放在其他的领域就未必如此了。

在化学领域，一个碳原子加上一个氧原子，能够生成一个一氧化碳的分子，这不是"1＋1＝1"吗？

在团队合作中，假如两个人不是互相补台而是相互拆台的话，那么就会出现"1＋1＜2""1＋1＝1"，甚至是"1＋1＜0"；假如两个人齐心协力、优势互补的话，那么就会出现"1＋1＞2"的奇迹。

一切都有可能，一切都可能发生。

（我们应该怎样去做）

总而言之，"1＋1＝2"是一般情况下的普遍真理。按照这个道理，我们在工作中和生活中，都应该遵循这个原则，本着实事求是的态度，踏踏实实，一步一个脚印走下去，积小胜为大胜，用无数个"1＋1"来洒下汗水，收获幸福。但在遇到危机和机遇的时候，我们也应该解放思想、放宽眼界，用非常规的方式看待和解决问题，实现"1＋1＞2"的人生跨越！（回答完毕）

举这个例子，是为了让大家更进一步理解、掌握此类题目的答题思路。再举一个例子，这类题的解析就可以结束了。

这个例子其实是笔者对年轻人的一种期望。因为现在许多年轻人只希望到大城市、大机关工作，不愿意去基层和艰苦的地方历练。

例 ⑬　有人形容基层工作"理想很丰满，现实很骨感"。有人认为基层工作"天高地阔，大有作为"。请你谈谈对这两句话的认识。

【参考答案】各位考官，我是这样认为的：

第一，"理想很丰满，现实很骨感"，这句话说的是现实。它指的是基层的"苦、难、累、穷"。有句话叫作"宁管三军，不管一村"，说的也是基层工作的艰难。我们必须承认这一点，并且正确去看待它，接受它。但是，"天高地阔，大有作为"这句话，是绝对正确的真理，是正确的方向和方法。年轻人只有到基层中经风雨、长见识、增才干，才能找准自己人生的坐标，实现人生的价值与理想。

第二，基层工作的经历是十分可贵、不可代替的。"宰相必起于州郡，猛将必发于卒伍。"在基层磨砺锻炼，就像建高楼打好地基一样重要。否则，就会基础不牢，地动山摇。毛泽东同志投入革命初期，长期在农村考察历练，才能创造性制定出"农村包围城市"的战略，才能创造游击战、运动战等奇迹，才能建立农村革命根据地；习近平总书记在河北下乡插队的经历，让他了解了农村农民，了解了社会基层，坚定了斗志，磨砺了意志，积累了知识，增强了解决实际问题的能力。这都说明，基层一线的锻炼对每一个有理想抱负的年轻人都是必须和必要的。

第三，作为新时代的年轻人，我是十分渴望到基层一线锻炼的。因为基层需要年轻人去输送新鲜血液，需要年轻人的激情和知识去改变落后面貌。作为生在基层长在基层的我，十分渴望把我的青春、热情和能力奉献给基层。基层的工作是难、是苦、是累。但是，只要我们年轻人能够不忘初心、牢记使命，能够谦虚谨慎、善于学习，能够坚定信念、不怕困难，能够依靠群众、为了群众，我们就能做到只争朝夕、不负韶华，洒下汗水、收获希望，让青春在基层绽放风采，实现自己的价值和理想。（回答完毕）

上面的参考答案，还是按照这类题的"万能模式"和"万能思路"回答的。

这样回答行不行？总比张口结舌、无话可说强吧。有没有雷同的套路之感？按照这种思路，还能不能总结出更多的答案？大家不妨找一些面试题去试试。

（二）一件事

面试中，还有一种题，给你描述一件现实中发生的事或者给你讲一个故事、寓言、典故，让你谈谈对这件事情的看法。多年前，一位考生给笔者说了一道经典的面试真题，是这样的：

例❶ 一次，一位国家领导人到小学视察工作。视察中，他指出小学的教材中存在错误。可是，一些教育专家指出，教材中并没出现错误，而是国家领导人的观点错了。对于这件事，你是如何看待的？（真实题目中显示

了国家领导人的具体职务和姓名，这里姑且隐去，以下是真题参考答案）

【参考答案】对于这位国家领导人，我们应该抱着宽容的态度对待。虽然他是国家领导人，但他也不是全知全能的。"闻道有先后，术业有专攻"，他的观点存在错误，也是情有可原的。

作为教育领域的专家，在指出国家领导人观点错误的同时，也要指出他观点错误的原因，并说明课本上相关内容正确的原因是什么，引经据典地展开论证，这样才能让人心服口服。同时，在指出国家领导人观点错误的同时，要注意场合和方式方法，也要顾及国家领导人的面子，不要当众让领导人难堪。

这样的答案好不好？姑且不去评价。笔者让考生总结了另外一种答案，并且建议他按照这样的思路去思考、回答所有"一件事"题目：

【参考答案】对于这件事，我是这样看待的：

第一，国家领导人能在百忙之中视察小学，并且公开指出小学教材中存在错误，充分说明了他深入实际、扎扎实实的工作作风，说明了他关心教育、关心下一代的高尚情怀，说明了他有话直说、诚实磊落的可贵品质。有这样的国家领导人，我们国家幸甚、民族幸甚。

第二，对于这些专家，我们每个人都应该给他们点上一个大大的"赞"。他们敢于发表和国家领导人截然不同的观点，这在一个专制的、落后的国家是不可能出现的。这充分说明了他们遵守了一个专家应该遵守的职业道德底线，充分说明了我们国家民主政治的长足进步。出现这样的事情，我们国家幸甚、民族幸甚。

第三，教材中究竟是否存在错误呢？作为教育行政部门，应该组织一批有学识、有威望的专家，就此问题进行调查研究，认真开展论证。如果教材中真的存在错误那就立即改正、公开声明、真诚道歉，以免误人子弟、影响下一代的正确认知；如果课本中不存在错误，也要公开声明、以正视听，以免造成教育秩序的混乱。这才是一个负责任的政府应该做的事情。（回答完毕）

笔者不赞成前面的真题参考答案。原因有三：

一是答案的内容不足三条。凡是不够三条的办事方案或答案，都是不完善的。无三不成文。

二是面试题中并没告诉我们，或者暗示我们谁的观点正确、谁的观点错误，我们不能妄加评论、妄下结论。参考答案却做出了"国家领导人的观点错误、专家的观点正确"的结论。这样回答是不合适的。注意，审题一定要准，一定要正确理解题意。

三是参考答案仅仅对双方的做法和观点进行了评价，没有进一步对这件事情作出分析、得出总结性的结论和观点，答案显得不圆满、不完整。

再举几个例子。

例❷ 一次，小王和小李开车到上级机关开会。途中遇到一个孕妇突然出现临产反应，痛苦不堪。她没有家人陪伴，也忘了带手机，距离医院也比较远。对此，小王的意见是：不去开会，先开车把孕妇送到医院。而小李的意见是：我们当前的任务是去开会，送孕妇去医院必定会耽误开会。并且，可以让旁边的人帮助送到医院，或者打"120"就行了。对于这件事情，你是如何看待的？

【参考答案】第一，小王的意见是正确的，最起码是非常人道和人性的。人的生命只有一次，是最可贵的。对于临产孕妇来说，如果救治不及时，如果不能在最短的时间内送到医院，可能会危及两条生命，后果是不可挽回的。开会迟到或者缺会，可以通过各种补救措施获取会议内容、领会会议精神。所以，小王的意见很正确，值得提倡，值得我们每一个人学习。

第二，小李的意见，有道理。但是，从道义上讲，是不太正确的。按时、按要求去开会，是一个工作人员的基本职责。但是，见义勇为、救人于危难，是我们中华民族的传统美德，是道义所在，是良心所在，是每一个人都应该做到的。

第三，对于这件事情，可以根据当时的实际情况进行灵活处理。假如当时没有另外的人主动上前帮忙，且必须马上将孕妇送到医院，那就义无反顾地开车把孕妇送到医院。时间就是生命，容不得半点迟缓。假如情况不严重，或者孕妇不适合坐车，应立即拨打"120"求助，让专业的人来干专业的事，这样更牢靠、更安全，也不会耽误参加会议。如果有其他的人愿意帮助孕妇，那就再好不过了。

总而言之，这件事情最好的处理方法，要根据当时的实际情况来定。

关键是要凭着良心办事，凭着一个公职人员的素质要求和道德要求来办事，凭着为人民服务的宗旨来办事。（回答完毕）

看出来了吧？这一类的面试题，可以按照"甲方—乙方—第三方"的思路去思考和回答：首先对甲方的观点和做法进行评价。其次对乙方的观点和做法进行评价。最后，站在第三方的角度，根据这件事阐述自己的观点——假如我是当事人，我的观点是什么？我会怎么去做？我认为怎样去做才是合适的？我、我们、政府、全社会应该怎样去做？

这种答题思路的好处：很容易、很快就能总结出答案，且答题内容不少于三条；符合辩证法的观点、思路比较清楚全面；站在第三方的角度进行总结分析，让答案更加丰满和完善，会让考官认为考生善于总结、思虑周详。

"甲方—乙方—第三方"可以作为"一件事"面试题的"万能思路"。

多找些类似的题，按照"万能思路"去总结答案，就能把这种思路变成自己的本能反应，养成辩证思考的习惯，从而在考场上从容应对、侃侃而谈。

生活中大大小小的事情，都可以作为"一件事"面试题进行练习。比如：

例❸ 小李在外地上大学，暑假回家，他爸妈都非常高兴，要为他接风洗尘。他妈妈准备亲自下厨，给他做他最爱吃的烩面；但他爸爸认为天气太热，不如一家人上餐馆去吃大餐。一时间两人各执己见。你是如何看待他们两人的分歧的？（或者假如你是小李，你该怎么办？）

【参考答案】我是这样理解和看待这件事情的：

首先，小李的妈妈要亲自下厨，做小李最爱吃的烩面，知子（女）莫如母啊。小李喜欢什么，她都一清二楚，时时刻刻都为小李着想。大热天的，小李的妈妈还要冒着酷暑下厨为他做饭。可以想象出来，小李的妈妈当时兴高采烈的神情，她认为给小李做饭是很愉快、很幸福的事情——小李真幸福，他妈妈真爱他。

其次，小李的爸爸很让人佩服。他坚持一家人一起到餐馆吃大餐，可能是认为吃大餐能让小李更舒服、更高兴，更能表达自己见到儿子（女儿）的喜悦心情。还有一点是，他坚持上餐馆吃大餐，很可能是心疼自己的老婆。天气那么热，他怎么忍心让自己的老婆到厨房去忍受烟熏火燎之苦呢？心疼自己老婆的人，都是善良的人。小李的一家，是幸福的一家。

最后，假如我是小李，我会根据实际情况提出自己的意见。假如我会做烩面，我就主动请缨去做一次饭，让他们尝尝我的手艺，或者我们一家人一起动手做烩面，欢声笑语、其乐融融，让家里充满烟火气；假如我还不会做烩面，那就听从爸爸的建议去吃大餐，给爸爸妈妈端上一杯酒或者一杯茶，表达对他们的祝福和爱，一家人一边吃饭一边聊天，说说笑笑，轻松愉快。这也是很好的选择。

总而言之，怎样能让父母高兴，怎样能表达出我对父母的爱，我就怎样去做。（回答完毕）

"一千个人的心中，有一千个哈姆雷特。"每个人的经历、性格和语言习惯都不同，按照"甲方—乙方—第三方"的思路答题，是不会出现雷同答案的。

"甲方—乙方—第三方"，仅仅是一种思维方式而已。假如面试题中没有出现两个人、两种做法、两种观点呢？一般不会，因为出这样的题目没有什么意思。

假如题目真的只有"甲方"，没有出现对立的"乙方"，那就是题目没有明说，没有用具体明显的文字予以体现。"乙方"，甚至是"丙方""丁方"都是肯定存在的，只不过被出题人隐藏起来了。

我们举一个简单的例子吧，把前面的例2改编一下。

例❹ 一次，小王到上级机关开会，途中遇到一个孕妇突然出现临产反应，痛苦不堪。她没有家人陪伴，也忘了带手机，距离医院也比较远。小王毫不犹豫地开车把孕妇送到医院。当他赶到上级机关时，会议已经结束了。上级机关的领导严厉地批评了小王。你是如何看待这件事情的？

【参考答案】首先，小王的做法是正确的，最起码是非常人道和人性的。人的生命只有一次，是最可贵的。对于临产孕妇来说，如果救治不及时，如果不能在最短的时间内到达医院，可能会危及两条生命，出现意外是不可挽回的。开会迟到或者缺会，可以通过补救措施获取会议内容、领会会议精神。所以，小王的做法非常正确，值得提倡，值得我们每一个人学习。

其次，假如小王没有这样去做，而是对孕妇不管不问，按照目前的法律规定，不会有人去追究小王的责任。这样小王就能按时到达上级机关，不会有人批评他，工作也不会受到影响。但是，小王真的能够做到对孕妇熟视无睹吗？他在事后真的可以坦然自安，不会受到良心的谴责吗？他能忘记孕妇痛苦的呻吟吗？这就要问小王自己了。

最后，假如我是小王，我会选择这样去做：假如当时没有另外的人主动上前帮忙，且必须马上将孕妇送到医院，那就义无反顾地开车把她送到医院。时间就是生命，容不得半点迟缓。假如情况不严重，或者孕妇不适合坐车，就立即拨打"120"求助，让专业的人来干专业的事，这样更牢靠、更安全，也不会耽误自己参加会议。如果有其他的人愿意帮助孕妇，那就再好不过了。面对上级的批评，我会真诚接受，也会向他们解释迟到的原因，恳请他们向自己传达会议的精神，弥补之前造成的工作损失。

不论如何，不论对待什么事情，只要觉得自己的选择是正确的，只要自己觉得义当所为，那就那样去做，义无反顾地去做，不管它结果如何，我们都心怀良知，无怨无悔。(回答完毕)

这道题去掉了原题中"小李"这个"乙方"，我们就在答案中创造出假设的"乙方"——没有困难，我们要学会创造困难。

有上就有下、有对就有错、有阴就有阳。辩证法告诉我们：矛盾是无处不在的。如果我们没有看见矛盾中的"乙方"，那肯定是这个家伙躲藏起来了，我们要把它揪出来！

这道题，我们也可以把"上级机关"当作"乙方"来评判分析一番，作为第二部分的内容：

其次，作为会议主办方的上级机关，批评小王也是无可厚非的。小王作为下级机关的工作人员，会议迟到了，批评几句不是应该的吗？如果不批评小王，其他人迟到了怎么办？当然，上级机关如果能先了解一下小王迟到的原因，然后表扬小王一番，再向小王传达会议的有关精神，那是最好不过了。

学会辩证法，任何难题都不怕！

（三）一种现象

"一种现象"面试题就是列举一种社会现象，让你阐述观点。这些社会现象，往往是当时新出现的社会热点和难点问题，普遍存在，大家都比较关心。不同的时期，"一种现象"面试题有不同的重点，并且和当时的时政紧密相连。这类题，有正面的现象也有负面的现象，但负面的现象较多。

比如，某个时期，老人跌倒但没人敢扶的现象；见义勇为，但是出现英雄"流血又流泪"的现象；近年来全国关注的环境污染和环保攻坚战中的某些现象；脱贫攻坚战（乡村振兴）中出现的正面或者负面现象；大学生就业中出现的新现象新问题；等等。这些现象都是各类媒体关注的热点，甚至被创作成相声或小品，搬上央视的春节晚会。

这类题目，最能考查考生对时事政治的关注程度，对社会现象的正确理解程度，对政治社会事物的综合分析能力，对政策、法律等知识的掌握运用能力。近年来，这类面试题的出现率较高，各位考生一定要格外重视。

先举一些例子，看大家能否总结出此类问题的"万能思路"和答案。

例❶ 近年来，在大学生就业工作中，出现了"两难"的现象：一是大学生就业难。许多大学生只愿意报考机关单位和事业单位，竞争非常激烈，一岗难求。二是企业招工难。大学生不愿意到企业工作，甚至宁愿待在家里。你是如何看待这种现象的？

【参考答案】第一，这种现象是近些年来才出现的，已经成了一种社会问题，它映射出了大学生错误的择业观和就业观。国务院多次强调：就业才是最大的民生。因此，这种现象必须引起高度重视，应该采取多种措施进行校正和引导。

第二，出现这种现象，有着多种原因：有大学生本身的原因。他们认为机关工作轻松体面、待遇高并且有保障、发展进步的空间大。他们考虑的是个人的舒适和个人利益，没有考虑个人能力和专业的匹配，没有考虑社会和国家的需要。也有家长的原因。许多家长看不起在企业工作或者体力劳动，希望孩子端上铁饭碗，工作稳定、有保障，一辈子衣食无忧。大学生的择业就业观，很大程度上是受到了父母的影响。也有企业自身的原因。一些企业的工作环境差、工作强度大，工资待遇较低且不固定，"五险一金"等保障制度没有较好落实，劳动者的劳动权益得不到保障。这里还有社会和政府方面的原因，学校没能帮助学生树立正确的择业观，政府有关大学生的就业政策不完善、宣传工作不到位，使大学生到企业就业的兴趣不大。

第三，应当如何对待这种现象和问题呢？适合自己的才是最好的。大学生本人要正确认识自己，为自己的人生树立正确的目标。同时，要把个人理想和中华民族的理想结合起来，哪里需要就到哪里去，才能乘势而上，实现自己的人生理想。政府部门和企业，应当出台有利于大学生就业的政策和制度，适当提高工资福利待遇，完善落实社会保障制度，并加大宣传和对接力度，让大学生了解企业，吸引大学生到企业就业。作为家长、学校、政府和全社会，要在平时加强宣传引导，从娃娃抓起，在全社会形成正确的就业观和择业观，培养更多的"大国工匠"，培养国家和社会需要的各种人才，为中华民族的伟大复兴提供充足的人才准备。（回答完毕）

例❷　近年来，一些大学生毕业后，只要有机关单位和事业单位公开招录就去报名考试。假如报考的是外地的岗位，刚刚考上，甚至在考试报名的同时，他们就做好了通过调动或者再次参加公开招录的方式回到原籍工作的准备。因为他们不能安心工作，用人单位很是不满。你是如何看待这种现象的？

【参考答案】第一，我认为，这些大学生想回到原籍工作，这一点无可厚非。他们更愿意进入体制内工作，想要有一份体面、稳定的工作，也可以理解。但他们的思想和做法都是不正确的，他们的求职动机不端正、择业观不正确。

第二，这些大学生为什么会这样做呢？他们只愿意到机关单位和事业单位工作，逢考必报，不愿意到企业工作，说明他们的眼界较窄、就业观不正确；他们一心要到原籍工作，说明他们的乡土情结较浓、恋家情结较重。这一点倒没有什么，毕竟在原籍工作比较方便，住房、交通、婚姻问题容易解决。但他们不能把报考外地岗位当作跳板和驿站，"身在曹营心在汉"，这必然会影响单位工作的正常开展，影响单位工作队伍的稳定；同时，他们报考外地的岗位，仅仅是为了得到一个行政或事业编制，以及一份不错的工作和工资福利待遇，没有考虑自己的长远发展和国家社会的需要。这说明，他们并不是高素质的人，而是精致的利己主义者。

第三，如何看待和解决这个问题呢？作为用人单位，要关爱外来的大学生，为他们的住房、交通、婚姻提供便利条件，为他们的安居乐业、长远发展提供平台，解决他们的各种后顾之忧，用感情留人，用事业留人，也用适当的待遇留人，让他们把工作单位和工作所在地当作自己的家；作为大学生，要端正自己的求职动机，做好长远的人生规划，选准自己的人生坐标，做好长远打算，不能只顾眼前。

北宋文学家苏东坡有一句诗：此心安处是吾乡。小时候，父母在哪里，哪里就是家。长大以后，工作在哪里，哪里就是家；哪里能实现自己的人生价值，哪里就是家。自己老了以后，孩子在哪里，哪里就是家。家是什么？家，不是一套院子，不是一套房子，有了亲人、有了亲情、有了事业的地方才是家。

假如我们在外地工作，我们可以通过自己的努力，把父母接到自己的身边，让他们衣食无忧。这才是我们一家人的家。（回答完毕）

例❸ 近年来，老年代步车大摇大摆地上路，给道路交通安全和通行秩序带来严重的冲击与挑战，引发了许多交通事故。有人建议取缔老年代步车，有人则认为不需要完全取缔，加强管理就行了。你是如何看待这种现象的？

【参考答案】 题目中描述的现象是确实存在的，甚至更加严重。老年代步车不仅带来了交通隐患，给行人带来了危险，也给老年人自身带来了安全隐患，已经到了必须严加治理、不治不行的程度了。

老年代步车之所以造成了安全隐患，之所以让许多人不满和反感，主要有三个方面的原因：

一是老年人自身的原因。他们中有的人倚老卖老，不顾及他人的感受，只图自己痛快或方便，不遵守交通法规；有的老年人眼花耳聋、反应迟钝，或者有其他的疾病，身体条件已经不适合驾驶代步车了。

二是法律制度方面的原因。老年代步车不属于机动车，也不属于自行车，目前的各种交通法规存在管理漏洞和真空，不能有效管理和限制。

三是交通执法人员的原因。老年人违反了交通法规，或者造成了交通事故，执法人员往往因为他们年龄原因，不能严格按照法律对他们进行处罚，只是批评教育或者是"和稀泥"，助长了他们在路上横冲直撞、恣意行驶的坏行为。

如何看待和处理这种社会问题呢？

一是要依法治理，出台完善老年代步车的法规，在法规中明确驾驶老年代步车的年龄、身体条件、驾驶证办理事项等，进行规范管理、严格管理。对违反交通规则的或造成事故的老年人，依法处理，不能姑息纵容。

二是作为政府方面，要加大公共交通的发展力度，让公共交通更方便，能满足老年人出行、接送小孩等各方面的需要，减少老年代步车的使用概率。

三是明确年轻人的家庭责任和社会责任，让他们关心自己的父母，解决父母出行和接送小孩等问题，减轻父母的负担。毕竟，对老年人来说，驾驶老年代步车是不安全的。同时，也要加大宣传教育力度，增强老年人的法律意识和公德意识，避免引起大众的反感和社会层面的对立情绪。

至于要不要取缔老年代步车，我的意见是暂时不能取缔，或者说，等条件成熟的时候再完全取缔。取缔的前提是保证老年人自由出行，生活不受影响。老年社会已经到来，我们应该关心关爱老年人。毕竟，有一天，我们也会变老。他们的今天，就是我们的明天。（回答完毕）

大家肯定看出来了，"一种现象"面试题可以按照这样的思路回答：

第一，是什么。对这种现象进行简单评价，即这种现象是好是坏，在社会上造成了什么影响（社会各界是怎么认识评价它的），有什么意义，我（我们）应当如何看待、对待它。

第二，为什么。这一段主要论述形成这种现象的原因是什么。大家注意，凡是能够成为一种社会现象的，不论是好是坏，必然是由四个方面的原因造成的：

（1）制度层面的原因。相关的法律法规、规章制度是否健全完善？对造成这种现象起到了什么作用？如果这种现象是坏的，是因为无法可依，还是执法不严？或者是执行过程中出现了偏差？甚或是相关的法规制度不科学？如果这种现象是好的，就相反地，从积极的层面去论述它。

（2）政府行为的原因。政府的相关部门在这种现象的形成中起到了什么作用？是到位、错位、越位还是缺位？是不作为、乱作为，还是慢作为？等等。

（3）社会人群的原因。凡是与造成这种现象有关的社会各界人群，他们在这种现象的形成中起到了什么作用？有着怎样的表现？

（4）思想认识的原因。社会舆论、社会氛围、社会各相关阶层人群的思想认识，对形成这种现象起到了什么作用？

形成一种社会现象的原因很多，主要是上面这四种。可能这四个方面的原因都有，也可能只与其中的一两个原因有关。在回答问题的时候，我们就只说与这种现象形成有关的原因就行了。这四大项原因，在实际工作和具体问题中，可以细化为许多小的、直接具体的原因。回答时选择最贴近、最直接、最合适的原因即可。

第三，怎么办。这一段就好回答了。根据列举的原因，对症下药就行了：如果是法律制度不完善，就回答应当从哪个方面出台或者完善相关法律法规；如果是政府行为的原因，就回答政府及其相关部门应当怎样去做好……以此类推。

在这一段，也可以在最后加上这样的"万能内容"：作为新时代的年轻人，作为一名党员干部，作为一名公职人员，应当从自己做起，用自己正确的言行，去影响带动身边人，从而形成滚雪球的效应，让越来越多的人投入其中，将涓滴之力汇聚成磅礴伟力，用无数个小环境去营造影响社会的大环境，不负时代，不负韶华……

理解掌握这种思路后，找一些题进行反复训练，在考场上就容易得高分了。这种思路不仅仅是答题的思路，实质上更是实际工作中发现问题、分析问题、解决问题的基本思路和有效方法。实践出真知，这种思路是从实践工作中总结出来的。

大家可以看看《毛泽东选集》，这其实也是毛泽东主席非常擅长使用的"三段论"：提出问题（是什么）—分析问题（为什么）—解决问题（怎么办）。但这不是逻辑学和数学证明中的"三段论"，而是论文答辩中的"三段论"。

再举几个例子，我们继续试着用"三段论"的方式去回答。先举一个正能量的例子：

例❹　2021 年 7 月，河南省部分地区出现了百年不遇的极端暴风雨天气，个别地区灾情严重。从中央、河南省到各级政府，都对抢险救灾采取了有效的措施，给予了大力支持。许多来自全国的民间组织、群众自发捐款捐物，甚至赶到灾区和当地干部群众一起抗洪救灾。对于这种现象，你是如何看待的？

【参考答案】说到这种现象，我马上想起了目前非常流行的、李玉刚的一首歌曲《万疆》的歌词——红日升，在东方，其大道，满霞光。我何其幸，生于你怀，承一脉血流淌。难同当，福共享，挺立起了脊梁。吾国万疆，以仁爱，千年不灭的信仰。

真的，我现在真心、真切地感受到：我们在座的每个人，何其有幸，生在中华。

河南出现的灾情，和2020年出现的新冠肺炎疫情一样，让我们真真切切再一次深刻地感受到了这一点。

这种现象，出现在21世纪的中国，出现在中国共产党领导下的新中国，是再正常不过的了。我们中华民族的血脉中，几千年来始终流淌着"守望相助、舍己救人、见义勇为、大爱无疆"的优秀文化基因；中华人民共和国成立后，建立了"一方有难，八方支援"的抗灾救援机制；改革开放和党的十八大以来，我们不仅具备了强大的物质基础、制度体制基础、思想理论基础，也在全党、全国形成了"生命至上，举国同心，舍生忘死，尊重科学，命运与共"的抗疫精神和机制。河南灾情中出现的这种现象，也是抗疫精神在抢险救灾中的另一种体现方式。

对比美国、印度等资本主义国家一些地区的情况，河南灾情中出现的这种现象更是生动回答了"中国共产党为什么能，社会主义为什么好，马克思主义为什么行"这个伟大命题和课题。

所以，我们有理由自豪，更有理由自信。河南灾情中出现的这种现象，更加增强了我们的道路自信、制度自信、理论自信和文化自信，坚定了对中国共产党领导、走中国特色社会主义道路的决心和信心，进一步增强了我们对"四个意识"和"两个维护"的认识与理解。

出现这种现象，也展现了中华民族、中国人民团结一心、不屈不挠、勇于抗争、乐观向上的精神风貌。有了这种积极向上的精神风貌，实现中华民族的伟大复兴、建设社会主义现代化强国的伟大理想指日可待。

但是，同时，从河南灾情中，我们也应该清醒认识到，我们在灾情的预测、抢险救灾应急处置方面的不足，必须采取有效措施予以改进，让灾情不发生、少发生，在灾情到来之前能够提前知晓、从容应对，尽可能减少损失，让人民群众衣食无忧、安居乐业。

最后，借用习近平总书记的话作为结尾：惟愿山河锦绣，国泰民安；惟愿和顺致祥，幸福美满！（回答完毕）

例❺ 现在有一种工作方法：上级机关在下发正式文件之前，先用微信提前通知工作的内容，让下级单位提前准备和安排。但后来正式下发的文件，与之前微信通知的内容不一样，造成了工作的被动和失误。对于这种工作方法，你是怎样看待的？

【参考答案】首先，用微信的方式提前通知这种做法，初衷是好的。它给了下级单位更充足的准备时间，并且与传统的通信方式相比，节省了人力、物力和财力，应该予以肯定。但微信通知和正式文件的内容不一样，这说明工作安排过于随意，需要上级机关进行认真的反思和纠正。

其次，出现这种情况，主要是因为上级机关决策不够慎重。上级机关在目标不够清晰，还没有考虑成熟时就匆匆安排，安排之后又感觉不妥，所以在正式文件中予以纠正。这是工作中的大忌，是一种朝令夕改的行为，会影响上级机关的权威，会让基层无所适从，必然会给工作造成损失。假如在工作安排前，吃透了上级的政策要求，摸清了基层的实际需求，了解了兄弟单位在此项工作上的思路做法，按照民主集中制的方法和"集体领导，民主集中，个别酝酿，会议决定"的十六字方针进行研究决定，就不会出现这种问题了。

最后，对于这种现象，我们应该进一步建立完善相关的工作机制和决策机制，从源头上杜绝这种情况再次发生。要完善和落实决策失误责任追究制，对相关责任人进行批评教育和给予相应惩戒；落实中央关于为基层减负的有关规定，减少不必要的发文，减少不必要的、没有实际意义的工作安排，让基层干部把主要精力用在"三大攻坚战"上，用在群众最需要办的事情上。

例❻ 一次，某地公开招录公务员，报考的人非常多。可是，往年十分热门的市委办公室、组织部、政府办公室等要害部门，这次报考的考生比较少，和其他的相对清闲的部门形成了强烈的反差。你是如何看待这件事情的？

【参考答案】各位考官，这种事情已经不是个别的事件了，而是公开招录中一种普遍现象。

第一，这个现象是不正常的。这些部门报考的人数少，主要原因就是这些部门的工作忙、累、苦，工作标准高、节奏快、压力大，但是待遇并不高。

第二，这个现象出现的原因令人深思。出现这种现象，是意料之外，但也在情理之中。许多人不选择这些部门，是个人的原因，他们贪图安逸，吃苦耐劳、无私奉献的精神较差，是世界观、人生观出了问题，这不是现代年轻人应该有的精神状态，和习近平总书记"到艰苦的地方去经风雨、见世面、长才干"的要求背道而驰。但是，同时我们也应该清醒客观地分析看待这个问题：这些部门是核心部门，在这里工作会使人进步更快、前途更加光明。可报考的人数那么少，是不是因为这些部门的工作人员，他们的付出和收获不成正比？是不是工作的压力负荷确实让人难以忍受？据我了解，这些部门经常要熬夜加班。这些部门的很多工作人员处在亚健康状态，身体疲惫、精神紧张。我们必须正视这个问题。

第三，如何对待这种现象？作为年轻人，不应该在需要奋斗的年龄选择安逸，而应该"只争朝夕，不负韶华"，不然，就会"少壮不努力，老大徒伤悲"。假如我来选择，我会选择这些部门，用汗水去换取收获，在这些更大的舞台上，丰富自己的阅历、增长自己的才干。我这次来报考这些部门，实际上就是这种思想的具体表现。同时我认为，这些部门的领导，应该在保证工作完成的前提下，减轻工作人员的工作量和工作压力，让他们拥有足够的休息和兼顾家庭的时间；在政策和现实允许的范围内，合理提高他们的经济待遇和政治待遇，做到用感情留人，用事业留人，也用适当的待遇留人。（回答完毕）

注意，这道题表面上看像是在讨谈一件事，但是这件事其实已经成为一种社会现象。所以，也可以当作"一种现象"类面试题来回答。例题参考答案中的一些内容，可以当作许多题型的"万能答案"来用。大家觉得哪些适合自己或用处较大的，可以记在心里随时备用。

小结如下：

按照上文理出的思路，答题是不是容易一些？这三种思路对应了三个小类题目，也可以叫作这类题的"万能思路"和规律。在真正理解、熟练掌握之后，这三小类题目的答题模式也是可以互换通用的。这一点，在本章和之后的章节中都有出现，大家认真看的话，是能够发现的。

文无定法，以可用之法为法。

二、计划组织类

计划组织类题目，指的是假如让你以牵头组织者的身份，去负责一项活动、开展一项工作、组织一次会议，你打算怎样筹划、组织、开展。

这类题目主要考查考生的计划统筹能力、组织协调能力、逻辑思维能力以及思维的缜密程度，考查考生的实际工作经验，考查考生抓重点、抓关键、抓主要矛盾的能力。

这类题目主要可分为"办会""办事"两小类，"万能思路"是：会前（事前）—会中（事中）—会后（事后）。

（一）"办会"类

举三个"办会"类的例子，都是让你组织一个座谈会。因为会议的对象不同，虽然回答的思路一样，但回答的重点和内容就大不相同了。

例❶ "三八"妇女节要到了。领导让你组织单位的妇女同志召开一次座谈会。你将如何组织？

例❷ "八一"建军节要到了。领导让你组织本单位中的退伍军人召开一次座谈会。你将如何组织？

例❸ "九九"重阳节要到了。领导让你组织一次退休老干部座谈会。你将如何组织？

这三道题，可以按照"会前—会中—会后"的思路，用一个"万能答案"来回答：

【参考答案】第一，做好会议的筹备工作。明白这次会议的目的意义，准确领会领导的意图，制订好会议方案，明确会议召开的时间、地点和参加会议的人员，做好会议的通知和会场布置工作，准备好会议需要的各种物品和资料，根据需要准备好领导的讲话稿，提醒有发言任务的人员准备好发言提纲，等等。

第二，做好会议的组织工作。会议正式召开之前，再次对会场布置情况进行检查，发现纰漏及时整改；做好会议签到工作，提醒与会人员关闭手机或者将其调整到静音状态。座谈中，鼓励引导与会人员踊跃发言，对单位的工作提出意见和建议，营造"团结、紧张、严肃、活泼"的氛围，对会议中出现的失误及时提醒纠正，从而顺利达到会议的预期目的。

第三，做好会议的总结工作。会后，要广泛听取各个方面的意见反映，对这次会议的成功之处和失误之处进行认真总结，汲取经验教训，以便在下次组织类似会议的时候，能够不断提升，做得更好。（回答完毕）

按照"会前筹备—会中组织—会后落实（总结）"的"万能思路"，这类题似乎很容易回答。在考场上，假如你实在想不出其他答案，那就这样回答，这是"万能答案"。但凡是"万能答案"，都不是最佳答案，它实际上是提供一种"万能思路"。"万能思路"，仅仅是给你提供一种思维方式，仅仅是让你有章可循，不至于无话可说，不至于"老虎吃天，无处下口"。

这类题想要回答得有水平、让考官对你刮目相看并不容易。要回答好这类题，一定要把题审透，针对性和实用性要强，要抓住重点和关键环节来回答，让考官有耳目一新的感觉。

我们按照"万能思路"，也可以总结出切合实际、特色各异的答案。如例1，应当把答题要点放在"妇女"二字上，体现出妇女的特点。

【参考答案】各位考官，我将按照以下的思路方法组织好这次妇女座谈会：

在会议的筹备阶段，我会先领会领导的意图，准确把握这次会议的目的和意义，了解掌握本单位妇女的人数、年龄结构、工作生活现状、实际需求。在此基础上，制订好会议方案，确定座谈发言的主题和参加会议的人员，提醒她们准备好发言提纲。如果有必要，可以对她们的发言提纲进行指导和把关。同时，做好会场布置、会议通知、资料物品的准备等工作。如果单位领导出席会议并且有讲话任务，要提前准备讲话稿让领导审定。另外，也可以邀请一些男同志列席会议。毕竟，妇女工作是离不开男同志的参与和支持的。

在会议的组织阶段，我会安排好发言的顺序，鼓励与会的妇女同志畅所欲言，积极提出各种意见建议。可以通过领导讲话或者致辞的方式，对单位全体妇女致以节日的问候，对妇女同志在各个方面的优异表现和贡献表示充分肯定与真诚感谢；引导全体妇女在家做个好妻子、好女儿、好母亲，在单位做个好员工、好同事，积极参与"巾帼创业"活动，在本职岗位上建功立业；要号召引导男同志关爱女同志，主动到艰苦的岗位上去，把相对轻松的岗位让给女同志。因为妇女在工作的同时，还肩负着更多的家庭责任和社会责任。关爱女性，就是热爱生活，就是为家庭社会的和睦幸福做贡献。

会议结束后，要对这次会议召开的效果进行跟踪问效，将会议的精神传达给每一个机关工作人员，注意发现树立妇女中的各类先进典型，发挥典型的示范引领作用。同时，要对这次会议的筹备组织情况进行总结反思，发扬成绩、汲取教训，以便下次组织此类活动的时候，我们能够做得更好。（回答完毕）

这样的回答，突出了座谈会的"妇女"因素，回答的内容就显得紧贴主题、言之有物。但是，回答思路还是"会前—会中—会后"。现实工作中，组织召开任何会议，都必须这样去安排，这是一种行之有效的工作方法。

如例2，可以这样回答：

【参考答案】第一，我会在了解领导意图和上级有关精神的基础上，通过查阅档案等方式，对本单位退伍军人的入伍情况、部队经历、工作现状、家庭情况进行了解，然后有针对性地制订会议的方案，起草领导讲话提纲并报请领导同意；准备好会议需要的各种资料、物品，做好会场布置和会议通知工作，等等。

第二，在会议召开时，可以通过主持词、致辞、领导讲话的方式，充分肯定退伍军人在部队做出的贡献、在单位取得的成绩，鼓励他们继续发扬军队的优良作风和传统，在单位继续当好"排头兵""马前卒"，继续当好"最可爱的人"，成为单位的中流砥柱和战斗尖兵。座谈中，有针对性地对每名退伍军人的发言和现实表现进行表扬与点评，达到鼓舞士气、团结奋进的目的。

第三，会议结束后，对于会议的有关精神和形成的一致意见，通过下发通报等方式传达给机关的每一个同志，在单位营造"关爱退伍兵、学习退伍兵"的浓厚氛围。同时，对这次会议筹备组织中的经验和不足进行认

真总结与反思，以便在下一次召开此类会议的时候，我们能够做得更好。（回答完毕）

这道题，应该紧扣退伍军人的特点来回答，仍然采用"会前—会中—会后"的回答思路。

如例3，可以这样回答：

【参考答案】这次退休老干部座谈会，我将按照这种思路来组织：

第一，我会向领导了解清楚这次会议的主要目的、意义和注意事项。在此基础上，我会重点详细了解这些老干部的工作经历、目前的居住地址，特别是他们的身体健康状况，确定哪些人能到会、哪些人不能到会。除了布置会场、准备好会议相关的资料物品外，我要重点安排好车辆接送工作，确保这些老干部的安全；对于虽然身体有恙，但是能够参加会议、愿意参加会议的老干部，我可以请他们的家属陪同照顾，或者请医护人员现场服务，确保他们的身体不出现任何问题。

第二，在会议召开的当天，我会提前在会议室准备好水果、瓜子和茶水，安排专门的人员在老干部下车的地方接待，陪同、搀扶他们到会议室；在座谈中，要对他们以前做出的贡献表示肯定和感谢，向他们致以节日的祝福，引导他们发挥余热、积极为单位的事业发展建言献策，时时处处让他们感觉到党组织、单位领导和工作人员对他们的想念与尊重，让整个会议在轻松、祥和的氛围中进行。

第三，会议结束后，要将每一位老干部安全送到家中。对那些不能参加会议的老干部，要通过登门拜访、电话沟通的方式，向他们通报这次会议的召开情况，表达单位领导和同志们的思念与祝福之情，希望他们在身体康复后"常回家看看"，让他们感觉到党组织和单位大家庭的温暖，让他们能够安享退休生活的愉悦，从容悠闲、颐养天年。

总而言之，这次的退休老干部座谈会，要紧紧围绕"安全、尊重、周到"这六个字进行，才能让整个会议取得圆满成功。（回答完毕）

通过这几个例子，大家对"会前—会中—会后"回答模式的运用可能心中有数了吧？

这几个例子都是关于座谈会的组织。其他会议，或者是大型会议，还是按照这样的思路去回答并把握好回答重点。但第三部分的回答重点，要放在"如何贯彻落实会议精神上"。

例❹ 新年伊始，领导让你负责筹备单位的年度工作大会，总结表彰去年工作、安排部署今年工作。你将如何组织好这次会议？

【参考答案】首先，做好会议的筹备工作。我会按照领导的安排和意图，拿出初步的会议方案，提交班子会议研究通过。在此基础上，按照方案的安排，明确会议召开的时间、地点和参加会议的人员，准备好会议所需的各种物品资料，做好会议的通知和会场布置工作。如果参加会议的人员较多、人员比较密集，还要安排好消防等安全防范方面的工作。在这个阶段，我要将工作重点放在四个方面：一是起草好去年的工作总结、今年的工作要点和主要领导的会议讲话；二是做好会议议程的安排、相关人员表态发言；三是安排各种奖项的设置、奖品的颁发；四是明确会议工作人员的责任分工，做到事事有人管。如果有必要，可以邀请上级领导或者媒体记者参加会议。

其次，做好会议的组织工作。会议召开之前，我要带领相关工作人员提前到达会场，对会场的布置情况，比如电力设施、话筒音量、资料发放、奖品奖牌等进行最后一次检查，组织好人员签到工作，通过电话、微信、短信等方式提醒与会人员，避免出现迟到或缺席情况。会议正式召开之前，提醒所有人员关闭手机或者将手机调整到静音状态，对会议纪律进行再次强调；会议召开后，关键要把握好会议议程和时间进程，维持好会场秩序和会议纪律，发现纰漏及时纠正，不能造成负面影响。同时，在表态发言、颁发奖品、领导讲话的时候，可以根据实际情况引导与会人员为他们鼓掌，营造浓厚热烈的会议氛围。

最后，做好会议精神的贯彻落实工作。会议之后，通过会议通报、微信公众号等方式，将会议精神传达给单位的每一个工作人员。同时，成立调研或督导小组，深入各基层单位对会议精神的贯彻落实情况进行督导了解。对工作进度快、效果好的单位和个人进行通报表扬，对进度慢、效果差的进行通报批评。通过这种"抓两头，带中间"的方式，全面推动各种工作的顺利进展。(回答完毕)

（二）"办事"类

"办事"类题目的回答思路基本和"办会"类的一样。不同的是，"办会类"是"会前筹备—会中组织—会后落实（总结）"，办事类是"事前筹备—事中组织—事后总结"。举例说明。

例❶ 单位让你组织一次演讲比赛。你如何组织好这次比赛？

【参考答案】 第一，做好这次比赛的筹备工作。要领会领导的意图，明白这次比赛的目的和意义。在此基础上，起草好演讲比赛的方案，抽调工作人员组成专班共同参与；确定比赛的时间、地点、参赛人员，并对演讲稿进行原则性审核把关，聘请评委并共同商定抽签和打分规则；做好比赛场地的布置工作，准备好奖品等比赛所需的各种物品，通知相关人员按时到达比赛现场并明确相关的纪律要求。

第二，做好演讲比赛的现场组织工作。比赛当天，我和相关工作人员要提前到达比赛现场，对比赛现场的准备情况进行赛前检查。比如，主席台、演讲台的话筒是否能用，应急电源是否到位，台下观众的座位是否规范合理。在正式比赛之前，组织好参赛人员抽签，向全体人员宣布比赛规则和相关纪律；在比赛中，要注意引导观众为参赛人员加油喝彩，维持和引导好现场秩序与氛围，处理好各种突发情况；比赛结束后，根据打分情况，宣布比赛的名次，并组织好颁发奖品等工作。

第三，做好这次比赛的总结工作。比赛结束后，我要对这次演讲比赛进行总结反思，虚心听取领导和同事、参赛人员及观众的意见建议。不但要总结成功的经验，更要发现其中的不足，以便下次组织相关活动的时候，能够做得更好。（回答完毕）

和"办会"类题目一样，所有的"办事"类题目都可以按照"万能思路"来回答。但想要得分高，同样得把握住事物的特点和重点来回答。

例❷ 你所在的单位要开展为期三个月的作风纪律大整顿活动。假如让你负责这项活动，你将如何进行组织？

【参考答案】 我将分三个阶段，抓好此项活动。

第一，在活动筹备这个阶段，我首先要提高自己的思想认识，领会上级的思想意图和有关要求，认识到这项活动的重要意义。思想是行动的先导，认识是行动的指南。作为活动的组织者，我个人思想认识的程度，直接决定着这项活动的质量。

我要对本单位作风纪律上存在的问题进行认真的总结和剖析，根据上级的政策要求，借鉴兄弟单位的先进做法，拿出有针对性的活动方案，并上报班子会议研究通过。

在这个阶段，关键还要加大舆论宣传工作的力度，让整个单位的工作人员都高度重视起来，绷紧作风纪律整顿这根弦，为活动开展营造良好的舆论氛围。

第二，在活动的组织阶段，我要重点抓好三个方面的重点工作，做到"三个一"：

一是有一个好的活动载体。将活动目标化、系统化、具体化，将这个看似笼统的虚的工作变得实际起来。比如，通过开展一次"文明服务窗口"创建、文明科室评比活动，把大家的思想行为统一起来，凝聚起来。

二是发现培养一片先进典型。发挥典型的示范带动作用，让全体人员学有方向、赶有目标。

三是选择一个突破口。凡是作风纪律出现了问题，最基本的表现就在机关的考勤制度上。我要在这方面狠下心来，硬起手腕，抓好正反两个方面典型，奖优罚劣，达到正风肃纪的目的。

在这个阶段，关键还要做到三个贯穿始终：把学习教育贯穿活动始终，把剖析问题贯穿活动始终，把问题整改贯穿活动始终，做到边学习、边剖析、边整改。这样才能取得好的效果。

第三，在活动的总结阶段，我要广泛征求领导和同志们的意见，总结这次活动的经验教训，进一步提高我个人和整个单位开展活动、推进工作、自我革新的能力。

同时，要将作风纪律整顿活动中好的做法规范化，形成长期的机制，做到警钟长鸣，形成工作常态，不可有须臾的麻痹轻视之心，不能有停停步步、歇歇脚的思想。

因为，作风建设永远在路上。（回答完毕）

例❸ 你市准备建设一个滨河公园。让你通过调研获取相关信息。你该怎么获取信息，获取哪方面的信息？

【参考答案】第一，把握风险环节（事前）。我会向有关领导了解建设滨河公园的目的和原因。在目前的形势下，要首先明确滨河公园的建设是否符合当地实际（是否有现成的河流可用），是否违背中央的有关精神，是否触碰了法律和政策红线，是否会被认为是"挖河造景"和政绩工程。所以，我首先要进行风险评估，避免"秦岭事件"在我市重演。在不违反上述前提的条件下，方可根据业务需要抽调人员培训，制订调研方案并和相关领导、部门沟通。

第二，把握调研重点（事中）。重点把握三个方面的因素：一是当地的环境条件和建设地点，包括是否占用耕地，是否需要拆迁，是否会破坏环境。二是市民的实际需求和意见，是支持还是反对。三是建设的规模、特色、功能、成本和当地财力、资金来源。在调研的方式上，可以多措并举、齐头并进：组成几个调研组，按照人员的从业分布、年龄阶段等特征进行分组，并深入基层，通过入户、发放调查问卷、召开座谈会等方式进行调研；设立意见箱、利用现代网络技术征询意见；通过电话、手机、微信等方式征求在外人员意见；等等。

第三，注重结果运用（事后）。调研仅仅是一种工作方法，而不是目的。调研结束后，我们要对相关数据、意见进行梳理汇总，形成具有可行性意见建议的报告，为领导决策提供翔实的参考依据，把调研的结果转化成为实际工作的效果，为我市民生事业的发展奉献自己的力量和才干。（回答完毕）

例❹ "三夏"到来。假如你是一名乡镇干部，领导让你牵头负责禁烧秸秆工作。你如何做好这项工作？

【参考答案】这是一项非常重要、难度很大、不可预测因素比较多的工作。我将分三个阶段去开展这项工作：

第一，在筹备阶段，重点做好三项工作：

一是宣传发动。在详细了解上级的政策要求的基础上，制订好工作方案和应急预案，召开禁烧秸秆动员会进行宣传动员。同时，要通过张贴标语、广播网络宣传、发放宣传资料，出动宣传车到田间地头、乡村街道巡回宣传等方式，营造浓厚的工作氛围，让全体党员干部和群众高度重视起来，共同投入此项工作。

二是明确责任。把禁烧秸秆的任务层层分解到每一个党员、干部身上，设立火情监测点，划定责任区域，实行"网格化"管理，层层压实责任并明确奖罚措施。

三是建立服务机制。赤日炎炎，天干物燥。要提前为参与此项工作的人员准备好灭火工具和降温解暑的物品，安排好他们的轮班就餐问题，保证他们能将全部精力用在禁烧秸秆上。

第二，在禁烧秸秆工作中，作为此项工作的负责人，我要重点安排落实好督查指导工作，组织人员深入田间地头和各个监测点现场督查，发现问题隐患及时纠正指导，发现好的典型和做法及时肯定推广，保证此项工作按照事先的安排顺利进行下去。

在这个阶段，我要重点关注并抓好三个问题：一是小麦收割时，不能因为收割机喷发火星、人员吸烟引发火情。二是播种灌溉时，不能因为电线漏电、电闸冒火引发火情。三是午饭前后，天干物燥、人困马乏，是火情的高发期。这个时候要特别注意加大工作力量，加大巡逻督导力度。一旦出现火情，要按照应急预案的安排，及时组织人员扑灭火种并拨打火警电话请求支援。

第三，"三夏"禁烧秸秆结束后，要对此项工作进行认真总结反思，总结经验吸取教训，不断提高工作水平。同时，根据工作方案的规定，兑现落实相关奖罚措施，对正反两个方面的典型进行表彰或处理。这样，在下次开展禁烧工作的时候，我们肯定能做得更好。（回答完毕）

"办事"类题目的答题思路就是这样。和"办会"类题目一样，这不仅是答题思路，实际上也是工作思路。

大家肯定注意到了，计划组织类题目的答案，事前（会前）筹备工作占了较大的篇幅，实际工作也是如此，筹备阶段非常重要。"凡事预则立，不预则废"，充分的准备才是成功的关键。

这类题目的内容，具有一定的业务性。如果你经历过类似的事情，就可以按照事物发展的各个阶段，分层次、有重点地回答。这类题目虽然规律简单，比较容易回答，但要回答得出色就太难了——难就难在很难答出重点和特色。

这类题目往往针对的是一些很具体的工作和业务，如果你没有经历过或者根本不懂，就按照三个阶段的发展思路，回答一些原则性的内容就可以了。

三、应急事件类

应急事件类面试题，指的是假如突然发生了一件非常紧急的事情，一旦不能立即得到有效处理，将会造成不可预料的严重后果。假如这件事让你牵头或亲自去处理，你怎样才能处理好？

在政府的实际业务工作中，应急事件分为自然灾害、事故灾难、公共卫生事件和社会安全事件四大类。但是，在处理应对的思路和方法上，可以分为三大类。我们为了方便总结答题规律，就按照三大分类来探讨。

（一）"天灾"类

天灾也就是自然灾害，比如火灾、水灾、地震、泥石流、瘟疫、台风等。

回答这类题，能具备一些专业的知识、有一定的实际工作经验最好。但是，作为刚出校门的学生或者"外行"，不懂得此类的专业知识，该怎么回答？只要你懂得基本规律和基本常识就行了。举一道网络上看到的面试真题。

例❶ 近期，某地发生多次泥石流等自然灾害，领导让你负责抢险救灾工作。你怎么做？（以下是网上配套的参考答案）

【参考答案】灾情就是命令，时间就是生命。泥石流等自然灾害会对人民的生命财产安全造成极大威胁，所以我会本着"以人为本"的原则开展抢险救灾工作。工作中，我会保持冷静，指导安排救人和重建的工作。

首先，我会第一时间赶赴灾区，与当地政府取得联系，了解目前受灾情况，对参加救援的解放军、武警官兵、基层民兵表示感谢和慰问，组织大家想方设法搜救失踪人员，争分夺秒抢救人民生命；成立抢险救灾临时指挥部，启动应急预案，并成立搜救、清淤、群众安置、卫生防疫、基础设施恢复等工作组。

其次，各工作组应各司其职。搜救组组织当地部队官兵、武警战士、民兵等，抓紧搜救失踪人员，采取现场搜、上游查、下游找等各种方式，千方百计搜救失踪人员及可能幸存的人员，只要有一线希望，就要做百倍努力。

卫生防疫组在当地医院全力救治伤员，组织强有力的医疗技术队伍，确保受伤群众得到及时的救治和良好的护理；做好防疫工作，确保大灾之后无大疫。

群众安置组要妥善安置转移群众，对处于灾害隐患地区的群众及时进行转移，安置好转移出来的群众，确保他们有饭吃、有水喝、有衣穿、有房住、有病可以得到及时医治。

清淤组及时清理受阻河道，做好清淤工作，保持河道畅通；必要时请爆破专家精确计算爆破的范围程度，实施爆破引流，减轻灾情。

基础设施恢复组第一时间排除险情，打通生命线。要抢通道路，确保救援人员和物资的顺利运输。地区外围公路抢修之后，加紧地区内公路的抢修恢复。

气象部门要关注雨情水情，防止发生次生灾害；要继续做好监测预警和临灾避险工作。一旦有成灾迹象，要毫不犹豫地把身处险境的群众转移出来，确保群众的生命安全。

在整个活动的组织中，随时向上级领导进行工作汇报，告知抢险救灾工作的进展状况，随时听取上级领导指示。

抢险救灾工作结束后，要完善突发自然灾害的应急预案，及早谋划恢复重建工作。交通运输部门要疏通道路，电力部门要抓紧恢复供电，使受灾群众早日过上安居乐业的生活。（回答完毕）

这个答案相当全面，非常好。但是，这个答案，没有一定的专业知识和实践经验是回答不成的。并且，这个答案似乎比较零碎，没有主题思路和答题主线，难以总结出答题规律。

我们站在"外行"的角度，探讨一下这类题的"万能答案"吧。

例❷ 某地连降暴雨，辖区水库水位暴涨，存在溃坝的危险，并且个别地方庄稼被淹，群众房屋漏雨，影响了正常生活。如果领导安排你负责防汛救灾工作，你怎么做？

【参考答案】假如让我负责这项工作，我会按照以下原则和方法进行：

第一，保障群众的生命安全。生存权是人的最重要的权利，群众的生命安全是最重要的。所以，我要按照防汛救灾应急预案的要求，首先做好群众安全工作，把房屋漏雨的群众、住在危房中的群众、可能会被大水危及生命的群众，立即转移到安全的地方；同时，组织抢险队伍、调配大型机械对存在隐患的水库大坝进行抢修加固，确保大坝的牢固安全，避免溃坝现象的发生。

第二，保障群众的财产安全。在群众生命得到保障的情况下，我会继续安排做好群众的财产转移、农田排水等工作，尽可能避免庄稼被淹减产、尽可能减少群众的各种财产损失。

第三，保障正常的社会秩序。对生活困难的群众，从衣食住行等方面予以妥善安置；条件允许的情况下，可以组织有劳动能力的人就近务工，保证正常的生活收入。在自然灾害面前，人的心理往往比较脆弱，容易出现谣言满天飞的现象，影响社会稳定。所以这个时期也要把舆论宣传作为重点，用正确的、正面的官方舆论来引导、规范整个社会舆论，从而保持整个社会的稳定。"大灾之后必有大疫"，我要协调卫生健康等部门，提前做好灾区疫情防控工作，宣传相关防疫知识，制定防控预案，做到防患于未然，防止次生灾害的发生。

第四，迅速开展灾后重建工作。在暴风雨、水库带来的灾情得到控制之后，我要立即投入灾后重建工作中，和当地党委政府一起，协调农业、住建、民政、金融、发改等部门，向上级申请灾后重建补助资金和项目，在最短的时间内祛除自然灾害带来的负面影响，让群众安居乐业。

第五，迅速完善自然灾害预防应急机制。抢险救灾工作结束后，我要认真进行总结反思，并在此基础上，和当地党委政府、相关职能部门一起，进一步完善自然灾害预防应急机制，提高预测防范水平，增强应急处理能力，从而在今后的工作中，最大限度减少自然灾害带来的损失。（回答完毕）

"天灾类"题目的答题思路，按照事情的紧要程度，可以总结为"三保障两迅速"：保障群众的生命安全—保障群众的财产安全—保障正常的社会秩序—迅速开展灾后重建工作—迅速完善预防应急机制。

所有"天灾"类题目都可以按照这样的思路来回答，甚至完全照搬"三保障两迅速"的五个标题、分为五个步骤来回答。因为在实际工作中，灾害灾祸的应急处置就是按照这样的原则和步骤进行的。

但是，具体问题具体分析。在面试中，我们按照"三保障两迅速"的思路，根据面试题目的内容，能够答出更好、更专业、更有特色、更符合具体实际的答案那就再好不过了。

通过例2，大家可能初步理解掌握了这类题目的答题思路。我们试着用这种思路来改编一下例1的答案，并且和原答案做一对比。

【参考答案】 灾情就是命令，时间就是生命。泥石流等自然灾害会对人民的生命财产安全造成极大威胁。所以，我会按照以下思路和原则开展抢险救灾工作。

（第一，保障群众的生命安全）

首先，我会第一时间赶赴灾区现场，迅速了解目前受灾情况，立即启动自然灾害应急预案，组织当地部队官兵、武警战士、民兵等各方面力量，采取现场搜、上游查、下游找等各种方式，千方百计搜救失踪人员及可能幸存的人员。只要有一线希望，就要做百倍努力。

组织强有力的医疗队伍全力救治伤员，确保受伤群众得到及时的救治和良好的护理；对处于灾害隐患地区的群众，要及时转移到安全地带进行妥善安置，谨防后续突发灾害危及群众生命安全。（此段，把原答案中所有与群众生命安全有关的内容集中到一个段落内了）

（第二，保障群众的财产安全）

其次，在灾情得到有效控制、确保安全的前提下，可以根据实际情况，有计划地组织群众和相关工作人员，将群众的财产转移到安全地点，尽可能减少群众的财产损失。

（第三，保障正常的社会秩序）

再次，对生活困难的群众，从衣食住行等方面予以妥善安置。确保他们有饭吃、有水喝、有衣穿、有房住、有病可以及时得到医治。在条件允许的情况下，可以组织有劳动能力的人就近务工，保证正常的生活收入。

同时，抓紧时间抢修被冲毁淤塞的道路，尽快恢复交通，确保救援人员和物资的顺利运达；抓紧抢修电力线路，保障灾区供电，方便群众生活和抢险救灾；及时清理受阻河道，做好清淤工作，保持水道畅通，避免出现次生灾害。必要时可以请爆破专家精确计算爆破的范围和程度，实施爆破引流，减轻灾情。

在自然灾害面前，人的心理往往比较脆弱，容易出现谣言满天飞的现象，影响社会稳定。所以这个时期也要把舆论宣传作为重点，用正确的、正面的官方舆论来引导、规范整个社会舆论，从而保持整个社会的稳定。

这个时候，要密切关注雨情水情，继续做好监测预警和临灾避险工作，防止发生次生灾害。一旦有成灾迹象，要毫不犹豫地把身处险境的群众转移出来，确保群众的生命安全。

"大灾之后必有大疫"，我要协调卫生健康等部门，提前做好灾区疫情防控工作，宣传相关防疫知识，制定防控预案，做到防患于未然。

（第四，迅速开展灾后重建工作）

在灾情得到控制之后，我要立即投入灾后重建工作中，和当地党委政府一起，协调农业、住建、民政、金融、发改等部门，向上级申请灾后重建补助资金和项目，在最短的时间内祛除自然灾害带来的负面影响，让群众安居乐业。

在以上整个活动的组织中，我要随时向上级领导进行工作汇报，告知抢险救灾工作的进展状况，随时听取上级领导指示。

（第五，迅速完善预防应急机制）

最后，抢险救灾工作结束后，我要认真进行总结反思，并在此基础上，和当地党委政府、相关职能部门一起，进一步完善自然灾害预防应急机制，提高预测防范水平，增强应急处理能力，从而在今后的工作中，最大限度减少自然灾害带来的损失。

改编后的参考答案的第一段的工作原则，和例2的完全一致，只是具体措施有所不同，因为尚未发生群众伤亡事故；第二、三、四、五段，完全照搬了例2的对应内容。因为这是"万能答案"嘛！

按照"万能答案"的思路和关键词，可以捋顺、开发、拓展我们的答题思路，可以根据面试题的不同内容衍生出更丰富的细节和词语。

"天灾"类的面试题，往往有两种情况：灾害已经发生和灾害即将发生。对于已经发生的灾害，按照"万能答案"的思路回答即可。对于即将发生的（可能即将发生的）灾害，可以参照"万能答案"的思路回答，但减少灾后重建的内容，将抢险救灾方面的内容改为除险防灾等预防措施即可。我们以"泥石流"为例对题目内容和参考答案进行改写。

例❸ 近期，某山区连降暴雨。根据以往经验和相关部门预测，有可能随时发生泥石流灾害。领导让你做好泥石流灾害的预防工作。你会怎么做？

【参考答案】 泥石流灾害虽然还没有发生，仅仅是有可能发生。但是，我要坚决克服麻痹大意思想和侥幸心理，树立"宁可信其有"的思想，全力以赴地消除灾害隐患，保障群众的生命财产安全。

第一，保障群众的生命安全。我会第一时间赶赴现场，迅速了解目前情况，立即启动自然灾害应急预案，调运抢险物资，组织当地部队官兵、武警战士、民兵等各方面力量，进入抢险救灾的临战状态，立即对危险地段进行加固抢修，尽可能避免泥石流的发生；对处于灾害隐患地区的群众，要加大宣传力度，做通思想工作，及时将他们送往安全地带进行妥善安置，谨防突发灾害危及群众生命安全。

第二，保障群众的财产安全。在危险暂时得到控制、确保安全的前提下，可以根据实际情况，有计划地组织群众和相关工作人员，将群众的财产转移到安全地点，以免因为灾害发生而造成财产损失。

第三，保障正常的社会秩序。对暂时搬迁安置的群众，从衣食住行等方面予以妥善安置确保他们有饭吃、有水喝、有衣穿、有房住、有病及时得到医治。在条件允许的情况下，可以组织有劳动能力的人就近务工，保障正常的生活收入。在自然灾害面前，人的心理往往比较脆弱，容易出现谣言满天飞的现象，影响社会稳定。所以这个时期也要把舆论宣传作为重点，用正确的、正面的官方舆论来引导、规范整个社会舆论，从而保持整个社会的稳定。

第四，坚守岗位，坚持到底。危险和隐患一刻不彻底消除，我就要坚守岗位、坚持到底。一旦真的发生了泥石流，我要立即由预防状态转入抢险救灾状态，投入到新的战斗中，尽可能减少各种损失；如果危险隐患消除，我要立即组织搬迁的群众进行有组织回迁，帮他们恢复到正常的生活工作秩序。

第五，反思优化自然灾害防御机制。即使这次没有真的发生泥石流灾害，我也要对这次的灾害预防和防御工作进行总结反思。总结经验，更要发现漏洞和不足，进一步完善优化自然灾害防御机制，做到尽量避免和提前预测到自然灾害发生，保障人民群众的生命财产安全。(回答完毕)

其实，上面的答案还是"万能答案"，只是减少了灾后重建的环节，增加了"坚守岗位，坚持到底"这一段。去掉了这一段，上面的答案依旧是一个相对"闭环"完美的整体。

但为什么要这样回答？因为现实中我们必须这样去做，因为我们的党和政府是全心全意为人民服务的。保障人民群众的生命财产安全，保持稳定繁荣的社会秩序，居安思危的忧患意识，坚定顽强的斗争精神，善于反思的自我革命精神，都是党的责任和与生俱来的优秀品质。我们是在答题，更是在展示自我、完善自我，是在向党和人民交一份满意的答卷。

（二）"人祸"类

如果说天灾是"老天爷"惹的祸，那么人祸就是人的原因引起的。它包括影响社会稳定的突发事件、人为原因引起的重大事故，比如说邻里纠纷、群众上访、医患纠纷、违法犯罪行为、安全生产和社会安全事故，等等。凡是人的因素造成的、需要去做人的思想工作的、需要制止或引导人的思想行为的、需要立即去处理的，都可归纳为"人祸"类题目。

"人祸"类题目按照人数规模可以分为群体和个体两种，但是处理问题的思路是相同的。先说群体类的：

例❶ 一天，近百名上访群众在市委门前聚集，打着横幅、吵吵闹闹、群情激昂，甚至有人大哭大闹，严重影响了正常的办公秩序和社会秩序，造成了不良影响。领导让你去处理此事。你怎么办？

【参考答案】我会按照以下的思路和程序处理此事：

第一，控制局势，防止事态进一步恶化。我要在第一时间赶到现场，立即和群众展开对话，了解事情的来龙去脉和群众诉求，及时向领导汇报相关情况，明确处理问题的基本原则和要求。对于出现的问题，能够当场表态或解决的，就当场协调相关部门表态解决。但是，既然成为群体性事件，说明这件事比较复杂和严重，一般是难以当场解决的。所以，我要向他们表明市委领导解决此事的态度和决心，向群众说明解决此事的基本原则和大概日程，取得群众的谅解和支持，平复他们的激动情绪，防止事态的进一步扩大和恶化。

第二，选出代表，沟通对话。我要组织群众选出他们信任的3~5名代表，挑选另外的时间、另外的地点进行深入的沟通对话，查找到事情的根源，商量解决问题的具体方法和时间安排。同时，和代表一起做好群众的思想工作，将群众劝离现场，恢复正常的工作秩序和社会秩序。

第三，成立专班，解决问题。我要在取得领导的授权支持的前提下，抽调相关业务部门的精兵强将，组成专门的工作班子，尽快拿出解决问题的方案，将群众反映的问题解决到位。假如问题较为复杂，短时间内难以解决到位，就要同时开展耐心细致的思想宣传工作，让群众了解其中的原因和市委的态度，取得群众的谅解和支持，保持群众的情绪稳定。同时，我要主动和宣传部门结合，密切关注社会舆论动向，主动发布官方消息，避免舆论炒作和恶意引导。对于造成这种恶果的相关工作人员，要根据相关规定进行处理。

第四，完善机制，防患未然。事情解决后，我要认真进行总结反思，从根源上查找事发原因，在全市范围内开展矛盾纠纷大排查活动，将各种矛盾解决在萌芽状态。更重要的是要进一步完善信访稳定工作常态化的排查机制和应急管理机制，加大各职能部门工作人员的培训力度，增强他们发现问题、解决问题的实际能力和责任心。同时，加大信访工作条例的宣传力度，引导群众通过合法理智的方式表达自己的诉求，避免群众采取过激行为，避免此类事件再次发生。

在解决问题的过程中，最关键的是，要抱着对群众高度负责的态度和深厚的感情，要抱着对党负责、为民服务的真诚态度，要站在讲政治的高度来看待问题、处理问题。这样才能够逢山开路、遇水搭桥，把事情处理得稳妥完善。（回答完毕）

以上的参考答案，可以作为群体性突发事件的"万能答案"。因为日常工作中遇到此类事件，都是这样处理的。如果你确实不知道如何回答，把这个参考答案背下来就可以了。

"万能答案"未必是最好的答案，它其实是一种基本思路、原则、态度、方法。我们按照"万能答案"的思路，可以将它灵活运用在这类面试题中，根据自己的实际经历、观点，用更具体的、生动的语言让面试答案更加丰富多彩。

例1是一道原则性的题目，所以笔者用最原则的、方向性的"万能答案"去回答。答案中的许多句子，可以细化为许多具体的政策、措施和语言行为。在比较具体的此类面试题中，甚至可以当作小标题或段落的中心句使用。再举一个具体点的例子：

例❷ 假如你是一名乡镇干部。一天，某村一户群众在建新房打地基时，被邻居一家人阻拦施工，理由是建房的群众越界，侵占了他们的宅基地。双方为此发生纠纷，吵闹不休，各不相让，情绪越来越激烈，甚至有打架械斗的趋势。领导让你去处理此事，你怎么办？

【参考答案】

（第一，控制局势，防止事态进一步恶化）

首先，我要电话通知村支书或村委主任，让他们和主管民调土地工作的村干部立即赶到现场，平复群众的激动情绪，制止他们的不理智行为，坚决不能让矛盾激化下去，坚决不能发生斗殴流血事件。这是这件事最重要、最关键的一点。同时，我也要在最短的时间内赶到现场，和村干部一起开展工作，做好群众的思想和稳控工作。如果有必要的话，我也可以请派出所、司法所、土地所等部门的同志和我一起赶到现场帮助工作。

（第二，选出代表，沟通对话）

宅基地的问题，往往是历史遗留问题，非常复杂，解决的难度很大。农村的信访问题，大多与宅基地有关。宅基地的问题，在矛盾的现场是难以当场解决的。所以，在局势得到控制的基础上，我要和村干部一起，让两家人各选出一个代表，到村调解室进一步了解情况，进一步化解双方的怨气，让双方心平气和地面对面沟通交流，申述各自的理由，并且要求他们在没有得出最终结论之前，必须保持宅基地的现状，都不得再有新的行动。

（第三，成立专班，解决问题）

专业的问题，需要专业的人来解决。宅基地的问题，需要严格按照《土地法》、农村宅基地管理相关制度法规来解决。所以，我要取得领导的支持，抽调土地、司法等部门的同志共同参与，组成专门的工作小组，以事实为依据，以法律为准绳，特别是要以目前两家持有的《宅基地使用证》中明确的面积边界为标准，齐心协力将此事解决到位。如果当事人还是不能妥善解决，我就建议他们通过司法渠道解决，向法院提起诉讼。

（第四，完善机制，防患未然）

此事解决之后，我要向领导进行详细汇报，并建议在本乡镇各村开展宅基地相关的矛盾隐患排查活动，把各种纠纷解决在萌芽状态；开展农村《宅基地使用证》发放审验等相关工作，对宅基地相关工作进行规范管理，进行根源治理；同时，加强机关包村干部和农村干部培训工作，提高他们的政策法律素养，增强他们解决实际问题的能力和责任心。在此基础上，要按照乡村振兴战略"产业兴旺、生态宜居、乡风文明、治理有效、生活富裕"的二十字方针，开展卓有成效的工作，优化乡村基层治理，促进乡风文明，从根源上杜绝或减少此类事件的发生。（回答完毕）

需要注意的是，解决宅基地问题，最关键的是公平依法解决；最有效的方法是真心真情地为群众着想，让群众信任自己；最重要的是做到让群众互谅互让，不但要讲法、讲理，也要讲"情"，光靠法律很难彻底化解矛盾。自古以来，农民都是把土地当成命根子，在宅基地问题上都是"寸土不让"的，甚至不惜大动干戈，出现流血事件。

清朝有一名宰相，原籍家中盖房子的时候同样和邻居发生纠纷，家人写信让他出面解决。他写了一首诗给家人："千里修书为一墙，让他三尺又何妨。万里长城今犹在，不见当年秦始皇。"他用退让一步的方法，解决了自家和邻居的宅基地问题。这种思路，可以学习借鉴，可以用来教育引导群众。

一个问题，可以有多种回答方式。上述的故事，如果时间允许的话，也可以作为答案的最后一段，或穿插在其他段落中。

这道题的答题思路，其实还是"万能答案"思路。因为涉及宅基地问题，涉及农村农民问题，涉及乡镇政府、基层的职责等问题，所以答案就比较具体实际了。

下面举一个人数较少的例子，还用"万能答案"思路去回答。但是，具体的段落标题和办事方法可能大不相同。

例❸ 一天，一名群众到你单位主要领导办公室上访时，言辞激烈、大哭大闹，引来一些前来办事、不明真相的群众围观并指点评论，影响了机关正常办公。假如这件事让你负责处理，或者群众反映的业务问题在你的职责范围内，你该怎么办？

【参考答案】

（第一，控制局势，防止事态进一步恶化。注意：此段，是将群体性事件参考答案中的第一段和第二段简化合并为一个段落了。因为人数较少，处理起来相对简单容易，局势容易控制，不需要选出代表，甚至不需要现场了解情况。但是处理问题的思路和方法原则还是一样的，就是不能

让事态恶化，要让当事人离开现场到另外的地方去，不能影响正常秩序)

我要在第一时间赶到领导办公室，向上访群众亮明自己的身份和职责，亮明自己解决问题的坚决态度，安抚群众的激动情绪，取得群众的信任，让领导放心。同时，将群众引导到自己的办公室了解情况，恢复正常的办公秩序。

(第二，沟通对话，解决问题。注意：此段也可以把"沟通对话"和"解决问题"分为两段分别叙述)

到了我的办公室，首先，我要请群众坐下，也可以给群众倒杯水，态度要诚恳，低声细语地询问情况，以和风细雨、春风化雨的方法，继续平复群众的激动情绪、取得群众的信任；详细了解问题的来龙去脉，运用自己掌握的政策法律和相关业务知识，和群众进行沟通对话、解疑释惑。对群众提出的合理诉求，能够当场答复的，当场拍板答复。需要进一步取证了解、不能当场解决的，列出解决问题的日程安排和原则方法，让群众先行离开。随后，根据工作需要，协调相关部门或人员在最短的时间内将问题解决到位。对于群众过高的或者不符合政策法律规定的要求，要详细说明情况，让群众通气顺气，化解怨气，满意离开。

(第三，完善机制，防患未然)

问题解决之后，我要向领导汇报问题解决的过程和结果。如果此事是我本职所在，我要真诚向领导承认错误。在此基础上，我要在征得领导同意后，就同类的问题举一反三进行排查，将各种矛盾隐患解决在萌芽状态，并且进一步完善日常性的矛盾问题排查机制和信访制度，变群众上访为干部下访，增强发现问题和解决问题的能力与主动性，避免此事再次发生。(回答完毕)

因为例3题目中不涉及具体的业务问题，所以没有从具体业务的政策方面去回答，仅仅是从解决问题的常规思路和方法程序上回答。如果题目涉及专业性和具体性问题，可以回答得更专业具体一些。

例❹　假如你是一名乡镇机关的包村干部。一天，你分包村的一名群众到你办公室，反映本村一名群众在村头的农田里养鸡，臭不可闻、叫声刺耳、苍蝇乱飞，严重影响了周边居民的生活。这名群众情绪激动、大吵大闹，甚至对你拍案辱骂、横加指责。你怎么办？

【参考答案】

（第一，控制局势，防止事态进一步恶化）

首先，我要保持冷静，不能因为群众的态度激烈就失去理智。只有落后的干部，没有落后的群众。我是为人民、为群众服务的，群众不满意，肯定是我们干部的工作没有做好。

所以，无论群众的态度如何，我都要和颜悦色地认真对待，让他坐下，并且给他倒一杯茶，让他慢慢地说。我在这个时候的任务，就是做一名忠实的听众，让他尽情倾诉发泄。

这种真诚的态度，以柔克刚的方法，往往能让他很快冷静下来，并且取得他的信任，为有效沟通和解决问题铺好道路。假如我态度生硬，或者以牙还牙地用恶劣的态度对待他，那无异于火上浇油，会让事态进一步恶化。

（第二，真诚沟通，理清思路）

在群众冷静下来之后，我会和他认真沟通，对他反映的情况和诉求认真记录，现场整理出调查了解、处理问题的基本思路和原则。虽然我不可能面面俱到、事无巨细地随时掌握这个村的情况，但是作为这个村的包村干部，我也负有一定的包村责任。

所以，我要真诚地向群众承认我的错误，表达我的歉意，表明我处理此事的坚决态度，让群众感受到政府和我处理此事的信心与决心。

（第三，成立专班，解决问题）

这件事情看似简单，但牵涉多个部门的业务和群众的切身利益。我要立即向领导汇报这种情况，取得支持和授权，抽调畜牧（农业）、土地、环保、司法等部门的同志和村干部组成工作组，深入现场调查了解，向养殖户宣传相关法律政策，动员他在最短的时间内把养殖场搬迁，帮助他做好存栏活禽的处理销售工作，并且主动帮助他在远离村庄、水源的地方重新选址建场，在维护群众利益的同时，尽可能减少养殖户的损失。

同时，我会建议镇党委政府或上级纪检部门，对相关责任人进行批评教育，或者根据相关规定，对相关部门、相关责任人采取相应的组织措施或予以纪律处分。

（第四，完善机制，防患未然）

事情得到妥善处理后，我要向领导建议，在整个乡镇的范围内对类似的问题进行排查，按照"村庄周边 500 米，水源周边 1 000 米"范围内不

得搞养殖的规定，做好养殖场的搬迁和养殖小区规划工作，建立完善日常性的服务管理机制，防止此类事件再次发生。（回答完毕）

乡镇机关的包村干部，工作职责比较宽泛，可以对所分包村的工作进行指导、监督、建议、协调和上传下达，但无权直接去管理和处理。他们是乡镇的机关干部，主要职责是做好自己的业务部门工作。本题中，对此事应负主要责任的是村干部和相关职能部门。但这些设在乡镇的土地、环保、畜牧、司法调解等站所，大多是县级以上机关的派出机构，人财物和业务均由县级以上机关垂直管理，不属于乡镇政府的内设机构。对他们的管理处理，县级以上的部门或纪委才有此权力，乡镇党委和政府无此权力。

（三）"综合"类

应急事件类题目，除了"天灾""人祸"两类外，还有既属于"天灾"，又属于"人祸"的，或者不能简单地定性为"天灾"或是"人祸"的。

在实际工作中，出现的应急事件，是十分复杂的。在基层，突发的许多事情，甚至没有政策法律依据去处理，连一些从政经验十分丰富的领导干部都觉得头疼，有的根本解决不了。在面试的时候，这些事情按照特定的思路和原则回答就可以了，毕竟我们是在"纸上谈兵"。

例❶ 一次，你单位领导应邀到外地参加一个大型活动，并且被安排了一次业务讲座。可到了飞机场后突然出现了极端天气，飞机不能按时起飞，很可能影响到会议议程正常进行。假如你随他出差服务，你将如何协助领导处理这种情况？

【参考答案】第一，和主办方沟通。我要立即向会议的主办方说明我们遇到的实际情况，表达我们的歉意，取得他们的谅解，让他们做好调整会议议程、找人代替讲座的准备，尽量避免、减少因我们的失误而给会议造成损失或不良影响。

第二，采取变通措施。有可能的话，我要立即建议和帮助领导更换交通方式，或者改乘高铁，或者不受这种极端天气影响的其他交通方式；如果不能做到，我就帮助领导通过手机、电脑等现代信息工具，进行网上授课、远程视频教学；实在不行的话，就只好建议会议主办方改变会议议程，取消或推迟领导的议程。

第三，认真反思整改。作为服务人员和下属，我对此负有不可推卸的责任。事后，我要真诚向领导承认我的错误，保证以后决不再犯。同时，我要对此事进行深刻反思，提升我的工作境界，把教训变成教材，以后凡是遇到外出的公务，必须提前考虑到天气、道路、交通等因素；甚至无论开展什么工作，都要多想一层，凡事都要打个提前量，多准备几套方案，准备好应急预案，给工作留个回旋的余地，避免此类事件再次发生。（回答完毕）

这个小事故，是由"天灾"引起的，但也是因为小小的"人祸"造成的。当时，"天灾"已经不可改变和把控，可改变的是自己的思想和行为。此题的段落标题和答案看似与前面所举例子不同，其实本质和内涵都是相同的，思路都是一致的。我们分析一下。

第一，"控制局势，防止事态进一步恶化"。此"天灾"一般不会影响生命安全和财产安全，况且防控灾害的责任不属于我们。我们需要做的是"控制局势，防止事态进一步恶化"。我们和会议主办方沟通、建议改变会议议程安排、积极改换交通方式、通过远程视频教学等方式，都是为了"控制局势，防止事态进一步恶化"，都是为了挽回损失或避免出现更坏的局面。只不过，这个"局势"较小，更容易掌控而已。

第二，"保障正常的社会秩序""沟通对话""成立专班，解决问题"，等等。"天灾"类、"人祸"类题目答案中的段落标题和思路，参考答案的前两个段落"和主办方沟通""采取变通措施"都已经包含了。

第三，"完善机制，防患未然"和"认真反思整改"实际上是同一种做法的两种表达方式，都是为了"防止此类事件再次发生"。本题参考答案的最后一段已经说得很清楚了。经常出现、可能同时发生许多"此类事件"的问题，需要严肃、正规地去"完善机制"，但是这种小事情、个体事件、矛盾冲突不激烈的事件，"反思整改"就可以了，用"完善机制，防患未然"就会显得小题大做。

看到这里，对应急事件类题目的回答，大家应该心中有数了。这一类题目的解题思路和原则应该是这样的：

一是如何把控住局势，不能让事情向更坏的方向发展。如果"我"不在现场，就要在第一时间（尽快，在最短的时间内）赶到现场，了解情况，控制住局势，并且及时和领导（给你安排此项任务的人）沟通汇报，让领导随时掌握情况；根据实际情况，化解矛盾，弱化事态，把事情掌握在可控范围内。最起码要能维持现状，不能让事情继续坏下去。如果可能发生人员伤亡，首先必须先保证群众生命健康安全；如果可能破坏社会正常秩序，影响社会稳定，首先就要把局势稳定下来，把群众的激动情绪和事态平息下来；如果是群体性集聚事件，那就要在稳定局势基础上，选出少数的关键人员进行深入沟通，同时想办法让群众离开集聚现场，避免造成恶劣影响，避免被别有用心的人炒作利用。

二是如何解决好矛盾，让事情向好的一方面变化发展。如果是"天灾"，就抓紧抢险救灾，抓紧开展灾后重建，抓紧恢复正常生产生活秩序，并且保证"大灾之后无大疫"；如果是"人祸"，就抓紧解决问题，化解矛盾。无论是"天灾"还是"人祸"，凡是较严重的问题、较难解决的问题，都可以抽调相关职能部门的专业人员，整合工作力量，尽快把问题解决到位；假如存在失职渎职问题，要对相关责任部门和责任人进行追责。

三是如何完善好机制，让此类事情少发生或不再发生。答案里面，可以有"认真反思、深刻反省"之类的字眼，要有"举一反三"的行动，要有"以案促改"的思路和方法，通过这件事的解决，促进这类工作的提升，进一步完善相关工作机制和应急预案。答案的结尾处，一般应该是此类字眼和内容："避免此类事件再次发生"，或者在此类事件发生的时候，能够"提前预知，做好准备，将损失和影响减少到最低程度"。

笔者再举个例子，但是在回答上，就不拘泥于前面经常使用的词语和形式了，也许会打乱之前的段落程序。但是，答案的内涵和精神实质是一致的。

例❷ 一天早上，你单位的一个在建项目工地，突然有一群农民工集聚，打出了"还我血汗钱"之类的横幅，原因是承包商拖欠了农民工工资，并失踪不见了。几家媒体记者闻风赶来现场采访，准备在黄金时段播出。也有一些群众围观，用手机拍照拍摄。你的领导恰好因公外出，让你去处理此事，你该怎么办？

【参考答案】第一，实事求是，坦诚相对。我会立即赶到施工现场，向在场的农民工和媒体记者亮明我的身份与来意，说明领导未能前来的原因，诚恳地承认我们工作中的失误，向在场的所有人表达我们单位和领导的歉意，表达我们单位解决此事的态度和决心，让农民工的情绪平静下来，用诚恳的态度取得在场人员的信任，为下一步的对话和解决问题奠定基础。

第二，有效沟通，增进互信。我会让在场的农民工选出几个代表，和媒体记者一起，到一个比较僻静的地方进行深入沟通、了解情况，并和他们一起商量问题的解决方法。同时，我也要对媒体记者的到来和监督表示欢迎，并且建议他们暂时不要进行曝光式的负面报道，邀请他们参与全过程的监督报道。

第三，积极协调，快速讨薪。我要按照国务院《保障农民工工资支付条例》的规定，立即和人社、公安、住建等相关业务部门联系协调，发挥"农民工工作领导小组"各成员单位的作用，形成合力，寻找、联系承包商，责令其按规定支付农民工工资。同时，要启动应急预案，启动"农民工工资保证金"机制，在必要的时候，在正常渠道暂时不能支付的情况下，优先保证农民工工资的支付到位。总之，不论想什么办法，都要保证支付农民工工资。只要是在政策法律允许范围内的方式方法，我们都可以使用。在事情的解决过程中，要对相关责任人进行严肃处理，以儆效尤。同时注意及时和领导、媒体记者保持联系沟通，化危为机，化被动为主动，化负面舆论为正面报道，随时关注社会舆情，尽可能挽回不良影响。

第四，深刻反思，完善机制。事情解决后，我要向领导汇报解决问题的全程，并且改进完善常态化的矛盾纠纷排查机制、突发事件应急预案，完善本领域内农民工工资的支付制度，建立完善农民工实名登记、工资专户发放、工资保证金等制度，避免此类事件再次发生。（回答完毕）

这道题的答案不需要分析，很容易就可以看出来，这其实也是"万能答案"的思路。照着这样的思路和解决问题的原则，多找些题练练，就能很快掌握这种方法并灵活运用。

最后，再举一个例子。虽然看似"水流任意西东"，没有什么模式和思路。但是，答案的实质，仍然是那些"万能"答案或思路或关键词的翻版而已。

例**3** 一天，某家餐馆几十名客人突然出现食物中毒现象，不少客人腹痛难忍，个别客人出现昏迷症状。假如你是县政府的工作人员，县领导让你全权协调处理此事，你该怎么办？

【参考答案】第一（立即抢救，生命至上），无论我在不在现场，我首先要拨打"120"急救电话，简要说明现场的情况，让急救中心的人员在最短的时间内赶到现场，把出现中毒症状的客人拉走施救。对那些没出现中毒症状的客人，也要组织他们到医院进行检查。因为可能是他们的症状尚未显现，也可能是他们自身抵抗力较强。但是，在群众的生命健康问题上，我们尽量做最坏的推测和打算，决不能麻痹大意，必须对他们的身体情况进行检查，一个都不能少。

第二（查明原因，追究责任），我要立即联系卫生防疫、市场监管和食品安全部门，督促他们按照相关规定，责令餐馆立即停止营业，对餐馆内的所有食材，特别是导致客人中毒的饭菜进行封存和取样检测，并查明食材来源、保质期、保存加工情况，同时对餐馆负责人和相关人员进行询问调查，在最短的时间内找出中毒原因，责令餐馆、相关部门限期整改到位；对相关的责任人依法进行处理处罚，情节较为严重的要移交纪检或司法部门处理。

第三（如实报告，保持稳定），发生这样较大规模的食物中毒事件，我要按照重大安全事故处理的相关规定，在第一时间向县领导和上级如实报告。同时，协调相关乡村、社区组织，做好中毒人员家属的思想稳定工作；协调新闻宣传部门在第一时间进行如实报道、正面宣传，避免被社会媒体炒作，造成不良影响。

第四（完善机制，防患未然），事情圆满解决后，我要向县领导详细汇报事情的来龙去脉，建议在全县范围内进行食品安全隐患专项行动，发现问题及时整改到位。同时，进一步完善健全食品安全的日常性管理机制，健全食品安全领域的突发事件应急预案，明确相关部门的工作责任、工作规范和工作流程，设立监督热线电话，加强食品安全的业务监督、舆论监督和社会监督，形成工作合力，形成全社会参与的机制，避免此类事件再次发生。（回答完毕）

这类恶性事件的处理，实际上还是我们之前讲过的思路：保证群众的生命安全、财产安全；控制局势，防止事态进一步恶化；沟通对话、宣传引导，保持群众、社会的情绪稳定；将事情迅速处理到位；反思总结，建立完善长效机制，防止此类事件再次发生……

能够理解基本的原理、原则、方法、程序，多找一些题练习，此类题目就不难回答了。

四、人际关系类

人际关系类面试题，就是考察你如何处理人际关系，如何化解人与人之间的矛盾，如何应对因工作而产生的矛盾纠纷。

这类题往往和应急事件类题目很相似，许多时候都是"突发"，需要"应急"。但是，应急事件类题目需要应对的是"事"；人际关系类题目需要应对的是"人"，是人与人之间关系的维护和协调，是人与人之间的冲突矛盾的化解和处理。在现实生活中，最难处理的莫过于人际关系了。

但是，在回答人际关系类面试题的时候，比其他任何类型的题目都简单。为什么？因为处理人际关系的原则和方法很简单。举几个例子，就好理解和掌握了。

例❶ 一天，在一次机关全体会议上，领导不分青红皂白地狠狠批评了你。可你很清楚，领导错怪你了，做错事的是另外一名同事。你怎么办？

【参考答案】第一，端正态度，冷静对待。虽然领导错怪了我，并且在大庭广众之下让我十分难堪，但我此时必须保持冷静克制，或者当场接受领导的批评，或者低头沉默，决不能当场顶撞，甚至也不必要当面澄清。那样会让领导或者另一名同事当场下不了台，会在单位造成更大的不良影响。"忍一时风平浪静，退一步海阔天空"，暂时的忍耐和退步不是懦弱，而是顾全大局，维护团结，维护领导的权威，顾忌他人的尊严和面子。

第二，深入反省，查找原因。明明不是我的错，为什么领导会在大会上批评我？领导为什么会误解我？这件事是意外发生的？还是有人为的因素？不论是什么原因，这里头肯定有我的原因，才造成了我与领导之间的隔阂误解。这说明我平时表现不够优秀，我和领导之间的沟通交流不够。这才是主要的原因。其他的原因，我可以在平时的工作中小心予以避免和消除。

第三，真诚沟通，消除隔阂。我要在做好充分准备之后，在合适的时间和场合，和领导进行沟通，耐心解释，取得领导的信任，让领导改变对我的错误认识。如果我个人做不到这一点，我可以邀请领导信任的同事或朋友，帮助我沟通协调此事，化解领导对我的隔阂误解。

第四，继续努力，提升自我。无论领导批评得是否正确，无论领导能否改变自己的看法，我都要放下包袱，轻装前进，继续努力工作，甘于奉献，认真学习，谦虚谨慎，团结同事，加强和领导、同事们的沟通，在单位树立自己的良好形象，避免此类事件再次发生。（回答完毕）

例❷ 小刘是你的同事，一到下班时间就走，对工作也总是能推就推，平时有很多需要你们两人共同配合的工作，都是由你一个人去完成的。有一天，领导把一项紧急工作交给你俩，但是因为他的推脱延迟，导致任务没能按时完成，领导批评了你们。你该怎么办？

【参考答案】这项紧急工作是交给我和小刘两个人一起做的，但是没有按时完成工作，我作为负责这项工作的一员，负有很大的责任。因此，面对题中的情况，我会这样做：

首先，面对领导的批评，我会虚心接受并向领导承认错误。在这项工作上，我没有做好准备，明知小刘有推脱的习惯，自己却没有好好叮嘱他、监督他，导致这项工作没有按时完成。因此，我会向领导保证，以后一定会认真工作、做好任务安排，坚决不能再出现这次的情况。

其次，我会找个合适的时间和小刘进行沟通。与小刘一起分析我们此次没有按时完成任务的原因，找到彼此的不足，并约定在之后的工作中互相监督、共同改进。同时，我也会就小刘下班就走、推脱工作这一情况与小刘进行沟通，询问他家里是否有什么困难或急事，需要他一到下班时间就走；对于两人合作中的一些工作，他是不知道需要他去做？还是不会做所以才推给我？如果是有急事的话，我可以帮他承担一些工作；如果是不知道哪些工作需要他去做，我会在之后的合作中做好详细的任务分配，明确标明哪些任务是需要他去做、应该如何去做；如果不会做才推脱，我会主动帮助他去学会如何做这些工作，也可以让他向其他同事请教，不能因为不会做就不做。这样不仅不利于他自身的成长，也会给单位的工作带来麻烦，希望他能正确认识这一点。

最后，我也会就此次的教训进行反思。在之后的工作中，面对紧急任务我一定要做好规划，明确时间要求和工作标准，按时完成。如果有需要和他人合作的工作，我也要与合作伙伴及时充分地沟通，彼此相互提醒、相互配合，保证工作的顺利完成。（回答完毕）

例❸ 一次，你的主管副职领导刚刚给你安排了一项十分紧急、十分重要的工作，你单位的"一把手"也给你安排了一项十分紧急、十分重要的工作。你该怎么办？

【参考答案】第一，端正态度，正确对待。两位领导能够把十分紧急、十分重要的工作交给我，是对我能力的认可、品德的肯定，我都应该心怀感激，并真诚表达出自己的谢意。对单位"一把手"安排的工作，即使是我目前确实很忙，也不能当场拒绝让领导难堪，更不能心存怨言、当场顶撞。最好的办法是立即、干脆、愉快地接受任务，让领导放心。

第二，想方设法，完成工作。如果我有能力按时间、按标准完成领导交办的工作，我就发挥甘于奉献、连续作战的精神，见缝插针、加班加点，把两项工作都圆满完成；如果在时间要求内，我只能完成其中的一项工作，我可以邀请和我关系较好、熟悉此项工作的同事帮助我完成其中一项工作。工作完成后，我要如实向领导说明这位同事的功劳和能力，做到在圆满完成任务的同时，也加深我和同事的感情。

第三，真诚沟通，妥善安排。如果我实在没办法按规定完成两项任务，我就立即和我的主管副职领导沟通，说明情况，建议主管副职领导将他刚才安排给我的工作交给其他同事去做，让我能够专心做"一把手"交办的工作。如果存在特殊情况，我会建议主管副职领导和单位"一把手"汇报沟通，让"一把手"根据事情的轻重缓急做出决定。

第四，反思自己，提高自己。工作任务完成后，我要深刻反思自己。出现这种情况，除了两位领导之间沟通不够的原因外，主要是因为我平时和领导沟通汇报不够、领导对我的工作状态不了解，是我没有尽到一个下属应尽的责任。所以，今后我要养成及时、经常向领导沟通汇报的习惯，让领导能够掌握有关情况，避免出现工作交叉撞车现象。同时，我要更加努力工作、认真学习、善于思考，不断提高对业务工作规律性的认识，增强工作的前瞻性，提高工作效率，以便在工作任务较多或出现撞车的时候，能够从容应对、合理安排，圆满完成属于我的工作。（回答完毕）

从以上三个例子，可以看出人际关系类面试题的应答规律和"万能关键词"：

（1）态度——端正态度、冷静对待、正确认识、慎重对待等，诸如此类的词语，可以作为第一段的"万能关键词"。

（2）反省——深刻反省、认真思考、深入分析、查找原因，等等。

（3）沟通——真诚沟通、消除隔阂、深入谈心、化解矛盾，等等。

（4）借力——借风行船、请人帮忙、借势借力、形成合力，等等。

（5）提升——引以为戒、不懈努力、完善自我、协调关系，等等。

这些关键词，在所有的人际关系类面试题中是通用的，可以根据面试题的具体内容，灵活变通使用，或者根据这些关键词的含义自由发挥。

例❹ 一次，你的主管副局长刚刚给你安排了一项工作，让你这么去做。可是单位正局长把你叫过去，让你那么去做，他的工作思路和你的主管副局长刚好相反，你该怎么办？

【参考答案】第一（态度），不论正局长的安排是否合理正确，我会先接受正局长的思路安排和工作建议，并且态度要坚决，回应要迅速，不能表现出任何的犹豫或为难。作为下属，我要服从领导的安排，不能让领导难堪。

第二（沟通），此事牵涉到领导层面，处理不好会影响到我和两位领导的关系，影响单位正副职领导和班子的团结，决不可小看，必须慎重处理。

因此，我在接受正局长的工作安排后，我会认真思考两位领导意见出现分歧的原因，根据此项业务相关的政策法律规定，拿出我认为合理的建议方案和理由。之后，我会找到主管副局长，如实汇报正局长的工作思路和我个人的建议与看法，建议主管副局长在充分思考后和正局长进行沟通交流，达成一致意见。

假如正局长的思路不够完善，我们就通过合适的方式说出我们的意见建议，让正局长改变自己之前的安排。假如正局长的思路比我和主管副局长的思路更合理、更正确，我们就坚决立即按照正局长的指示去落实工作，并且抱着小学生的态度向正局长学习，进一步提升我们的境界，提高我们的工作素养。

第三（提升），工作完成后，我要对此事的经过进行分析总结。正副职之间出现意见不同，虽然是很正常的事情，但是很容易造成工作隔阂，影响团结。要避免出现这种现象，必须从三个方面做起：

一是作为下属的我，要加强学习，提高业务素质，成为本职工作的业务权威，在每项工作开展之前，都能拿出完善的工作思路和方案，主动逐级向上汇报，形成统一意见。

二是每次重大工作开展前，我都要立即和主管副局长汇报沟通，并且建议主管副局长向正局长汇报后再做决定。

三是建议局领导健全完善相关工作制度，形成提前沟通酝酿、逐级汇报安排的工作机制，避免此类事件再次发生。（回答完毕）

例⑤ 一次，单位领导给你安排了一项重要工作，要求你必须按照他的方法去做。可是，你很清楚地知道，领导的安排是错误的，如果遵照执行，将造成不可估量的损失。你该怎么办？

【参考答案】第一（态度和沟通），虽然领导的安排是错误的，但我作为下属必须尊重领导，正确对待，维护他的权威和尊严。

如果他是在会议上安排的，或者在安排工作的时候，旁边还有其他人在场，我就毫不犹豫地先愉快接受任务，私下里选择合适的机会和场合与他沟通。

如果当时只有我们两个人，我会在先接受任务、让领导放心的基础上，用委婉的、不伤领导面子的、提醒式的方式，说明相关的法律政策依据、工作中的实际情况和我的看法，让领导意识到工作安排的不妥之处，主动改变自己的错误决定。

第二（借势借力，求助他人），如果领导坚持自己的意见，不接受我的建议，我可以求助他熟悉信任的同事朋友，或者上级领导，或者相关方面的业务专家，让他们去和领导进行沟通。能成为一名领导干部，都是具备一定的政治业务素质的，心胸度量都是大于常人的。一般情况下，都会采纳接受正确意见。

第三（分析思考，查找原因），如果领导就是不改变自己的决定，我就只好按照他的意见去执行。但是，我要认真地分析思考，吃透各种政策法规的精神，在执行的过程中尽可能采取变通的方式，尽量减少损失和负面影响。

这不是对领导不忠，不是"上有政策，下有对策"。我们的党和政府，我们的各级领导干部和工作人员，工作宗旨都是全心全意为人民服务。只要这个宗旨方向不变，我就是正确的，就是真正地对领导负责，对工作尽责。

第四（提高自己），领导不采纳我的意见，说明我的业务素质和工作能力没有得到领导和同事们的认可。所以，在以后的工作中，我要更加努力地学习业务，提高个人综合素质，成为工作上的"活词典"和"百度"，树立我的业务权威，增强我的业务话语权。我要增强自己的沟通协调能力，提前、及时向领导汇报相关业务工作和相关建议，协助领导做出正确决策。

出现这种情况，固然有领导的原因，也是因为我们单位的决策程序不够规范。在可能的情况下，我要通过个人的努力，建议单位建立完善"集体领导，民主集中，个别酝酿，会议决定"的决策机制，避免此类事件再次发生。（回答完毕）

例❻ 一次，领导让你牵头开展一项重要工作，并让其他部门的一名老同志协助你工作。可是，这项业务平时是由另外一个同事负责的，同事很不高兴，认为这是领导不信任他从而迁怒于你。同时，那名老同志认为自己素质高、资格老，在某个场合公开表示不愿意配合你这个初出茅庐的年轻人开展工作。并且，这项工作要求很高，难度较大，你过去也没有接触过，根本不了解。你该怎么办？

【参考答案】 第一（态度上，坚定信心，绝不气馁），领导能把难度很大、很重要的工作交给我，是对我的信任和重视，也是一次很好的锻炼提高的机会，我一定要珍惜这次机会。这项工作我不熟悉，以前我没有接触过，那也不要紧，"人非生而知之者"，我可以像习近平总书记要求的那样"学中干，干中学"。无论如何，我都必须把这项工作干成干好，不辜负领导的信任。

第二（沟通上，真心实意，放低身段），我要做好两个方面的沟通。首先是要和那名老同志沟通。他不愿意协助我工作，主要是觉得自己年纪大、资格老，反而当了个配角，失了面子。所以，我要以晚辈和小学生的态度，表达出对他的尊重，给足他面子，以最真诚的态度，邀请他协助自己工作，一次不行两次，两次不行三次。三次不行的话，我就适可而止，另请高明。其次，我要和平时负责这项工作的同事沟通，说明事情的原委，让他消消气、宽宽心，真诚向他请教相关的业务问题，让他指点迷津，并且希望他帮助自己完成这项工作。他之所以对我有意见，生闷气，其实也是觉得自己没面子。面子有了，他的气就顺了。

第三（借力，请人帮忙，协同工作），如果沟通失败，我就想办法邀请和这两人关系比较好的人，帮助我做他们的思想工作。不管他们的态度是否会发生转变，我必须"尽人事，听天命"，想尽办法、竭尽全力把这件事情协调好。如果他们不予配合，我也可以邀请和我关系比较好，或者同样熟悉此项工作的同事共同完成此项工作，工作完成后向领导如实汇报，让这位同事劳有所获，我们两人成绩共享、合作双赢。

第四（态度，自力更生，独立完成），如果实在找不到合适的人协助我，我就发挥无私奉献、连续作战的精神，边学边干，独自完成这项工作。"能受天磨真铁汉，不遭人嫉是庸才"，不经历风雨，怎能见彩虹？这项工作的经历，对我来说，也许是一次脱胎换骨、化蛹成蝶的机会。求天求地求别人，都不如求自己。最关键的是我要在这次工作中得到历练，砥砺心志、增长才干。

第五（提升，不懈努力，完善自己），工作完成之后，我不但要分析总结这件事的成败得失，更要以此为鉴，不断完善自己。我要继续努力学习，提高自己的政治业务素质，不但要学习本职工作业务，也要学习本单位其他科室的相关业务，能够挑更重的担子，也能承担起更多的责任；我要谦虚谨慎，处理好和领导、同事们的关系，为完成各项工作奠定良好的人际关系基础。不论有些人现在是不是能够接纳我，是不是能够以善意对我，我都要真诚待人。"人非草木，孰能无情"，只要我用真心真意真情对待他们，他们总会敞开大门，接纳我，配合我。（回答完毕）

以上这些例子，基本涵盖了人际关系类题目的全部要素。

需要重点说明的是，假如这类题目同时牵涉到了工作任务，那就必须把"完成工作"摆在第一位。所有人际关系的处理协调，必须始终围绕"完成工作"来进行：先保证工作完成，再考虑如何处理好人际关系；最好能够让处理人际关系和完成工作同时进行。

最后，笔者给大家"奉送"一道面试题。这道题是一位领导让笔者回答的，他认为这道题是个"死局"，没办法回答。这道题的内容如下：

例**⑦** 你的同事生病在家，你提着礼物去看他。快要走到他家的时候，突然遇到你单位领导的妻子。原来你的领导也在这个小区居住。领导的妻子以为你来看她，高兴地接过礼物，拉着你去她家坐。你该怎么办？

这道题有个限制条件：不准顺水推舟地说就是来看她，也不准顺势把礼物送给她。笔者当时是这样回答的：

第一（态度上，冷静对待），遇到这种情况，我决不能当时就实话实说，让她尴尬难堪。我可以先跟随着她到她家中，和她聊天，让她心情愉快。

第二（沟通，说明实情），在谈话正愉快的时候，我可以抓住某个话题和话头，委婉说明我的真实来意："嫂子，我今天来是有重要任务的。我们单位的某某某，也是住在这个小区的，他生病了，我来看看他。你肯定和他比较熟，咱们一起去看他怎么样？"

话说到这个份上，领导的妻子肯定恍然大悟了，她很可能会顺水推舟地和我一起去看望病人。看过病人之后，我可以进一步邀请她去逛街游玩。这样，会进一步冲淡化解她的尴尬心态。

第三（反省），虽然在一定程度上化解了尴尬场面，但是能不出现这种尴尬局面是最好的。今后，如果我去看望朋友，我会挑选更为合适的时机。提前和朋友打个招呼，了解一下是否会出现其他意外情况，或者快要到达的时候，让朋友或他的家人在附近接我一下。这样，就会避免出现类似的尴尬情况了。（回答完毕）

人际关系类题目简单易答，不再多举例子、多做说明。在自我认知类、综合复合类题目中，会夹杂出现人际关系的内容，我们还会继续探讨。

五、情景模拟类

情景模拟类题目，和观点评析类题目一样，都是让考生比较紧张的题型。这类题型对考生的知识面、临场发挥应变能力、语言组织能力有较高要求，能够较为准确考出考生的世界观、人生观、价值观和精神状态，考生自我发挥、自我展示的空间较大。

这类题主要包括两个小类型：①劝说演示类。假设一个场景，让你身临其境去表演和操作。这类题，往往是让你去做对方的思想工作，劝说对方，化解对方的思想疙瘩，或者解除两名以上人员的对立情绪。②讲话发言类。给你一个题目或一个场景，让你发表讲话或发言。

这类题近年来在一般的机关、事业单位招录中很少出现，但在专项的、定向的招录和领导干部公开选拔中十分常见。如果你能够回答好此类面试题，其他各类面试题就是"小菜一碟"。

此类面试题非常灵活，内涵和外延十分丰富广阔，最能考查考生的综合素质。

（一）劝说演示类

例❶　公安局的李警官作为驻村的第一书记，经常用警车帮助村民带一些农副产品到城里头销售。但是，也有人冷嘲热讽说李警官把警车变成货车了，警务人员变成销售人员了。李警官很郁闷。假如你是他的同事，你会怎么劝解李警官？

【参考答案】假如我是李警官的同事，我将这样去劝导他：

首先，肯定李警官的做法，让他从负面情绪中解脱出来——你做得很好啊。你上班的时候能开展工作，下班了还能帮助群众运送、推销农副产品。领导知道了，肯定会在大会上表扬你，相关部门也会推广你的做法，让大家向你学习。你的这种做法，就叫作产业扶贫啊，就叫作帮民富、解民忧啊！这就是促进乡村振兴的典型经验啊！你的做法，给群众带来利益了吗？只要对群众有利，群众赞成，你还郁闷什么？你应该高兴才对呀！

其次，对他进行善意提醒，让他反思自己的做法是否完美——你的这种做法很好，但是有人误解也是难免的。谁人背后不说人？谁人背后无人说？作为自己人，我想提醒你，用警车拉货是否违反了警车使用规定？是否会引起社会的猜疑？能不能用其他的车辆来运输农副产品？别人有议论，肯定是自己的做法不完美，存在瑕疵。办好事，光有好心不行，方法也要妥当。有过即改，善莫大焉！

最后，再次肯定并进行引导——你这样做，作为你的老同事，我也感到脸上有光，替你高兴。你看，你能不能换一辆车子用，毕竟，用警车拉货，总让人感觉到怪怪的！再说，警车能拉多少东西？你是不是可以组织群众成立个运输队？群众贷款买车方便，还可以通过运输增加收入。你看，这样不是两全其美吗？老伙计，别犹豫，就这样干吧！

例❷　一名 50 多岁的群众家庭条件不太好，收入较低。他来到乡政府申请办理低保，可是他和儿子身体健康，有劳动能力，不符合办理条件。他不服气，在乡政府机关大吵大闹。领导让你去劝解他，你会怎样劝解？

【参考答案】第一，我会安抚他的情绪，让他冷静下来——老兄，到我的办公室，咱们好好聊聊。请坐！你稍等一下，我给你泡杯茶润润嗓子。我看你刚才的情绪比较激动，能给我说说原因吗？

第二，我会对他的情况进行分析，跟他讲明政策——老兄，我听明白了，你家的收入不是太高。你和你老婆今年都是 50 岁多一点，年龄并不大。你儿子 20 多岁了，还没结婚吧？不是兄弟我说你，你可真糊涂。现在的社会，只要肯干，还能饿着你？你收入少是事实，可是办理低保的基本条件是家里没有劳动力，这一条，就注定你办不成了。假如办成低保户，你会过得更差。不信？你儿子还没结婚，你说哪个漂亮的姑娘愿意嫁给一个低保户？别糊涂了。

第三，我会对他提出建议，引导他如何增加收入——你们一家三口，都有劳动力，怎么会收入那么少呢？除了种地，家里还有别的收入吗？光靠种地可不行。咱们乡有一些企业正在招工。你不去试试？一个月三四千块。假如你一家人都去工作，一个月有上万块了吧？不要怕累，想挣钱怎么能怕苦怕累？习近平总书记不是说过嘛——"幸福是奋斗出来的"。咱们乡正在规划养殖小区，还可以帮助养殖户申请低息贷款，统一进行技术指导和销售。有没有兴趣？还有许多致富项目，如果你愿意，咱们可以探讨一下。"小康不小康，关键看老乡。"你有什么困难，随时可以来找我。怎么样？回家和老婆孩子好好商量商量，商量好了就来找我，找你们的村干部也可以。好，就这样。我等你的好消息，再见！

情景模拟类试题，还涉及了生活中的应用：

例❸　你在外地上大学，放暑假到家后刚好该吃午饭了。你爸爸妈妈非常高兴。你妈妈准备给你做你最喜欢的羊肉烩面，你爸爸则认为天气太热，不如全家上饭店吃一顿大餐。两人为此争执不休。你如何劝解他们？（有点眼熟吧！这道题在前面出现过。但那道题要求的是"你如何看待和评价这件事"，这道题要求的是"你如何劝解他们"，变成情景模拟类试题。你由"小李"、旁观议论的"吃瓜群众"，变成了"当事人"）

【参考答案】妈妈，爸爸！嘘（做个篮球比赛暂停的手势），暂停！我说两句吧？你俩先坐下我再说。既然是为了给我接风，那么吃什么饭应该听听我的意见。（先把他们的火气灭掉，转移他们的注意力）

妈妈，我真的比较喜欢你做的烩面，浓白的肉汤、亮红的辣椒，绿韭菜黑紫菜，面条又长又软又筋道，比烩面馆做的好吃多了。但是，天太热了，就是开了空调，也很热，而且你还得上街买羊肉，还得和面揉面拉面。我爸爸不让你做饭，是心疼你。（一般情况下，要先劝女的，后劝男的）

爸爸，上街吃大餐也行。你请客吃大餐，咱们吹着空调，说说话。要不咱们三个人晚上去吃烧烤怎么样。吃着烧烤，喝着冰镇啤酒，坐在树林里吹着凉风，那多美啊！（估计妈妈也愿意这样）

今天中午，咱们简单吃一些就行了，马上就12点了。午睡后，咱们三个人好好合计一下晚饭去哪里吃，怎么样？今天中午，要不就吃西红柿炒鸡蛋下挂面？几分钟就能做好。我有点饿了。（说到这里，父母一般会达成一致意见，儿女说了算）

走，咱们现在就去做！（回答完毕）

这道题的参考答案，和前面出现的观点评析类题目的答题思路是完全相同的，但是表现形式不同了。

以上三道题的参考答案，有这样的共同点：

第一，先安抚。安慰对方，让对方的激动情绪平静下来。（有点熟悉的感觉吧。应急事件类中的"人祸"类面试题，参考答案的第一段，都是"控制局势，防止事态进一步恶化"）

第二，再评价。对对方的观点做法进行评价。先肯定后否定，肯定之中夹着否定，对方容易接受。但是，不管是肯定还是否定，态度都要真诚，让对方感受到你的善意。

第三，最后引导。说出自己的意见建议，转移对方的注意力，引导对方接受自己的意见，向对方展望未来，让对方点燃希望。

这种做法，在信访调解、邻里纠纷、家长里短、同事矛盾等各种矛盾纠纷中都管用。在具体的应用之中，形式和词语等内容是灵活多变的，不会有雷同或者套路之感。

笔者的一位同事，经常应对突发事件和矛盾化解工作。我在他的博客中看到了一篇博文，就像是劝说演示类题目和答案：

2008年5月的一天下午，我受命到陵区整治旧砖窑，一些机关干部、大学生村干部跟着我并肩战斗。

因为这些砖窑还在生产黏土红砖，吃掉了大量土地资源，不符合国家要求。所谓整治，就是用推土机、铲车将砖窑彻底摧毁。

第一个砖窑的整治较为顺利。到第二个砖窑的时候，就有些麻烦了。

到这个砖窑的时候，太阳已经快落山了，两辆铲车就停在砖厂内随时待命。其中一名女村干部说："这是我们村×××的砖窑啊！他儿子是我同学，现在在部队当兵。"

因为在场的人数我"官最大"，所以一切都由我发号施令——这种惹人的事情，谁愿意出头呢？

砖厂老板没有露面。由于事先做了大量工作，砖窑的人也没有强硬对抗。由于砖窑正在生产，他们提出先推倒其中的一侧砖窑，等砖坯烧完后再全部推倒。

我向铲车司机交代后，一挥手，铲车"轰隆隆"发动了，铁臂高举向前一冲，"轰隆"一声，大块的墙砖和土块坠落在地，呛人的土灰忽地升腾弥漫。

突然，我听见一阵喊叫声："停下来，不准推！"

夜幕中，一个妇女跟跟跄跄地跑到一辆铲车前，让司机暂停后，立即将身挡在铲车前。

借着朦胧的灯光，我看到那个妇女披头散发、面色青白，满身泥水斑斑驳驳——刚下过雨，可能是奔跑时摔倒了吧。

她手里拿着个药瓶，拧开放在嘴边作势欲饮："谁敢再推，我就不活了！"可能是过于激动，她的声音和手都在哆嗦着。

"呼啦"，机关干部和大学生村干部都围了过来，七嘴八舌地劝说："嫂，何必呢？""嫂，有话好好说。"……

有的机关干部试图夺走药瓶。她退后一步，护住药瓶："别过来，谁过来我马上喝毒药。"

出了事，谁担得起啊！

刚好，一个穿着军装的小伙子跑了过来，冲着我们喊叫："不许动我妈。谁敢动一下，我不会放过你。"

原来她儿子这几天刚好回家探亲。

我对他说："你别乱说，没人欺负你妈。"

那个妇女不停地嚷嚷："这窑不能推，不能推……"

我对她儿子说；"你劝劝你妈吧，何必呢？"

他儿子依言劝说，可毫无效果。

我问："你爸爸呢？"他说："不知道，联系不上。我刚到家。"

一名女机关干部上前劝说："嫂，先回家歇歇吧，别激动。"

那个妇女很警惕地将药瓶凑到嘴边，说："别过来，谁敢过来我就不活了。"

我感激地对那名女机关干部点点头，对所有的机关干部和大学生村干部说："你们先找个地方歇会儿。我自己在这儿就行了。"

人群退后，但没有远去，都站在 10 米开外看着我们。

我对他儿子说："你也走吧，我有些话要单独和你妈说。"

她儿子也离开了，也在 10 米外站着。

我向那个妇女靠近了一些。她又把药瓶凑到嘴边："别过来。"

我说："嫂，我有些话要问你，但不想让别人听见。你说话声音也小一些，别让别人听见。"她狐疑地看看我，点点头。

我问："你男人呢？"她说："不知道死到哪里去了。别给我提他，他是个笨蛋。"

我说："我们来推砖窑，是上头统一安排的。你以为我们愿意吗？"她说："我知道。但是，我们的砖窑刚刚建成，去年上头下文件批准了。春天的时候还说我们的砖窑符合标准，现在怎么说不符合标准呢？"

我也愣了——来之前，没人跟我介绍这些情况。

我说："这些情况我不清楚，不过我今天回去后马上给你问问。但是，即使你能拦住我们，你能拦得住上级的政策吗？我们不来，也会有别人来的。"她说："我知道，所以我不想活了。"

我说："你不想活，说明你没出息。"她问："怎么没出息？"

我说："你死了，你男人要和别的女人结婚。你男人要变成其他女人的男人，你儿子要叫别的女人妈，你辛辛苦苦挣来的家产要让别的女人抢走了，你男人和别的女人要生儿子，这些家产可能就留给别人的儿子。"

她愣了一下，说："我们贷款 100 多万啊！砖窑没有了，我们就啥也没有了。我活着还有什么意思！"

我说："你还有你男人，有你儿子。你儿子以后要结婚，你还要有你儿媳妇，要当婆婆；你还要有你孙子，还要当奶奶。你死了，儿子结婚的时候，你就看不到了，你男人的新老婆能看到；你也看不到你孙子了，你孙子还要叫别的女人奶奶。"

她安静了一会儿，说："我不管他们了。砖窑没有了，我家就没有希望了。"我说："有希望。现在大多数砖窑都砍掉了，全市只保留三家。你有一个新砖窑指标，再建一个符合标准的，你们就更挣钱了。"

这时候，另外一个农村妇女过来劝她："××，回家吧！"

我问："你是谁？"农村妇女说："是她嫂子。"

忽然，我心中一动："你劝劝她吧。嫂，我会相面和算卦。我给你算算她家的情况吧，看她家以后啥样？"她们点头。

我说："我看你的面相，你儿子应该是 1986 年生。"两人猛地抬头看我："你怎么知道？"

我说："我会相面、算卦嘛！"——我看过那名女村干部的简历，她儿子和那名女村干部，应该一般大小的。

我说："我们都是第一次见面，我不认识你们，你们也不认识我。对吧？"她们点头称是。

我接着对砖厂老板的老婆说："你儿子很孝顺，和你感情很深。他和他爸爸的感情也可以，但是没有和你的感情深。"

她点头："是，我儿子和我最好了。"——从她儿子对她的关心爱护的态度就能看出来。男孩一般和母亲感情更近。

我接着说："你儿子素质很高，在部队应该很有前途。部队的领导对他很好吧？"她说："是。他领导还准备让他考军校呢！可是，我不想让他考，想让他复员回家挣钱。"

我马上斥责她："你怎么能这样呢？你太不像话了！"她们一愣："怎么啦？"

我说："你儿子考上军校，你儿子就成了军官；你儿子成了军官，他女朋友就可能也是军官、是公务员。你们整个家以后就是干部家庭了。你们整个家族、后代的命运就改变了！假如你让你儿子回家，让他也来当砖厂老板。你们再有钱，也只是个土财主。你儿子愿意吗？"

两人都不吭声了。我紧接着问了她家的其他情况，对她女儿的前途也"算了几卦"。她们都比较信服。

我说："嫂，你回去歇歇，今天夜里好好想想，可别耽误你儿子的前程啊！"

她点点头。我说："嫂，回家吧，别想不开。"她说："我全身都麻了，站不起来。"

我对她嫂子说："你让她歇一会，扶着她回家。看好她。"

然后回头喊她儿子："来，陪着你妈回家。"

他儿子对我说："叔。我刚才对你态度不好，你别在意。"我说："没啥。在部队好好干，争取考军校，当军官。"她儿子说："行。"

事情就这样结束了。后来，我又去了三次，砖窑才彻底推平。

第二次见到砖厂老板的老婆，她和我就比较亲近了："兄弟，你嫂听你的话，让儿子去考军校、当军官。"

后来，她儿子结婚的时候，我还去当了主婚人。

这篇博文通篇都在劝解对方，看起来篇幅很长，其实内容无外乎三项：安抚对方情绪—评价对方的观点做法—引导对方，提出建议，让对方看到希望。此类例子不再多举。大家平时多找一些案例，用这种思路方法练习一番就可以了。

（二）讲话发言类

这一类的面试题，就是给你一个特定的场景和前提，让你即兴发挥。此类面试题，没有相对固定的规律和内容。正因为如此，这类题回答起来更灵活。

笔者的一位同事，工作经历丰富，即兴讲话发言的机会较多。恰好笔者听了不少他的讲话发言，在这里举一些当时反响比较好的作为例子。

例❶ 他曾在县委组织部工作 10 年，后到一个乡镇任党委副书记。组织部领导组织了一个欢送会，全体工作人员参加。会上，领导让他给大家说几句临别感言。他是这样说的：

首先，真诚地感谢 A 部长，感谢 B 部长和 C 部长，感谢在座的每一位兄弟姐妹。谢谢！（起身鞠躬，掌声响起）

就在刚才，我站起来鞠躬的时候，突然想起一首歌——《掌声响起》：站在这舞台，听到掌声响起来，我的心中有无限感慨……我的眼泪忍不住掉下来。

现在，我的心中就有着无限的感慨，眼睛发潮。我是 1997 年 6 月 6 日，从城关镇借调到组织部的；2007 年 6 月 6 日，县委任命我到××镇担任党委副书记。整整 10 年啊！我来的时候，是个 20 多岁的毛头小伙子，今年成了 30 多岁的"大叔"了。我来的时候，许多人欢呼：组织部来了个年轻人！

十年磨一剑。今天，我就要下去担任领导职务了，我也想试一试，我这把剑是不是锋利！

这 10 年中，我先后在办公室和组织科工作，先后被抽调到市委组织部、省委组织部帮助工作。从一名借调的乡镇事业编制人员，通过公开招录成为一名公务员；从一名一般工作人员，成长为组织科的主持、常务、负责人、科长，兼任县直工委副书记。

这 10 年，是我个人素质提高最快的 10 年，是我感受最多、感恩最多的 10 年。这 10 年，我和大家一起，都是迎着朝霞走来、踏着夕阳归去。许多时候，我们一起通宵作战，累了就靠着沙发歇一会儿，互相开个玩笑。往事历历，犹在心目，悲欣交集，思之泫然。

梁园虽好，非久恋之乡。组织部不是待一辈子的地方，在座的每个人都会陆续离开，展翅高飞。我今天就要去履新任职，非常高兴，也非常不舍。虽然离开了组织部，但是大家都还是最亲近的兄弟姐妹，A 部长、B 部长、C 部长，你们还是我的领导，是我永远的领导，是我可以永远信任和依赖的兄长。这么多年来，组织部已经成了我的家。

到了乡镇之后，我要第二次开始创业，重新学起，重新做起，高调做事、低调做人，先当学生、后当先生，干出一番事业来，不辜负县委的信任，不辜负组织部 10 年的培养，不辜负各位领导和兄弟姐妹的期盼。

欢迎各位领导、兄弟姐妹有机会到××镇指导工作。如果有机会，我也会常回家看看，咱们把酒话桑麻、举杯论英雄！

谢谢大家！（再次鞠躬）

例❷　该同志被选拔为镇长。宣布任职那天，镇党委召开了全体机关干部和村支书、村委主任参加的宣布大会。县委组织部领导宣布了县委

的任职决定，并让他做个表态发言。他发言的内容大致是这样的：

各位领导、同志们：

首先，感谢县委的信任和培养，感谢同志们两年多来的支持和帮助。谢谢！（起身鞠躬，掌声响起）

我现在向县委和在座的同志们表个态。

第一，烧好三把火。"新官上任三把火"。我要烧好的首先是前任之火，我要把前任没有完成的工作完成，沿着前任的脚步继续前行，保持工作的连续性，不能一上任就另起炉灶，另搞一套。第二把火，是学习之火。镇长这个岗位，难度更大、任务更多、责任更重，和副书记完全不一样。所以，我要学中干，干中学，学习国家的各种政策，学习经济知识，学习税务财政相关业务知识，学习管理知识，迅速熟悉工作、进入角色、担起责任。第三把火，是奉献之火。干好工作，当好干部，是要能吃苦、能吃亏的。所以，我要一心扑在工作上，钟情岗位、痴情事业、激情奉献，在镇党委的领导下，把我们镇的各项工作抓实抓好，对党尽责、为民奉献。

第二，用好三盆水。第一盆水，是凉水，常用凉水洗头，让自己保持冷静。职务的提升，并不代表我素质的提高。所以，我要时刻保持清醒的头脑，吾日三省吾身，防止头脑发热，防止自己膨胀，正确认知自己。第二盆水，是净水，干净之水，廉洁之水，常用这盆水洗澡。我要时刻警醒自己，保持本色，用党章和纪律约束自己，耐得住寂寞、管得住小节、顶得住歪理、抗得住诱惑，干干净净做事，清清白白做官。第三盆水，是热水，常用热水洗脚，既要脚踏实地、埋头苦干，也要注意洗去征尘，洗去疲劳，时刻保持积极进取的良好姿态，保持乐观向上的精神风貌，绝不怕苦，绝不言败，阔步向前，永不停步。

第三，养好三颗心。第一是爱民之心。做到看群众的脸色办事，把群众的表情作为工作的晴雨表，权为民所用、利为民所谋、情为民所系，从群众中来、到群众中去，时刻把人民群众的利益放在第一位。第二是平常之心。正确对待职务、权力、人情，立志做大事，不立志做大官，用平常心正确对待进退留转，对待得失荣辱。第三是包容之心。严于律己，宽以待人；以责人之心责己，以恕己之心恕人；以包容之心对待身边人、身边事，以身作则，时时处处维护班子和机关的和谐团结、维护全镇的安定团结，同舟共济、同甘共苦，齐心协力推动我镇的各项工作再上新台阶，再铸新辉煌!

　　谢谢大家! (鞠躬致谢)

　　例❸　在全体班子成员、机关干部、村支部书记、村委主任参加的大会上，组织部领导宣布了县委任命该同志担任镇党委书记和原任党委书记调离的决定，并让他表态发言。他当时是这样说的:

　　(先起身鞠躬致谢，掌声响起)

　　非常感谢县委的信任，感谢伙计们、同志们几年来的帮助和包容。

　　我是2007年6月6日来担任副书记的，2009年10月10日担任镇长职务。这几年，我学到了许多东西，我最深刻的感受是，我的境界高多了，心胸宽多了，心里踏实多了。同时，我也稳重多了，大家从我的身材和体重就可以感觉到了。(笑声)

　　组织部领导还要到其他单位宣布干部任免决定。下面，我简单说几句，给县委和大家表个态——三句话，三个一。

　　第一，一张蓝图绘到底。×书记虽然调到其他乡镇任职了，但是，他在任期间，为我们镇今后几年的发展绘制了科学美好的蓝图。所以，我要坚持按照他的正确思路做下去，做到萧规曹随，绝不改弦更张，一条路子走到底、一张蓝图绘到底。近两年内，没有特殊情况，干部不做调整、制度不去改变，集中精力抓落实、聚精会神谋发展。在这里，我要真诚感谢×书记，感谢他为我们镇打下了这么好的底子，做出了这么好的规划，谢谢×书记! 真诚希望×书记继续关注我们镇的发展，常回家看看! (和×书记握手，掌声响起)

　　第二，一如既往干工作。担任书记职务，对我来说，不是官儿更大了，而是责任更重了。对我来说，是革命尚未成功、同志仍需努力，是万里长征走完了第一步。所以，我决不能有功成名就的思想，不能有船到码头车到站的思想心态。我要继续保持艰苦奋斗、谦虚谨慎的作风，和大家同甘共苦，同吃同住同劳动，有事和大家多商量，既要当好帅，当好大家的主心骨，更要身先士卒、冲锋在前，给大家树好榜样，当好标杆。同时也向县委表个态 (身体转向县委组织部领导): ××镇有我在，领导请放心。

　　第三，一往情深对群众。乡镇的工作很苦、很累，"上边千条线，下边一根针"，责任无限大，权力无限小。但是，乡镇是党和政府与群众之间的桥梁、纽带。乡镇干部的形象，就是党在群众中的形象。在工作中，我要继续坚持全心全意为人民服务的宗旨，时刻把群众的安危冷暖放在心上，带着对群众的深厚感情去工作，坚持"群众利益无小事"的理念，把群众的事情当成自己的事情来办，把群众的小事当成干部的大事来办，倾听民声、体察民情、集中民智、汇聚民力，把精力用在群众急办难办的事情上，用在群众一家一户难以办成的事情上。"金杯银杯，不如老百姓的口碑"，我要和大家一起，用辛勤汗水和工作实绩，在咱们镇树起我们党不朽的丰碑。

谢谢大家！（鞠躬致谢）

例4 几年后，他又回到县委组织部任副部长。在机关全体会议上，县委常委、组织部部长让他给大家"说两句"。他的发言内容如下：

同志们好！（鞠躬致谢，掌声响起）

真没想到，我又来到组织部了。没想到，"我胡汉三，又回来了！"（电影《闪闪的红星》中地主恶霸胡汉三的台词）

可能这就是缘分吧。我毕业后，1993年10月16日分配到城关镇工作，1997年6月6日借调到组织部工作，2007年6月6日到××镇任副书记，今天又回到这里。

在组织部，我曾经"十年磨一剑"；在××镇，我又"坚持抗战八年多"。（笑声）

组织部是党员之家、干部之家、知识分子之家。非常高兴又能够和大家一起战斗，我又回"娘家"了。

作为组织部的副部长，我要摆正自己的位置，带头团结在×部长的周围，主动为×部长分忧，从大局着眼、从小处着手，像部长那样考虑工作、像干事那样做好工作；既要出谋划策，又要冲锋在前，和大家一起，充分发挥党员的先锋模范作用，发挥党组织的战斗堡垒作用，发挥干部的骨干引领作用，发挥知识分子的精英创造作用。

十年修得同船渡。我要珍惜在组织部工作的每一刻，重新当个小学生，学习新的业务，开始新的征程，做出新的成绩；我也很珍惜和兄弟姐妹们在一起的时光，在工作中我们是同志战友，在生活中我们是家人朋友；我更珍惜和×部长之间的缘分（转身面向×部长），我十几年前就当过您的部下。今天，我又成了您的直接下属。真是缘分呐！

"喊破嗓子，不如甩开膀子。"（当时，习近平总书记刚刚强调过这句话）从今天起，我要在×部长的领导下，和同志们精诚团结，心往一处想，劲往一处使，把各项工作做好，瞄准重点，攻克难点，抓出亮点，把咱们组织部打造成一个"团结、紧张、严肃、活泼"的战斗堡垒，打造成一个"温馨、纯洁、和谐、友爱"的大家庭！

谢谢大家！（鞠躬致谢）

例⑤　他后来到卫计委任党组书记、主任，同样进行了表态发言。内容如下：

（鞠躬致谢，掌声响起）

同志们好！首先感谢县委的信任，让我到这么大的系统任职。光是卫生医疗工作，就已经很重要、很繁重了，何况还加上了计划生育工作。说真话，我现在虽然很高兴，但更多的是战战兢兢、如履薄冰。

现在，我向大家表个态，在卫计委工作期间，我要做到以下四个方面：

第一，"一个转变"。这个转变，就是转变角色，由外行转变成内行。卫计部门是业务性、政策性很强的大部门、大系统，关系着群众的生老病死、安危健康，生小孩要管、生病要管、不生病还要管（治未病、健康管理和健康干预），现在连养老也要管（卫生部门和民政部门联合开展的医养结合、康养结合工程），稍有不慎就会出"人命关天"的大事，工作量很大，群众关注度很高。作为长期在乡镇、组织部门工作的人，我就是个纯粹的外行。所以，我首先要实现从外行到内行的转变，加强学习，在最短时间内掌握基本政策和基础业务，缩短磨合期，进入工作角色。

第二，"两个不变"。一是本色不变。坚持秉承全心全意为人民服务的宗旨，始终做到"忠诚、干净、担当"，以身作则、率先垂范。二是目标不变。继承和发扬卫计系统的优良传统与优良作风，一张蓝图绘到底，沿着前任的脚印继续前进。

第三，"三个珍惜"。一是珍惜岗位。一个人的政治生命是很短的，在主官位置上的时间更短。能够充分发挥才干、干事创业的时间，有十几年就不错了。所以，我要抓住这有限的时间，努力工作，多做对群众有益的事情，不负县委的信任和重托。二是珍惜责任。我要把权力当作责任看，严格遵守中央有关政治生活若干规定，规范用权、小心用权、科学用权、按照制度规定用权，落实民主集中制和"一把手"末位表态制，把权力关进牢笼，把权力用在最该用的地方。同时，我要珍惜"治病救人"这个崇高的责任，把群众的健康作为我的最高追求。三是珍惜缘分。20多年来，我在五六个单位工作过，每次离别，都是依依难舍。对大多数人来说，一离别，这一生就很难重逢了。所以，我要珍惜和大家在一起的时光，珍惜这难得的缘分，给自己和大家都留下美好回忆。

第四，"四个同"。在今后的日子里，我要通过我和大家的努力，实现这四个同：一是思想上目标一致，画好"同心圆"；二是工作上节拍一致，跳好"同步舞"；三是角色上定位合理，唱好"同台戏"；四是生活中真诚相待，培好"同志情"。

希望我今天说的话，都能够在今后变成现实。欢迎大家在今后多支持、真监督，我们齐心协力把各项工作做好，提高群众的健康水平，提高全县的人口素质！

谢谢大家！（鞠躬致谢）

例⑥ 因机构改革等原因，他离开卫计委到人社局任职。他在离职大会上发表临别感言如下：

根据县委的安排，散会后我就要去人社局任职了。

我是2017年4月21日来卫计委任职的，到今天共一年零九个月加五天。来也匆匆，去也匆匆。

我来的时候，春意盎然，柳绿花红；今天要离开了，春节将至，雪花飘零。

我的心情十分复杂，有三分的高兴和轻松，三分的遗憾和失落，三分的伤感和不舍，一分的淡然和从容。

三分的高兴和轻松。我要去人社局当局长了，这也是个非常重要的部门、管人的部门。它和组织部一样，是许多人向往美慕的部门。能到这种部门任职的人，必须是县委非常信得过的人，也必须是原则性强、处事谨慎，资历比较老、威信比较高的人。所以，我还是比较高兴的。同时，相对卫生部门来说，人社局的工作更好干一些。所以，我也猛然如释重负，心里轻松了一些。

三分的遗憾和失落。我来的时间太短，许多事情才刚刚起步。乡镇卫生院的中医馆建设刚刚铺开，妇幼保健院搬迁工程刚刚投标，人民医院新建工程刚刚选址成功。我很遗憾不能继续参与这些重要的工作。我在这些工作上投入了许多精力和感情，就像是自己孩子，突然要送给别人了，心里不是滋味（笑声、掌声）。但是，干部调整是很正常的，功成不必在我，但功成必定有我。我觉得，我无愧于我的良心，无愧于县委的信任和安排，无愧于我县的医疗卫生事业。我做了我想做的事情，做了应该做的事情。有缺憾才是人生，不完美才是人生。这位新来的×主任，会弥补我的缺憾，比我做得更好。

三分的伤感和不舍。我们相处不到两年，时间不长但情谊深厚。我们一起到贫困户家里帮扶，一起到千家万户搞签约服务，一起到各村搞义诊，一起到医院检查工作、协调医患纠纷。我们下去的时候，往往是晨光熹微；回来的时候，已经是夜阑更深。天下没有不散的宴席，缘来惜缘，缘去随缘，缘来缘去缘如水。今后，我们依然是有缘人。（有人在台下抹泪）

一分的淡然和从容。上班这么多年，工作调动了许多次，经历了许多次的初见和分别，经历了许多的工作岗位。"人事有代谢，往来成古今"，经历的事情多了，惯看了秋月春风，在情绪稍微有些波动后，很快就恢复平常了。就像往池塘里丢了一块石子一样，荡起了一圈圈的波纹，但很快就平静如初，犹如明镜。

好了，刚才，我给大家说我的心情"十分"复杂。你看，我说够"十分"了，三个三分，一个一分，加起来就是"十分"。按照体操、跳水的规则，今天我的讲话，也应该打"十分"，最高分！（笑声、掌声）

总的来说，心情还是不错的。就像大闺女出门一样，高兴，但是也不舍。

这次县委调整干部，充分体现了对卫生健康部门的重视（这次机构改革把"卫生和计划生育委员会"更名为"卫生和健康委员会"）。新来的×主任，才三十岁出头，过去在乡镇当过镇长和书记，是位年轻的老干部。她的到来，会让我们卫健委的前途更加光明。

青山不改，绿水长流。我在卫计委，最高兴的是认识了在座这么多伙计们。希望我们以后常来常往，感情长在。

将军不下马，匆匆奔前程。祝大家工作顺利，家庭幸福，天天好心情！

谢谢大家，再见！（鞠躬，挥手道别，掌声）

讲话演讲类题目，例子就先举到这里。这些演讲内容，大多是他在会场上，匆匆列个提纲，然后发言。许多年后，有些人见到他，还经常提起他发言的内容，特别是其中的一些词语和标题，比如"十年磨一剑""坚持抗战八年多""三把火、三盆水、三颗心""四个同"，等等。

怎样才能在考场上，在几分钟的准备时间内，模拟一个相对较好的讲话演讲呢？笔者把自己的感受和经验跟大家讲一讲，就当是此类面试题的"万能思路"和"万能方法"吧。注意，下面的内容，同样适用于劝说演示类题目。

（1）身临其境。要想象题目给你的实际情景是怎么样的，把自己迅速"带入"这个场景中，把自己变成真正的"主角"，自己是怎么想的就怎么说。这样，就容易心潮澎湃、思如泉涌。只要能够顺利讲出个好的开头，接下来的发言内容就会水到渠成、顺理成章了。用演员的专业术语来说，就是"入戏"。

比如，题目假定你是个局长，你就真的把自己当作局长，用局长的神态、语气，甚至摆出局长的威严来。电视上领导讲话的镜头你见多了，还学不会吗？正襟危坐，立身中正，挺胸抬头，双目炯炯有神……

找到了感觉，你的思路就会清晰起来，语言就会丰富起来，就会有掌控感。这时候，你就是个演员。

（2）借境生情。紧密结合假设的场景，调动出相应的情绪来，用情绪来说话。情绪就像磁场，你有什么样的情绪，就会吸引来什么样的语言，脱口而出、不假思索。大家见过骂街吧？对骂的两人，没有剧本可循，没有提前准备好讲稿和提纲，但是两人你来我往，你骂我还，辞出不穷，滔滔不绝，声情并茂，酣畅淋漓。为什么？是情绪成就了他们。

（3）情真意切。"感人心者，莫先乎情。"情景模拟类试题，不论是其中的劝说演示类，或是讲话发言类，在身临其境、借境生情之后，就可以用真情去表达自己的思想了。注意，是真情，一定要用真情，这样说出来的话才有感染力、感召力。我们有时会磕磕巴巴，有时会理屈词穷，就是因为我们说了假话。假话需要绞尽脑汁，需要提前设计，需要精心编排，但是也很容易被戳穿，很容易演不下去。

（4）提纲挈领。在正式回答情景模拟类试题前，最好在三分钟内，列出书面提纲——每段要有小标题，小标题下还要有关键词，把能想到的都浓缩进去。列好这些框架内容后，你的底气就比较足了，就可以精神焕发、情真意切地去讲了。

（5）互动发挥。不管是劝说演示，还是讲话发言，都要学会"对着空气说话"，眼前无人若有人。不能干巴巴地说话，可以有表情，声情并茂；可以有动作，挥斥方遒。你面对的工作对象，是听众、观众，和他们互动起来，或者干脆让考官成为你的"道具"，让他们也身临其境。这样现场的气氛就会活跃起来，你的情绪才会高涨起来，你的得分就会高。

（6）排比修辞。在劝说辩论、讲话演讲中，最能表达情绪、渲染气氛，最容易说服人、煽动人情绪的，莫过于排比句了；最能表达激烈情绪的，是短句，排比短句；最能表达哀伤情绪的，是长句，排比长句。

比如，你讨厌一个人，你会说："滚！滚！滚！"这个时候，你绝对不会说："敬爱的×××同志，请您从我的房间里走出去好吗？"

其他的修辞手法也可以运用，比如比喻、对仗、顶真，这三种手法的效果也较好，在之前的例子中使用比较多。大家可以琢磨一下。

多用数词、动词、色彩词，多用看得见、听得见、摸得着、嗅得着、有滋味、有感知的实词，这样可以立马在自己和考官的心中生成一个小环境，如物实存、如在眼前。这方面，古人运用得炉火纯青，比如"两个黄鹂鸣翠柳，一行白鹭上青天""大漠孤烟直，长河落日圆""嘈嘈切切错杂弹，大珠小珠落玉盘""莲子（怜子）心中苦，梨儿（离儿）腹内酸""书画琴棋诗酒花，当年件件不离它。而今七事都更变，柴米油盐酱醋茶""桃花坞里桃花庵，桃花庵里桃花仙。桃花仙人种桃树，又摘桃花卖酒钱……"

（7）凤头猪肚豹尾。一篇好的讲话和文章，都应该是这样的结构。

"凤头"，是指要有一个短小、美丽的开头，能够一下子抓住人心。可以排比、可以引用、可以运用各种修辞手法，可以幽默、可以激情。关键是不能长篇大论，而要能打动人心、吸引眼球。

"猪肚"，是指主题部分内容要丰满，条理要分明，层次感强，让人易懂易记。这部分，最实用的方法就是用排比段，每一段的第一句话高度凝练，每一段的第一句话连起来是排比句、对仗句。例如"三把火""四个同"之类。讲话演讲时，如果不用这种方法，听众就很难记得你讲了什么内容。假如你说："第一把火，是……"，听众或考官就在记忆第一把火的内容的同时，时刻等着去听或者猜测你讲的第二把火、第三把火是什么。这就像是相声、笑话、评书中的"包袱"铺垫。

"豹尾"，是指结尾部分要简短有力、色彩斑斓（文采斐然）。最惯用的办法是在连续几个简短的排比句之后，用感情充沛、展望前景、铿锵有力、鼓舞人心的长句结束；也可以用连续的排比短句结束。这要根据自己习惯和特定场景来选用。结尾部分，也可以穿插引用诗歌、名言警句，这样能为讲话发言增色不少。

大家可以看看各级领导的讲话原稿，或者报纸上的评论，特别是新年贺词之类的讲话，都是用的这种方法。

（8）未雨绸缪。答好讲话发言类面试题，需要在平时下功夫。

一是多练习。尽可能多参加发言、讲话、演讲之类的活动，提升自己的实战能力，熟练应用各种技巧，达到熟能生巧的地步。

二是多积累。常学习，掌握更多的社会知识，掌握更多的语言词汇、更多的知识典故，在实际应用中就能不假思索，顺手拈来。

三是多写作。经常写文章，有助于理性思考和谋篇布局，有助于熟练运用各种修辞手法，有助于增强语感。整个写作过程，也就是收集各种信息、学习各种知识、进行逻辑思考的过程。

当然，最有效的办法就是准备一些万能的语句，比如"三把火、三盆水、三颗心"之类的总结性语言，比如励志修身、家国情怀、忧国忧民之类的名言警句和典故。

按说，情景模拟类面试题，说到这里就可以结束了。可笔者突然想起了那位同事发表在博客里的一些发言或者讲话。笔者收录整理了两篇，大家可以看一看。其中一些比较规范的"万能语言"，可以在多种场合使用。

例 7 在某县公开选拔领导干部大会上的演讲。

尊敬的各位评委、各位领导、同志们：

大家好！

我叫×××，今年28岁，现任人力资源和社会保障局办公室主任。虽然年少，但是我已有着多年的党龄和工作经历，所以大家喜欢叫我年轻的"老同志"。

我所工作的人社局，是一个点多线长面广的重要民生部门，是一个惠企利民的服务部门，是一个上联党委政府、下联千家万户的枢纽部门。多年的工作实践，让我深深地感受到人社工作的重要性，它是百姓就业创业的可靠平台，它是群众生活保障的坚实后盾。在普通群众的眼中，它就是我们党和政府全心全意为人民服务的光辉形象。

我为我是一名人社干部而自豪，我为我是一名共产党员而自豪。

这么多年以来，我所秉承的工作理念，可以用"三个三"来概括：

第一，用力做只是合格，用心做就是优秀，用情做才是卓越。作为初出茅庐的毛头小子，作为初入职场的菜鸟新人，作为初试啼声的懵懂青年，刚参加工作的时候，激情澎湃、豪情万丈，但是理想很丰满，现实很骨感，遇到困难束手无策时，总会垂头丧气，一蹶不振。有时候我们付出了努力，结果却两手空空，一无所获。有时候我们一次次地尝试，却面临着一次次的失败。直到有一天，一位白发老太太来办事，无意中走进我的办公室。她因为行动不便，耳聋眼花，我便帮她代办了手续，当时天色已晚并且下着小雨，我就开车送她回家。当我准备走的时候，她的儿媳端来了一碗热腾腾的糖水荷包蛋，让我必须吃完才能走。足足五个荷包蛋，这可是第一次上门的女婿才有的待遇啊。顿时，我红了眼眶，我只是做了一个公职人员该做的事，但是他们把我当作了亲人。这碗糖水荷包蛋给了我无穷的力量，我暗下决心，要用毕生的时间干好这份事业。

第二，热情比经验更重要，真诚比能力更重要，耐心比信心更重要。其实，干好工作是很简单的，就是对党的一腔热血，对事业的一分热情，对群众的一片热爱，这是我们每一个年轻人应该秉承的理念。习近平总书记说过，年轻干部要提高解决实际问题的能力。在这过程中，我们必然会经历困境和困惑、心酸和苦楚、委屈和苛责。当我遇到困难时，只要用力去做，困难就像纸老虎；当我遇到没有经历过的事情时，只要用真心去做，许多矛盾就会迎刃而解；当我想做出成绩时，只要满腔热血、满怀激情投入工作，往往会有出人意料的收获。只要这样去做，所有的绊脚石，都会铺成垫脚石；所有的包袱，都会变成财富；所有的危机，都会化为机遇。

第三，初心最重要，坚持最关键，信念是个宝。习近平总书记说过"初心易得，始终难守"，怎样才能保持自己的初心不改，信念不衰呢？怎样才能做到对党忠诚，为民奉献呢？一位领导曾给我讲过一个故事，大海退潮后，沙滩上留下很多小鱼在挣扎。一个男孩来到海边，一条一条捡起小鱼，把它们放进大海。有人问孩子："沙滩上有那么多小鱼，你捡得过来吗？一条小鱼而已，有谁会在乎呢？"孩子一边哭，一边把小鱼放进海里，说："你看，这一条在乎，这一条也在乎，每一条小鱼都在乎……"

这个小男孩的初心，是与生俱来的善良，没有任何的私心杂念，不求任何回报。当我迷茫动摇时，这个故事就像一盏明灯，指引着我继续前进。

雄心射越三千丈，未达成功哪肯休？人活着就得有个精气神！我县正处于决胜全面小康、决战脱贫攻坚的关键时期，作为年轻干部，我们要发扬"开放、创新、崇文、融合"的×县精神，紧扣"党建做引领、产业促转型、城乡谋振兴、民生新改善"的总体思路，把个人理想融入社会价值中，只争朝夕、不负韶华、砥砺奋进、克难攻坚，为我县经济社会高质量发展而拼搏，为中华民族伟大复兴而奋斗！

我的演讲完毕，谢谢大家！

例⑧ 中层竞聘演讲稿。

尊敬的各位领导、同事们：

大家好！

首先，感谢组织给我这次参加竞聘的机会。

我叫×××。今天，我演讲的题目是"我是一个兵"。

我 2008 年到中国武警特战部队服役，参加过汶川地震救灾。

退伍后，先后在×××、×××工作，现任×××。我没上过正规大学，理论文化水平不高。但是，我觉得我最大的优势就是，我是一个兵。下面，我用"一个兵"的思维，谈谈如何当好中层干部。

第一，当好马前卒。中层是兵，不是将。中层就是部队的班长，是拿着冲锋枪冲在最前面的人，而不是拿着小手枪站在后面喊口号的人。当好中层，首先是要撸起袖子带头干，而不是指手画脚，下达命令。是要带头干，是"跟着我上"，而不是"你给我上"。中层有管人的责任，但主要是通过带头干，带动大家一起干。

第二，当好排头兵。中层的主要职责是抓好业务，其次才是管好人。所以，中层的首要任务是学习，要成为本科室的业务权威。这样，就可以熟能生巧，把工作干成亮点，干出成效，让大家服气。

第三，当好参谋长。中层不仅仅是当好张飞，更要像是诸葛亮，要当好领导的参谋助手，当好领导和同志们之间的桥梁纽带。不仅要懂业务，也要讲政治、懂政策。工作上要提前思考、先行一步，为领导分忧，为下属解难，要替领导把好第一道关，在工作落实上走好每一步。

作为一名退伍兵，我的思想状态永远不能退伍。无论我在哪个岗位上，我必须做到守规矩、讲大局，服从命令听指挥。

在这里，我向局党组和全体同志表个态：革命战士是块砖，哪里需要哪里搬。哪有窟窿我去补，哪有困难我去干。希望××局有重大工作、遇到困难的时候，大家能第一个想到我。

总的来说，就是一句话：工作有我在，领导请放心！

谢谢大家！

六、自我认知类

自我认知指的是对自己的洞察和理解，对自己的行为和心理状态的认知，包括自我观察和自我评价。自我观察是指对自己的感知、思维和意向等方面的觉察；自我评价是指自己对自己的想法、期望、行为及人格特征的判断与评估。

自我认知类面试题，主要考查考生对于自身（包括生理、心理、性格、习惯、职业、社会活动以及与周围事物的关系）的观察、体验、感知和评价等方面。这类面试题和情景模拟类面试题一样，近年来出现的概率较小。它一般出现在定向、专项、较为高级的公开招录面试中，如国考，专业技术、业务部门专项招考，职业资格考试和领导干部公开选拔。

但是，考生千万不要忽视这类题。这类题能够很好反映出一个人的性格格局和认知方式，如果能较好回答这类题，可以改善个人的思维认知水平，对答好其他类型的面试题大有裨益。

我们试着总结一下这类题的特点和规律。这类题可以分为两小类：性格格局方面的认知、求职动机和岗位匹配方面的认知。

（一）性格格局

这类试题，侧重于考察人的性格、精神状态，如外向或是内向？勇敢或是懦弱？看待事情和问题是乐观或是悲观，考虑问题、做事情是"公"的方面多一些或是"私"的方面多一些？等等。也能考察人的眼界、境界、学识、经历和理想信念等方面，是志存高远或是鼠目寸光？是心胸宽广或是小肚鸡肠？是高屋建瓴或是坐井观天？是身经百战或是纸上谈兵？等等。

举一些例子，我们同时对答案的优劣进行解析评价。

例❶ **什么是失败？你的经历中，最失败的事情是什么？**

这是一道事业单位招录考试的真题。一名考生面试后将这道题和他的回答告诉了笔者。他当时的回答大概是：失败，就是做一件事情但没有达到自己的目的。他最失败的事情，就是高考的时候，自己认为自己最起码能考上个二本院校，结果只考上了大专。

这样回答也可以，但是档次太低、格局太小。笔者帮他整理了两个答案：

【参考答案1】 失败，就是在做一件事情的时候，没有达到预期目的，或者结果和愿望背道而驰、大相径庭。

我感觉最失败的事情，就是高考的时候，认为自己最起码能考上个二本院校，结果只考上了大专。

这是我目前认为自己最失败的事情。因为这件事，我痛苦、纠结、反省了将近一年的时间。但是，这次失败，让我认识到了自己的不足，让我对我的知识扎实程度、应变能力、心理素质有了重新认识，让我认识到了人外有人、天外有天。

从此以后，我有针对性地对我的学习态度、学习方法进行了改进，养成了谦虚谨慎、观察学习别人优点的习惯，这对我今后的学习和工作起到了很大的促进作用。这次失败，真的成了成功之母。（回答完毕）

【参考答案2】 失败，就是在做一件事情的时候，没有达到预期目的，或者结果和愿望背道而驰、大相径庭。

说实话，我是一个性格乐观、好强的人，在我的心中，没有"失败"这个字眼。那些许多人认为的"失败"，对我来说，是暂时受到了一些挫折而已，是尚未成功，正在努力。真正的失败，是主动放弃、自甘失败，是在挫折和困难面前破了胆、灰了心。

只要心中的灯不灭，前途就是一片光明。所以，这么多年来，那些所谓的"失败"，对我来说，是垫脚石而不是绊脚石。它们增加了我的阅历、磨砺了我的心智，让我在前进的路上越走越快、越走越稳，取得了一个又一个的成功。

所以，我永不言败，从来没有失败过。（回答完毕）

大家对比一下，以上三个答案有哪些区别？哪个答案更适合自己？

考生最初总结的答案，说的确实是真话。但是这个答案，不够阳光，不够积极上进，不够正能量，说明他不具备善于反省、善于总结的素质习惯，不具备坚忍不拔、逆行出征的性格特征。

笔者替他总结的答案，其实是在提醒他，作为年轻人，应该怎样去看待和应对失败，应该有着怎样的精神状态，应该有着怎样的人生观和世界观，什么才是积极向上的正能量。

不仅回答自我认知类面试题时要体现正能量和积极阳光的一面，任何其他类型的面试题，你的回答不阳光、不积极向上、不能体现正能量，考官就会不喜欢你。

你平时说话做事不阳光，不积极向上，不能体现正能量，你身上笼罩的负能量气场就会让人远离你，你的人生就会暗淡无光、愁云密布。

面试，就是人生。人的一生，每时每刻都有人在对你进行面试打分！

这道题，笔者紧接着让一个女生回答，她的答案就别具一格了：

失败，是一种结果，也是一种感觉。它让人感觉沮丧、伤心、困惑。

我目前感觉最失败的事情，就是一个小时前发生的事情了。我大学毕业一年多了，还没有找到工作。我妈妈希望我考公务员，可我不喜欢公务员工作。就在我来找你辅导面试之前，她非要让我来，但我不想来。我们为这事吵了一架，把我妈妈气哭了。

（女生的眼泪夺眶而出，声音哽咽）我感觉这是我最失败的事情了。我这么大了，许多事情还要父母操心，经常让他们生气。我觉得我不是个好女儿。（她爸爸这时候宁然动容，赶紧拍着安慰她）

所以，不管我喜不喜欢公务员这个职业，我这次都要参加公务员考试，并且尽我最大力量去考，能考上那就太好了。

总而言之，不能让我妈妈再为我生气、为我操心了。（回答完毕）

听了这个女生的回答，笔者强忍着没让自己热泪盈眶。

这样的回答，也是一种好的回答。感人心者，莫先乎情！展示真心真情的自己，展示真善美的自己，就能在面试中打动考官，获得高分。没有技巧，才是最好的技巧。不要虚情假意，不要刻意表演，不要矫揉造作。用真情来表达自己就可以了。

紧接着，按照这种思路和答题方式，这个女生又回答了一道题：

例❷ 在上大学期间，你觉得你最成功的事是什么？

各位考官，在大学期间，我有过许多成功的事情，比如，参加过志愿者服务等许多社会活动，并多次获奖；担任过学生会干部；等等。

但这些都不是我最成功的事情。我认为我做得最成功的，是件很小的事情。

我上大学的时候，爸爸给我买了一部新手机。晚上睡觉前，我经常躺在床上和爸爸妈妈聊天。他们问问我的生活学习情况，我问问他们家里的事情。

晚上和他们进行通话，基本上成了我的必修课、成了一种习惯。"儿行千里母担忧"，这样的习惯，让他们很放心，我也很开心，宿舍的姐妹们很羡慕我们一家人。

当时只道是寻常。毕业之后，我才发觉，那是多美多温馨的感觉，那是一段多么美好的回忆。（回答完毕）

这种回答，同样走的是"感情路线"。那些考官可能会非常希望自己也有一个这样贴心温暖的"小棉袄"吧？

例❸ 在任大学生村干部期间，你最成功的事情是什么？

过去几年，县级事业单位经常面对大学生村干部定向招录。这是一道面试真题。当时笔者在乡镇任党委副书记，分管大学生村干部工作。在辅导他们面试的时候，他们和我一起讨论这道题如何回答最好。他们的回答几乎如出一辙：

在任大学生村干部期间，我最成功的事情，是为村里修了几千米的路，打了几十眼井，架设了百十盏灯，挖了几千米的排水沟……听到群众的赞扬，看到群众的笑容，我无比自豪，感觉到了成功……

这样的答案，让笔者想到自己上小学写作文的时候，凡是"好人好事"之类的作文，同学们几乎都是"帮老大娘背包袱""扶老太太过马路""偷偷帮五保户老大爷打水、打扫卫生"之类。千人一面、千篇一律，都是瞎编出来的。

笔者当时问他们：就算村里修了路、打了井，那是你们的成绩吗？那是上级党委政府的成绩，是支部村委的成绩，是大家的成绩。你们起到了什么作用？修路打井的钱是你们掏的腰包吗？

在探讨中，我们根据各自特点，总结出了一些答案，其中的两个答案如下：

【参考答案1】我在离我家几十公里外的一个县任村干部，每星期只能回家一次。

每当星期天的下午，我离开家，踏着夕阳回到村里的时候，总会有一群老人家过来围着我，说："闺女，回来了？走，去我家吃饭吧！"

一句"闺女"，总是让我热泪盈眶。我其实并未为他们做过什么，我在村里起到的作用微乎其微，也就是写写画画跑跑腿这一类的工作。我对自己的评价，也就是比较勤快，嘴勤腿勤而已。

可群众对我很好，让我很知足、很感动。我感觉最成功的，就是他们对我的接纳和认可，把我当成自己家的人。这让我感受到了农民的淳朴和可爱。

这次，不管我能不能考上公务员或事业编制，我都愿意继续生活在农村、工作在农村，把我的青春和智慧，奉献给这些可爱、爱我的父老乡亲。（回答完毕）

真话最有力量，真情最能感人。这样的回答，有场景描写，有感情抒发，情景交融；有对个人的描述，有对农民、农村的评论。最终，还是落脚在对农村、对农民的爱上。

有亲身经历，有真情实感，就容易顺手拈来，对答如流。

【参考答案2】我在一个丘陵地区的小村当村干部。

我最成功的事情，是一件很具体的小事。村里有个小姑娘，父母常年在外地打工，她和爷爷奶奶一起生活。她已经上初三了，因为各种原因，她的成绩排名每次都比较靠后。得知这种情况，我就经常主动辅导她，经常和她交流谈心。后来，我就干脆住在她的家里，随时和她交流，她的成绩也有了突飞猛进的进步。

在中考时，她考上了县里的重点高中，大家都很高兴，也觉得不可思议。她的爸爸妈妈专门从深圳赶回来道谢。

和修路打井、改变农村的落后面貌这类大事相比，这可能是件不起眼的小事。但是我很满足，这件小事，也许就改变了小姑娘一生的命运，我好像突然明白了"群众利益无小事"这句话的意义。

我的能力有限、资源有限，做不成大事，只能做一些我力所能及、能发挥我作用的小事。这就是我最成功的事情了。（回答完毕）

这个答案和上个答案的思维方式与回答模式是一致的。

假话终归是假话，需要劳心费力去"编"，容易漏洞百出、表达苍白，容易磕磕巴巴、言不由衷。能去说真话、说实话，就会思如泉涌，前后一致，真实可信。我口说我心，善莫大焉。

从以上的答案中，能看出一些规律吗？我们再举一些不同的例子：

例④ 你最喜欢的名人名言是什么？为什么？它是如何指导你的生活和工作的？

【参考答案1】我最喜欢的名人名言是一副对联："有志者，事竟成，破釜沉舟，百二秦关终属楚；苦心人，天不负，卧薪尝胆，三千越甲可吞吴。"

这是清朝文学家、《聊斋志异》的作者蒲松龄写的对联，也是他的座右铭。

我喜欢这副对联，一是因为它文采斐然、用典精彩，我一看到就被深深吸引了；二是它富含哲理，非常励志，很有说服力。前半联说的是项羽大战章邯、灭秦图霸的故事，后半联说的是越王勾践忍辱发奋二十年，灭吴复仇的故事。

这副对联，用两个历史典故说明了一个浅显的道理：成功，必须有志，有志向、有志气，必须受得了苦。这和"艰难困苦，玉汝于成""梅花香自苦寒来"有着异曲同工之妙。

每当我遇到困难、感到劳累或者心力交瘁的时候，都会想起这句话。每想起这句话，我就像在黑暗中看到了一盏明灯，从而让自己从沮丧中走出来，鼓足勇气、鼓足干劲，咬紧牙关继续做下去，想尽办法干下去，不

达目的决不罢休。（回答完毕）

这样的回答，说明考生平时注重学习，注重积累，知识面宽，甚至经常写作；全篇表达的都是正能量，知识点多，甚至能让考官耳目一新，有所收获。

【参考答案2】我最喜欢的名人名言是：说老实话，办老实事，做老实人。

这句话是毛泽东主席说的，最近，在2021年中央党校中青年干部培训班开班式上，习近平总书记也予以引用并进行强调。

我喜欢这句话，因为这句话是对每一个人、每一名党员干部最起码的要求。

这句话看似简单，其实蕴含了很深的哲理，包含了很高的技巧。中国古人说过这样的哲理——"大道至简""天道忌巧""大智若愚、大巧若拙""小成靠智，大成靠德""大器须拙力""机关算尽太聪明，反误了卿卿性命"等；美国一名政治家也说过："你可以在一部分时间骗过所有的人，你也可以在所有的时间骗过一部分人。但是，你不可能在所有的时间骗过所有的人。"

这些名言，都表达了同样的道理。"说老实话，办老实事，做老实人"，这才是工作、学习和做人最高明的技巧，这才是成功的秘诀。没有技巧，才是最高的技巧。就好比《射雕英雄传》中的大侠郭靖，他是最老实，甚至是最笨拙的一个人，可是他的成就最大。最聪明的小黄蓉和杨康，反而成就不如他，甚至处处被他克制。

在平时，我就是按照这句话去做的。所以，领导很信任我，同事们愿意和我打交道，我的工作生活各方面都比较顺利。

这句话，其实就是我的座右铭。（回答完毕）

例⑤　请你说一说自己的缺点？你是如何看待自己的缺点的？

这道题看似简单，其实非常刁钻。你本人就站在考官面前，举手投足、言谈举止之间，个人的特点暴露无遗。考官阅人无数，你的一切逃不出他们的火眼金睛，说假话会弄巧成拙，让考官厌烦。

一名考生，个子很矮，头发很稀，有点胖，平时穿衣不讲究，长相有点"幽默"。可以说，他与"帅"字根本不沾边。他说了几套答案，内容基本上都是：不善于处理人际关系，处事不够灵活，不善于语言表达，等等。这些答案也可以，但是不能给考官留下深刻印象，难以得高分。最后，我们总结出这样的答案：

【参考答案】 考官老师，我的缺点不用说，大家都已经看到了。

我的最大缺点，就是个子矮、长得丑、头发还少。

这些先天的不足，曾经给我带来了很多烦恼，连谈恋爱都十分困难，经历了许多挫折。

就是因为这些不可改变的缺点，我痛下决心，在其他方面下了很大的功夫，不断地提高自己的素质，改变自己的形象。

上班以后，我坚持每天读书看报，提高自己的文化素质；在工作生活中，我时刻提醒自己做到谦虚待人、谨慎办事，多吃点亏没什么，多受点气没什么，多干点活儿没什么。

这样去做之后，喜欢和我相处的人越来越多，我的婚姻和工作都很顺利美满。我身边那些长得比我高比我帅的人，反而很羡慕我。他们这样评价我：个子矮，但志向不低；长得丑，但心灵不丑；头发少，但朋友多。

应该说，我的缺点反而成就了我。人，因为有了优点才可敬，有了缺点才可爱。如果缺点不可改变，那就要让自己的优点更多一些。这才是对待缺点的正确态度。（回答完毕）

另外一个考生，是一名副科级干部，准备报考正科级职务。他的答案是这样的：

【参考答案】 考官老师，我最大的缺点是说话比较直，不委婉、不隐瞒，口无遮拦，心里怎么想的就怎么去说。

这个缺点很容易得罪人。我曾经多次努力去改正，甚至一连坚持几个月，每天晚上自己给自己写检查，但是收效甚微。为此我非常烦恼。

两年前，在推荐副科级干部时，我的推荐票非常高，也顺利得到提拔重用。我很奇怪，去问领导怎么回事。领导对我说，你说话直，是缺点。但你做事也很直，不推诿扯皮，敢于担当，不藏奸、不要滑，是个老实人。所以领导和群众都信任你、推荐你。你的特点就是"直"，这是你的缺点也是你的优点，是你与生俱来的本性。本性是很难改掉的。当你的这个缺点改掉后，也许你相应的优点也改掉了。当然，作为领导干部，说话之前，应当谨慎一些，要三思而后言。这就需要在实际工作中磨炼提高了。

领导的这番话如同醍醐灌顶，从此，我不再为这个缺点烦恼了。因为，一把刀，假如它很锋利，它的缺点就是很容易伤人。但是，你愿意让它成为一把钝刀吗？

对于我说话直、容易伤人的缺点，我现在的办法是，在张口之前，先做几个深呼吸，等上个一两秒，说出的话就和缓、委婉多了。

这种方法，许多时候有效。但是，急起来的时候，我就会把这个方法忘到九霄云外了。我只能尽力去提醒自己、尽量按照这种方法去做。总而言之，不论如何，即使说直话可能要得罪人，我也坚决不能说违心的话，干违心的事。只要自己对得起良心、对得起党性就行了。

不求尽如人意，但求无愧我心！（回答完毕）

（二）求职动机和岗位匹配

几年前，县里公开选拔正副科级领导干部。笔者和前来求教的考生猜了几道题，并且根据每个人的不同特点、报考的不同岗位总结了不同的答案。幸运的是，真正的面试题和我们猜的考题大同小异，仅仅是具体措辞有差异而已。公开选拔中，很容易出这种求职动机和岗位匹配类题目。

例❶ 你为什么报考这个岗位？你认为你有什么优势？

一个女生报考了接待办主任职务。我们总结的答案或思路是这样的：

【参考答案】这道题，看起来包括两项内容，但对我来说，为什么报考和我有什么优势，其实是一项内容。

我报考接待办主任这个职位，有三个方面的原因和优势。

第一，岗位经验的优势。我在接待办工作已经十几年了，目前担任接待办副主任，对接待办的业务、人员、制度、方法、重点都较为熟悉。如果我能接任接待办主任，能够立即投入工作，不需要去熟悉磨合。

第二，性格心态的优势。我的性格比较乐观，很少因为外在因素的影响而改变。不管是领导在大众场合批评了我，或者是工作对象当众让我难堪，我都能够做到不卑不亢，情绪不会产生大的波动。我也喜欢和各种人群打交道，觉得很有意思，能够见识人生百态、做到人情练达。

第三，现实和热爱的优势。市委既然决定通过公开选拔的方式，来确定主任的人选，我也只能通过考试的方式参与竞争。我是接待办目前唯一的副主任，主任调离后，我主持接待办工作已经一年多了，许多人认为我会顺利接任主任这个职务。假如我考不上，就会面对许多的猜疑询问和流言蜚语。我这次是背水一战，已经没有退路可言，这是我最大的心理障碍，也是我抱定必胜信心的最大优势。同时，我在接待办工作这么多年，我也爱上了这项工作。对这项工作的热爱，是我干好这项工作最好的优势。（回答完毕）

一位考生想要竞争规划局局长的岗位。但是他在学校学的不是规划相关专业，也从未在规划局工作过。他之前长期从事宣传写作，是一个单位的副局长。他是这样回答的：

【参考答案】我报考规划局局长这个岗位，出于三个方面的考虑。

第一，我在副科级的岗位上已经10年了，这么多年一直在原地踏步。这次，市委给了我们这么好的机会，不论我是否能够考上，我都要抓住这次机会，我都要试一试，不能给自己留下遗憾。努力过，才不后悔！

第二，我长期从事理论研究和宣传写作工作，我也热爱我目前从事的工作。但是，读万卷书不如行万里路，阅书无数的同时，也更要阅人无数、阅事无数。工作环境的改变，能扩宽人的视野、增加人的阅历，能学到书本上学不到的知识。世事洞明皆学问，人情练达即文章。多去干些实事，才能做到知行合一。

第三，我想通过这次公开选拔，来看看自己到底有几斤几两。我认为自己具备一定的文化和理论素质，在工作历练中也有一定的工作能力和表达能力。在这次公开选拔中，我将通过竞争认识到我和其他人的优劣势所在。这是一次难得的挑战历练机会，不容错过。

关于我的优势，主要有三个方面：

第一，坚持学习的习惯。因为工作的原因，每天坚持学习和写作已经成了我的习惯。我不是规划专业毕业的，也没有从事过类似的工作。但是，"人非生而知之者"，人都是从不懂不会开始的，只要愿意学习，只要在干中学、学中干，都能干成。就像毛主席，他不是军校毕业的，但是他能够打败军校毕业、行伍出身的蒋介石。

第二，吃苦耐劳的作风。华罗庚先生说过："勤能补拙是良训，一分辛苦一分才。"目前不懂业务是我的最大劣势，但是只要想把工作干好，舍得投入，能够吃苦，甘于奉献，工作是能干好的。

第三，注重团结的意识。我先后在四个部门工作过，和领导同事的关系都不错。我的许多工作成绩，都是在他们的帮助下取得的，我能深深体会到团结同志、通力协作、借势借力工作的重要性。如果能顺利通过选拔，我将在熟悉掌握业务的同时，团结同志，发挥大家的智慧和业务专长，共同把工作做好。单位的一把手，具备领导能力、识人用人的能力才是最重要的。（回答完毕）

以上的答题方式，一般的机关和事业单位人员招录面试同样可以使用，上级机关从基层干部中公开选拔调动工作人员的面试也可以使用。如，在某地县委办公室和组织部工作人员的公开选拔中，也出了这道题。一个考生是这样回答的：

【参考答案】我报考市委办或组织部，主要出于三个方面的原因：

第一，为了有更加广阔的舞台。市委办、组织部都是市委的重要工作部门，都是很"体面"的部门。市委办是市委领导联系全市各级各部门的枢纽，服务上级机关、服务同级领导、服务下级组织，不能有一秒钟的停摆；组织部是党员之家、干部之家、人才之家，为各行各业提供了强大的人才、骨干支撑，这个部门自身就笼罩着神秘的光环，是许多人向往的地方。这两个部门都是出人才、出干部的地方。到这两个部门工作，工作舞台更广阔、进步的空间更大。

第二，为了进一步提升自己的素质。在这两个部门的工作人员，德才兼备，是全县的精英，都是经过层层选拔、精挑细选出来的。"鸟随鸾凤飞腾远，人伴贤良品自高"，和高手相遇，才能见贤思齐；和高手过招，才能审视自己；和高手为友，才能提升自己。这是最有效的提高自己的途径和方法。所以，我非常愿意融入这两个部门，成为其中一员。

第三，为了增加自己的经历阅历。世界那么大，我想去看看。我想具备更加丰富的人生阅历，想到这两个部门去"看看"，在新的环境中历练成长。组织上给了我这一次机会，我必须牢牢抓住，不容错过、不能后悔。

关于我个人的优势，主要有三点：

第一，我有一定的写作功底。平时，我比较注重读书看报，比较注重知识积累，经常写一些新闻信息和公文。这些，都是党委机关必备的基本功。

第二，我有一定的吃苦吃亏精神。领导让我加班，我从没怨言；同事让我帮忙，我从不推脱。我也经常安排自己加班，工作任务重，有时不加班是不行的。

第三，我有对这两个部门的向往和热爱。我对这两个部门有一些了解，因为了解，所以我比较热爱这些工作。可能我的素质能力还有些欠缺，但是，只要我愿意努力和付出，应该能顺利完成各项工作的。热爱和向往才是我最大的优势。（回答完毕）

例❷ **假如你顺利通过这次面试，走上了工作岗位。你将如何做好自己的本职工作？**

【参考答案】假如我走上了工作岗位，我将从以下几个方面做起：

一是熟悉情况，进入角色。我要立即了解我的岗位职责、业务范围，了解我们单位的主要职责和各项规章制度，了解我们单位的历史和主要业绩。同时，通过向报纸书本学习、向文件资料学习、向网络学习、向身边人学习等方式，快速掌握业务知识，缩短磨合期，迅速进入工作角色，起到独当一面的作用，决不能因为我的初来乍到而影响工作。

二是科学规划，自我定位。经过一段时间后，我要根据已经掌握的业务知识和对单位业务、人事等方面的了解，根据自己的性格特长，制订远期的人生规划和近期的工作计划，瞄准自己的目标方向，有条不紊地生活、学习和工作，不断提升自己的素质，实现自己的人生理想。

三是注重学习，提升自己。"非学无以广才。"我要树立终身学习的观念，不断接受新知识，不断丰富和完善自己。这一点非常重要。因为我发现，许多刚刚走上工作岗位的年轻人，刚开始都是充满雄心壮志的。可是，慢慢地他们都放松了自己，追求安逸贪图享乐，逐渐变得志大才疏、心雄手拙，不能适应工作和社会的要求。所以，我要接受他们的教训，一直把自己当成一名小学生，学习政策法律，学习理论业务，学习对自己有用的知识，只争朝夕，不负韶华。

四是吃苦奉献，历练自己。孟子说过："天将降大任于斯人也，必先苦其心志，劳其筋骨，饿其体肤，空乏其身，行拂乱其所为，所以动心忍性，曾益其所不能。"所以，我要不断涵养自己吃苦耐劳的精神、勇于拼搏的精神，把每一项工作当作平台，把每一个困难当作机遇，不断砥砺自己的意志、提升自己的境界，保持自己的初心，也保持自己的本色。

五是真心真情，做事做人。想要干好工作，离不开同事的帮助、领导的支持。所以，我要时刻保持谦虚谨慎、戒骄戒躁的作风，对事真心、对人真情，钟情岗位、激情事业，处理好和同事、领导、群众的关系，为实现我的理想目标，营造一个顺风顺水的人际环境，搭建一个坚实广阔的创业平台！（回答完毕）

凡是走到某个新岗位后如何做好本职工作的题目，上面的答案就是"万能答案"。大家想想是否如此？它能应对所有类似的题目。

如果题目中点明了具体的岗位，那就可以更有侧重、更具体地回答，这样效果会更好。毕竟"万能答案"和"万金油"差不多，可通用但并不是最好用的。假如你参加的是税务系统的定向岗位，就可以根据税务系统的特点，把回答的重点放在"学习税务业务""依法治税""处理好人情和法律的关系"等方面。假如你参加的是领导干部岗位的竞争面试，你的回答则要突出"四个意识""两个维护""两个确立"的内容，突出领导干部善于把控全局、善于管理等方面的内容。

学习、吃苦、带头、调查了解、廉洁自律、严于律己、处理好人际关系，这些是干好任何工作的基本要求，所以才能当作"万能答案"来使用。

例❸ 假如你考上教师岗位后，学校领导让你当班主任。这个班的整体成绩较差、捣乱的学生较多，教师们对这个班都很头疼。你如何当好这个班主任？

【参考答案】各位考官老师，我会这样去做：

第一，坚定信心，正确对待。学校领导把这样的班级交给我，可能是对我的信任和期望。但是最大的可能，是没有人敢于、愿意去当这个班的班主任了。让一个刚刚参加工作的年轻人去担当如此重任，这种做法是非常冒险的，也是无奈之举。既然到了这种程度，我也不需要有什么心理负担：事情发展到了最坏的地步，它就只能往好的方向发展了。物极必反、否极泰来，事情的发展规律就是这样。当然，这需要付出高昂的代价和极大的心血。我只需要尽心尽力去做就行了。这，未尝不是一个机遇。

第二，抓住重点，对症下药。我要首先了解这个班存在的主要问题、主要表现是什么，在统筹制订计划的同时，抓住主要矛盾，集中精力解决一两个关键问题，做到首战必胜；在学生方面，我要盯紧一两个表现格外活跃、影响力比较大的学生，以他们为突破口进行重点帮助。对他们发生的好的转变，及时进行表扬肯定，引导他们改正缺点，发挥典型引路作用，带动其他同学见贤思齐、积极向上。

第三，开展活动，树立正气。治理乱班，就像给人治病。不仅要祛邪，还要扶正。所以，我要按照中医辨证施治的原理，有针对性开展一些有意义的活动，让正能量的思想和风气占领阵地，把他们的心思和注意力转向正确的轨道上。

第四，加强沟通，形成合力。我要经常和学校领导、前任班主任、各学科教师沟通，形成分工协作、相互配合的工作机制；经常和学生家长沟通，共同做好重点学生的工作，从而稳扎稳打、步步为营、行稳致远，用自己对学生的爱，用自己对教育工作的高度责任感，彻底扭转班级的不良风气，让我的学生成为成绩优异、品德高尚、素质全面的可造之才。（回答完毕）

某地面向基层公开遴选政协机关工作人员，出了这样一道题：

例❹ 在社会上，有人这样评价政协机关的工作：**待遇不低责任小，工作清闲能养老。你是如何看待这种说法的？**

【参考答案】首先，这种说法是完全错误的，是一种不负责任的说法。最起码来说，这是一种以偏概全的说法，是一叶障目、不见森林的错误认识。我们应当旗帜鲜明地予以批判，理直气壮地予以驳斥。

社会上出现这种说法，主要有两方面的原因。一是历史的原因。过去，一些地方经常将临近退休的干部、健康状况较差的干部安排到政协机关中，错误地给政协机关贴上了"清闲""养老"的标签。二是认识上的原因。有些人对政协机关在我国政治社会中的地位和重要作用不了解，对政协机关的组织构成情况不了解，对政协机关的职责不了解，对政协机关的工作业务不了解。因为打交道少、不了解就想当然地认为政协机关是个清闲的单位。当然，作为政协机关，我们也应当认真剖析自身，深刻反省，我们政协机关是否或多或少存在这种现象，有则改之，无则加勉。

虽然这种说法是错误的，但是不可轻视，要立即尽全力予以澄清。首先，要从个人做起，正确认识政协和政协机关的工作；其次，要加大宣传，宣传政协机关的基本知识、主要任务，宣传各界别政协委员的先进事迹和突出成就，宣传政协机关在政治社会生活中发挥的作用；最后，要加强政协机关和委员的自身建设，以实际行动纠正、改变社会上的错误认识。

大家可能发现了，上面这道题，不是观点评析类面试题中的"一句话"题型吗？

是的。但是因为这道题是选拔政协工作人员的，需要考生对政协工作岗位进行认知评价，所以，也可以归类到求职动机和岗位匹配类题目中。

有些面试题，可以同时划归到不同类型的试题中。怎样回答都可以，只要你说得出个一二三，只要你回答得客观公正、积极正面就可以。

例❺ 假如你顺利通过这次面试，走上了工作岗位。但是，工作了一段时间后，你觉得你并不适应目前的岗位：难以完成领导交办的工作，经常觉得心神疲惫；工资待遇不高，仅仅能够满足温饱；或者你并不喜欢目前从事的工作，觉得从事其他工作可能会更好些。遇到这些情况，你会怎么办？

【参考答案】 第一，我要静下心来，乐观起来。我是一个刚刚走出校门，初出茅庐、初试啼声的毛头小子（黄毛丫头），能够通过比高考竞争还要激烈的公开招聘，进入体制内工作，已经十分幸运了。"人生哪能全如意，万事只求半称心。"参加工作后，遇到不顺心、不顺利的事情那也是很正常的。我必须正确对待，放平心态，不能让别人看到一个愁眉紧锁、唉声叹气的我。我要依然保持乐观向上的心态，这是很重要的一点。

第二，我要咬紧牙关，干好工作。不论我自己的感受怎么样，不论我工作是不是吃力，不论我的薪酬待遇是不是称心，我最需要做的是尽我最大的努力去工作，尽可能干好，尽可能不出纰漏。我要当一天和尚，就尽力撞好一天的钟。这是我的性格和本质，不能有丝毫的褪色和改变。

第三，我要分析原因，对症下药。我工作吃力，难以让领导满意，是我个人素质的原因？还是我初来乍到、业务不熟的原因？是我工作方法的原因？还是我个人工作标准较低的原因？我的工资不高，其他和我一样刚刚参加工作的人工资高吗？等等。我要认真分析原因。如果我能通过学习提高个人业务能力、改进工作方法，我就这样去做；如果我能通过勤奋吃苦、加班加点去学习和工作，我也就这样去做。青春是用来奋斗的，我不能在应当奋斗的年龄，去选择安逸和得过且过。

第四，我要实事求是，慎重选择。假如真的是因为我自身性格、能力等不可改变的原因，造成目前的被动局面，我会在咬牙坚持工作的同时，对我的人生再次进行规划。假如还有选择的可能，我会在不影响单位工作正常开展的情况下，选择更适合我的职业。假如走错路了，转身离开、另谋出路才是最明智的选择。这也是阳光和正能量的体现。（回答完毕）

以上这种回答，充满了积极向上的正能量：遇到困难，我乐观向上、不气馁，反省自己找原因；不会就学，干不成就想办法干成。反正，我是充满阳光、充满斗志的，我是"注定一生与天争"的人，"是一颗蒸不烂、煮不熟、捶不扁、炒不爆、响当当铜豌豆"。

这不是"万能答案"是什么？万能的，是自己的心态、方向。

再举一个例子。这个例子中包括三道题。

2022 年 8 月，河南省在农村支部书记中公开选拔公务员。一个参加面试的支部书记与笔者在备考时，共同研讨了三道相似的面试题。因为是专项选拔考试，这些面试题，也可归类为自我认知类中的"岗位匹配"类。

例❻ 2022 年以来，河南省委在全省农村开展了内容为"支部过硬星、产业兴旺星、生态宜居星、平安法治星、文明幸福星"的"五星支部"创建活动。

第一题，作为农村支部书记，你将如何做好"五星支部"的创建工作？

【参考答案】考官老师，"五星支部"创建工作，其实就是中央乡村振兴战略在河南的具体体现，是具体的、具有河南特色的落实措施。

抓好创建工作，必须按照中央提出的"乡村振兴"的二十字方针来做，那就是"产业兴旺、生态宜居、乡风文明、治理有效、生活富裕"。

根据我对"五星支部"创建工作的理解，结合农村工作的实际，我认为，要从以下几个方面抓起：

一是正确理解"五星支部"的含义和关系，科学制订工作规划。"五星支部"，看起来有五颗星，是分散的。其实它们之间是互为因果、相辅相成、密不可分、齐头并进的。任何一颗星的创建不够扎实，都会成为一个木桶的短板，不但会对其他四颗星的创建产生不良影响，也会导致整个"五星支部"创建工作的失败。在这五颗星里头，"支部过硬星"是核心，"产业兴旺星"是基础，"平安法治星"是保障，"生态宜居星"和"文明幸福星"是重要内容与表现。在深刻正确理解此项工作的基础上，要科学制订长远规划和年度计划，才能有条不紊、行稳致远、善始善终、善作善成地做好创建工作。

二是将自身建设放在首位，打造过硬的党支部。"村看村、户看户、群众看党员、党员看支部。"党支部是农村所有组织和工作的领导核心，是火车头。我要首先加强支部自身建设，健全完善各项制度，加强政策理论和相关知识培训，对支部成员和每个党员进行合理分工，通过干部包组、党员联户等方式明确每个人的责任，做到"一个支部一面旗、一个党员一颗星"，充分发挥支部的战斗堡垒作用和党员的先锋模范作用。同时，作为农村支部书记，我要严格要求自己，不断提高个人素质，冲在前头、做出榜样，敢于吃苦、甘于奉献，带动支部和全体党员投入创建工作中。

三是抓好"产业兴旺星"创建，带动整个创建工作开展。在产业发展上，我要同时抓好创业和就业两个方面，为党员和乡土人才提供广阔的发展创业平台，让他们在壮大产业、带头致富的同时，给更多的农民创造更多的就业机会，实现共同致富、缩小贫富差距。在"平安法治星"和"生态宜居星"的创建上，主要通过开展常态化的宣传培训、健全各种社会组织、健全各项规章制度和村规民约、开展经常性的"创先争优"活动等方式，结合全省开展的"三零"创建活动，让各项文明行为和习俗、让各项法律政策成为村民的习惯观念和自觉行为，在农村生根发芽、茁壮成长。

四是凝聚各方力量，共同参与"五星支部"创建。首先要取得乡镇党委政府和上级各职能部门的支持，用足用活各种政策和资源；其次要发挥农村在外工作人员和大中专毕业生的作用，鼓励引导他们"八仙过海，各显神通"，关心支持家乡的发展，积极返乡创业、发展产业。同时要发挥本村能人精英的作用，让他们人尽其才、才尽其用，为创建活动增砖添瓦。（回答完毕）

第二题，作为农村支部书记，如何做好"产业兴旺星"的创建工作？

【参考答案】 根据我对"五星支部"创建工作的理解，结合农村工作的实际，我认为，"产业兴旺星"的创建要从以下几个方面抓起：

一是明确工作重点，做好工作规划。要理解吃透上级的相关政策精神，根据本村的土地、资源、人口、产业习惯等实际情况，拿出初步的规划方案，在上报乡镇党委政府备案审查、广泛征求相关职能部门和专家意见建议的同时，召开支部会议、党员大会、村民代表大会等审议，征求汇总一家一户的意见建议，按照"三重一大"和民主集中制的要求，通过"四议两公开"的决策形式形成最终的方案。这样才能取得各个方面的认同和支持，减少创建工作的阻力，集中民智、形成合力，激发广大群众的参与积极性。

二是加强自身建设，建设过硬的支部。"村看村、户看户、群众看党员、党员看支部。"党支部是农村所有组织和工作的领导核心，是火车头。五星支部的五颗星里头，"产业兴旺星"是基础，"支部过硬星"是核心。没有党支部的坚强领导，整个创建工作将会成为空谈。所以，我要首先加强支部自身建设，健全完善各项制度，加强政策理论和相关知识培训，对支部成员和每个党员进行合理分工，通过干部包组、党员联户等方式明确每个人的责任，做到"一个支部一面旗、一个党员一颗星"，充分发挥支部的战斗堡垒作用和党的先锋模范作用。同时，作为农村支部书记，我要严格要求自己，不断提高个人素质，冲在前头、做出榜样，敢于吃苦、甘于奉献，带动支部和全体党员投入到创建中。

三是突出创建重点，采取科学措施。在产业发展和农民增收上，我要同时抓好创业和就业两个方面，为党员和乡土人才提供广阔的发展创业平台，让他们在壮大产业、带头致富的同时，给农民创造更多的就业机会，实现共同致富、缩小贫富差距。同时，特别重要的是，在目前的情况下，必须特别重视发展集体经济。发展集体经济的关键，是用足用活各项优惠政策。在农村人才匮乏、基础薄弱的条件下，在最初起步的时候，我们是挣得起赔不起的。一旦赔了钱，就会让群众产生怀疑，失去信任。所以，我要注重充分利用现有的各项资源，把资产变成资本、把资金变成股金，稳扎稳打、步步为营，积小胜为大胜，用时间换发展的空间，不断积累集体财富、培养乡土经营人才。等到条件成熟，我们才能化蛹成蝶，实现快速的发展壮大。

四是凝聚各方力量，共同参与创建。首先要取得乡镇党委政府和上级各职能部门的支持，用足用活各种政策和资源；其次要发挥农村在外工作人员和大中专毕业生的作用，鼓励引导他们"八仙过海，各显神通"，关心支持家乡的发展，积极返乡创业、发展产业。同时要发挥本村的能人精英的作用，让他们人尽其才、才尽其用，为创建活动增砖添瓦。（回答完毕）

第三题，作为农村支部书记，如何做好"支部过硬星"的创建工作？

【参考答案】根据我对"五星支部"创建工作的理解，结合农村工作的实际，我认为，要从以下几个方面抓起：

一是抓好自身建设。"村看村、户看户、群众看党员、党员看支部。"党支部是农村所有组织和工作的领导核心，是火车头。我要首先加强支部自身建设，健全完善各项制度，结合全省目前正在开展的"能力作风提升年"活动，加强政策理论和相关知识培训，对支部成员和每个党员进行合理分工，通过干部包组、党员联户等方式明确每个人的责任，做到"一个支部一面旗、一个党员一颗星"，充分发挥支部的战斗堡垒作用和党员的先锋模范作用。同时，作为党支部书记，"打铁还要自身硬"，我要严格要求自己，不断提高个人素质，冲在前头、做出榜样，敢于吃苦、甘于奉献，带动支部和全体党员投入到创建中。

二是明确工作重点。五星支部，看起来有五颗星，是分散的。其实它们之间是互为因果、相辅相成、密不可分、齐头并进的。在这五颗星里头，"产业兴旺星"是基础，"支部过硬星"是核心，"平安法治星"是保障，"生态宜居星"和"文明幸福星"是重要内容与表现。所以，我要在壮大支部自身建设的同时，首先抓好"产业兴旺星"的创建工作，让群众得到看得见摸得着的好处。不然，我们支部就会失去群众的信任和支持，群众就会失去参与创建工作的动力。

三是凝聚各方力量。我要注重发挥党支部统揽全局、协调各方的作用，充分利用一切可以利用的资源，凝聚四面八方的力量抓好创建工作。首先要取得乡镇党委政府和上级各职能部门的支持，用足用活各种政策和资源；其次要发挥农村在外工作人员和大中专毕业生的作用，鼓励引导他们"八仙过海，各显神通"，关心支持家乡的发展，积极返乡创业、发展产业。同时要发挥本村的能人精英的作用，让他们人尽其才、才尽其用，为创建活动增砖添瓦。

四是科学谋划布局。"五星支部"创建工作，其实就是中央乡村振兴战略在河南的具体体现，是具体的、具有河南特色的落实措施。"五星支部"的五颗星，其实是五位一体、密不可分的。任何一颗星的创建出现短板，都说明党支部的建设不过硬，都说明我这个支部书记不称职。抓好创建工作，必须把"支部过硬星"放在首位，贯穿到"五星支部"创建的全过程和方方面面，要用其他四颗星的创建成果来衡量党支部自身建设的水平；党支部的自身建设，也必须按照中央提出的乡村振兴战略的二十字要求来做，那就是"产业兴旺、生态宜居、乡风文明、治理有效、生活富裕"。

只有这样，才能取得"支部过硬星"的创建成功，才能实现五星闪亮、齐头并进。（回答完毕）

上面三个参考答案，因为都是站在农村支部书记的角度来阐述的，所以三个答案中的许多内容是相同的。

面试没有标准答案，只要你言之有物、说得头头是道就行，只要符合你的身份要求就行。

自我认知类题目，到这里就可以了，不需要举例说明了。我们总结一下这类题的规律：

一是说真话，用真情。不是所有的真话都可以说。比如"我的缺点是好吃懒做"，"我曾经因为争风吃醋和同学打架，被全校通报批评"，这些能在面试考场上说吗？切记：真话不全说，假话全不说。要有选择地去说真话。说真话才能用真情，用真情才能说好真话。有了真话，你说的话自然会饱含真情，真情就可以动人。

二是举实例，带感情。光议论和抒情也不行。可以讲一个简短的小故事，可以讲亲身经历的小事，其中有色彩、有数字、有动词等，"色香味俱全"，具体生动形象。这样，同样可以做到"以情动人"，感动自己，打动考官。

三是扬正气，有激情。在内容上体现正能量，用正能量去涵养自己、感动考官。"一人向隅，满座不欢"，负能量的话，即使是无比正确、现实存在的，也会让人灰心丧气。不但内容要体现正能量，考生自身的声音、动作、状态也要充满浩然正气，让考官感受到你满满的正能量，他们的情绪就会被调动起来。

四是有信心，有作为。任何时候都不能放弃希望，任何时候都要精神焕发、斗志百倍；任何时候都要主动作为，遇到困难的时候，想方设法去逢山开路、遇水搭桥。不能自怨自艾，不能怨天尤人，不能自暴自弃，不能无所作为。一句话，不能躺平！

七、综合复合类

综合复合类题目，就是在一道题中，包含了两种以上的解题思路，即把两种以上题型的特点综合起来。这种题目的内容，往往是现实工作和生活中经常遇到的实际问题，近年来在面试中出现的频率越来越高。

这类题看似有一定的难度。但是，如果我们能真正掌握理解其他类型面试题的规律，就会发现，这类题其实也很简单。题中包含了几类题型的特点，就分别按这几类题型的解题规律回答就可以了。

例❶　　你单位开展一项活动，有两项议程，第一是嘉宾发言，第二是实地观摩。但是前几位嘉宾发言都超时了，到准备实地观摩的时候，还有一半的嘉宾没有发言。作为活动的主持人，你该怎么办？

本题既属于应急事件类，因为事情需要马上解决，立即做出决断，不然会造成不良后果；也属于人际关系类，因为一旦停止发言，势必让尚未发言的嘉宾难堪。但是，如果不停止发言，又会影响下一项议程的正常进行。

"家有三件事，先从急处来"，保证活动正常进行是首要任务。因此，应该先回答这一点——

首先，完成工作。必须保证第二项议程按时、按计划进行。不能让余下的嘉宾发言，是很不礼貌、不尊重人的做法。但是，保证工作的正常开展是最重要的。作为主持人，我已经犯了一个错误，不能再犯另一个错误了。所以，我必须立即停止发言程序，开始进行实地观摩。

可是，那些尚未发言的嘉宾，应当如何对待呢？如何给在场的参会人员一个合适的交代呢？如何采取补救措施呢？到了处理人际关系的时候了。消除隔阂和矛盾的最有效的方法是真诚有效地沟通。因此，下一步，可以这样回答——

其次，真诚道歉。不能生硬地停止发言，要当场向没能发言的嘉宾鞠躬道歉，承认自己的过失，请求他们的原谅，说明必须停止发言的原因。同时，也要向所有参会的人员真诚道歉，告知未发言的嘉宾和所有参会人员，我们会采取补救措施，会后要把没能发言的嘉宾的发言材料打印成册，发放给所有参加会议的人员。

真诚地道歉，是沟通的一种方式。但是，如何对待自己所犯的错误呢？如何亡羊补牢，不再犯此类错误呢？反思、整改都是很必要的。凡是对待错误，面试答案的最后一段，都应该包含此类内容——

最后，总结反思。事后，要如实向领导说明情况，承认错误并接受处理。同时，要在这次会议精神的贯彻落实中，对没能发言的嘉宾的书面发言材料的发放情况进行跟踪管理，保证他们的发言内容通报到参会的每一个人，起到应该起到的作用。更重要的是要认真反省，要反省会议发言时间控制上的漏洞，反省会议议程和方案上的不足，把这次会议的教训变成以后工作的垫脚石，而不是绊脚石，保证在以后类似的会议中，不再犯同类的错误，不断提高我们的工作质量。（回答完毕）

例❷ 假如你是上级机关派驻农村的第一书记。在乡村振兴战略和美丽乡村建设中，你所驻村的党支部书记和村委主任在工作思路上不一致，导致一些工作计划难以落实。你该怎么办？

这道题涉及人际关系的处理。但人际关系类题目，是"我"处在矛盾的漩涡中，需要"我"去处理"我"与他人之间的矛盾。这道题，则需要"我"去处理他人之间的矛盾。

需要"我"亲自去处理、落实一件事情，是什么类别的题目？计划组织类和应急事件类。本题中发生的事情，必须快速处理，但又不是特急事件。人际关系中的矛盾的处理，有时候操之过急会适得其反。这件事情有些棘手。怎么办？

凡是有难度的、让人望而生畏的工作，首先必须做到的就是具备"一切反动派都是纸老虎"的正确态度，具备"虽千万人吾往矣"的大无畏精神——

第一，正确对待，坚定信心。矛盾是无处不在的，矛盾是社会发展进步的动力和源泉。毛泽东同志说过：有人群的地方就有矛盾和斗争。作为一名干部，就是来解决矛盾和问题的。同事之间、干部之间因为工作出现了矛盾，出现了意见分歧，是常见的现象，可以理解，不必大惊小怪。我们只要正确面对、认真解决就行了。并且，乡村振兴战略、美丽乡村建设是国家的大布局、大战略，坚决不能因为干部之间的意见分歧而阻力重重，难以落实。

凡是面对矛盾和困难，既要有正确的态度，更得有正确的思路和做法。分析问题、查找原因就是必须进行的——

第二，冷静分析，查找原因。我要先将他们的意见进行分析对比，找到矛盾的根源。然后和上级政策、群众需要、本村实际结合起来进行分析判断，对他们正确或错误的部分做到心中有数。同时，要通过各种方式征求群众的意见，从群众的意见和评价中找到正确的答案。

思想是行动的先导，理论是实践的指南。接着就该"真诚沟通""请人帮忙（借力借势）"了——

第三，牵线搭桥，化解矛盾。我要在合适的场合和时机，以合适的方式让他们理解上级政策和群众意见，亮明自己的观点，让他们相互沟通，求同存异，通过民主公开等法定程序把他们个人的意见统一到国家政策、本村实情和大多数群众的期望上来；通过"三重一大"的决策程序，形成一致的意见，共同把工作干好。如果有必要，我还可以邀请村里辈分较高、德高望重的群众和干部帮助我做好相关工作；万不得已的时候，我要向乡镇党委政府的领导汇报此事，请求他们的帮助。

问题得到解决了，以后会不会再次出现呢？如何进一步发挥"我"的作用呢？对待不应该发生的事情、负面的事情，回答的最后一段，应该是"如何避免此类事件再次发生"——

第四，以身作则，规范管理。作为上级下派驻村的第一书记，我代表着上级机关的形象和素质。我要发挥自己年纪轻、有学历等优势，在工作中先走一步，深想一层，棋高一着，用自己的实际行动树立上级机关良好的形象和权威，用自己的言行去影响他们带动他们，引导他们凡事多商量，多学习上级政策，多听群众意见，做决策办事情一定要按照"三重一大"的程序进行，利用一些可以利用的资源，团结一切可以团结的力量，心往一处想，劲往一处使，让乡村美丽起来、富裕起来、文明起来、繁荣起来，让群众脸上的笑容多起来。（回答完毕）

这道题可以有各种各样的答案。但是，不同的题型是有着各自的回答思路、规律和重点的。

本题的第一个思路，是计划组织类的"事前—事中—事后"：事前（第一，正确对待，坚定信心；第二，冷静分析，查找原因）—事中（第三，牵线搭桥，化解矛盾）—事后（第四，以身作则，规范管理。其实是总结反思后采取的措施）。

第二个思路，是人际关系类："第三，牵线搭桥，化解矛盾"，其中最重要的方法是通过沟通消除隔阂、借助各种力量化解矛盾。

第三个思路，是计划组织类、应急事件类和人际关系类共有的思路了。在回答的最后一部分，是拓展延伸、升华提高的内容：如何提高自己、如何总结反思、如何让不好的事情不再发生、如何让事情以后办理得更好或发展得更好。

人生的经历和磨炼，是书本知识不可代替的。如果考生有了一定的阅历和经验，不需要参加任何培训班，就可以答得非常接地气，比面试专业人员总结的答案和思路更实用、更精彩。

例❸　一天，突然有几十名群众拥到镇政府门前上访。他们反映的问题是：他们村所在的地方，有一处山体出现裂缝，随时会发生山体滑坡。他们向村"两委"干部和镇政府主管此事的副镇长反映十多天了，但还是没有人去解决这个问题。假如你也是一名副镇长，但是不负责此项工作。面对群众的诉求，你怎么办合适？

这是应急事件类的题目，既有"天灾"——山体出现裂缝、可能发生山体滑坡，也有"人祸"——出现了群体事件，可能隐藏着人为的失职渎职事件。这也是人际关系类题目，牵涉到你和主管副镇长、村"两委"干部甚至党委书记、镇长之间的关系。怎么办？面对此事，根本不容许你考虑那么多，首先需要做的就是保证群众的生命财产安全——

第一，马上把群众转移到安全地点。不论上访群众反映的事情是否完全属实，不论是不是有夸张的成分，我都要本着对群众高度负责的态度，现场办公，立即当场给村干部打电话询问，让他们马上赶到现场去勘察实际情况。如果情况属实，就立即启动应急预案，立即对山体进行除险加固，同时将危险地段的群众和财产转移到安全区域。

下面，就需要处理一群人来到镇政府上访的事情了。虽然领导没有让"我"负责处理这件信访事件，但"我"是第一个遇到这件事情的人，按照目前流行的"首问负责制"，"我"应当有个妥当的做法。所以，"我"需要按照应急事件类答题思路去做，需要"控制局势，防止事态进一步恶化"——

第二，做好群众思想工作。当着群众的面，以实际行动对他们的诉求进行回应，群众的激动情绪应该平稳了不少。这个时候，我要趁热打铁，代表党委和政府真诚地向他们道歉，进一步向他们表明党委、政府解决问题的信心和决心，劝他们立即离开镇政府，赶回村里和干部群众一起，做好抢险救灾相关工作。

这件事情不是"我"负责的。"我"之前向村干部安排工作，是事急从权。此事还是靠主管此事的副镇长和镇党委书记、镇长，甚至上级相关部门来解决。"我"之前的行为虽然是正确的，我当了个"好人"，却会让主管此事的副镇长处于被动尴尬境地。如果沟通处理不当，可能会影响我和主管副镇长之间的关系，甚至影响工作的开展。所以，下一步，是要按照人际关系类题目的思路进行有效沟通，避免产生隔阂——

第三，与相关领导和部门沟通汇报。我要和主管此事的副镇长沟通，说明目前的实际情况，特别是要以委婉客气的口气向他解释：因为情况紧急，自己已经安排村干部去开展相关工作，对自己的"越俎代庖"行为表达歉意。同时，提醒他立即向党委书记、镇长和上级应急部门反映情况，请求帮助，并且尽快赶到现场开展工作，避免发生重大事故。

做到这一步，"我"已经尽到了自己的责任，这件事情可以结束了。但是，作为一名全心全意为人民服务的党员干部，作为一名高素质的公职人员，"我"应当本着对群众高度负责的态度，多想一层、多走一步，按照计划组织类、应急事件类的答题思路，在处理完一件具体事情后，还必须认真总结反思一番，防止此类不好的事情再次发生——

第四，对此事进行跟踪了解。群众离开之后，假如主管副镇长和村干部能按照我之前的建议和相关规定，让此事得到了有效解决，那就再好不过了。如果事情没有得到较好解决，我就只好直接向镇党委书记、镇长或者上级部门汇报此事，让他们尽快介入此事，并且在全镇范围内对此类事件进行全面的排查处理。这样做可能会得罪主管副镇长，但是人民利益至上，群众的安稳冷暖才是最重要的事情。我这样做，无愧于心、无愧于党、无愧于民。（回答完毕）

某地的市委办公室、组织部从基层公开选拔工作人员，出了这样一道题：

例❹　有人说，市委办、组织部是年轻干部的摇篮，"近水楼台先得月"，和领导接触的机会多，提拔的机会多，进步快，能去这两个部门工作最占便宜；也有人说，这两个部门工作纪律严、标准高、压力大，经常加班加点、经常受领导批评，还不如在市直局委轻松愉快。你是怎样认为的？

这道题可以划归为观点评析类。因为，这道题让你对题目中的观点进行评析。并且这道题可以分别按照"一句话""一件事""一种现象"三种小类的"万能思路"和"万能模式"来回答。

这道题也可以划归为自我认知类，因为这道题主要是考查考生的价值观和性格，同时考生需要对具体的岗位特点进行认识评价。

我们试着解析一番。

首先，我认为这两种说法，都反映了一些现实。但是他们的观点，都是不正确的。

上一段的回答内容，对应了"一句话"类回答思路：解释了"这句话"的基本含义，对题目中的话进行了简单整体的评价。对应了"一种现象"类回答思路：是什么，相当于提出问题，进行简单评价。

第一种观点，认为这两个部门的干部提拔快，是因为部门的原因。虽然现实中确实有这种现象，但是，这种观点混淆了其中的因果关系。这些干部，不是因为在这两个部门工作，才有更多的提拔进步机会。而是因为他们自身优秀，之前已经具备被提拔重用的基础条件，才能到这两个部门工作，才能有更多的接触领导的机会。

第二种观点，认为这两个部门的工作太辛苦，不值得去。我认为，说这话的人，人生观和价值观是不正确的，是负能量的。青春是用来奋斗的，年轻干部应该像习近平总书记说的那样，在实践中经风雨、见世面、壮筋骨、长才干，应当只争朝夕、不负韶华。幸福不会自己来敲门。没有奋斗，哪来的幸福？这种年纪轻轻就只图安逸享受的人，一辈子注定碌碌无为。这些人的观点，恰恰印证了第一种人观点的谬误：这两个部门的干部提拔进步快，不是沾了部门的光，而是吃苦吃出来的，是吃亏吃出来的，是撸起袖子加油干出来的。他们的成功，是"梅花香自苦寒来"！

我认为，说这两种话的人，都是精致的利己主义者，都是"躺平""躺倒"的人。

他们有这两种错误的观点，有他们自身的原因，有家庭和学校的原因，也有社会上错误认识引导的原因。如果不纠正他们的错误认识，将会在社会产生不良影响。

以上四个段落的内容，对应了"一句话"类回答思路：对这句话进行引申解释，并进行深入解释评价。也对应了"一种现象"类回答思路：为什么，分析问题。

以上的所有段落，对应了"一件事"类回答思路：第一，甲方的观点如何；第二，乙方的观点如何。对市委办、组织部这两个部门岗位的特点进行了评价，阐述了自己的正确认识，所以，囊括了自我认知类题目中两小类的相关特点。

作为新时代的年轻干部，应当从个人做起，树立正确的人生观和价值观，从而影响身边人，改变身边人的错误观点；作为各级党委、政府，各种媒体、学校，都应该加强社会主义核心价值观的宣传引导，加大政治思想教育力度，从娃娃抓起，从方方面面抓起，让现代的年轻人传承优秀传统文化，赓续红色血脉基因。如此，个人才能有精彩的人生，国家才能有长远的未来，民族才能有复兴的希望。

上一段对应了"一句话"类回答思路：我们应该怎样去做。对应了"一件事"类回答思路：第三方应当如何去做，我、我们、社会、政府应当怎样去做。对应了"一种现象"回答思路：怎么办？这段内容再次表明了个人的积极向上的性格特点，凸显了视野广阔、境界高远的格局认知。所以，也可算是自我认知类题目的回答内容。

综合复合类题目，如果说有"万能答案"的话，就是其他类型题目的"万能答案"的简化综合。端正态度、分析反省、借力借势、真诚沟通、对党尽责、为民奉献、心怀国之大者、阳光积极、志存高远之类的思路和关键词，仍然是此类题目的"万能思路""万能规律"和"万能关键词"。

无论解决任何问题，从事何种工作，最重要的品质和方法，就是这些关键词本身的含义。

做人做事其实很简单，做官同样如此。世界本身很简单，是人太复杂了。简单做人，就能"以不变应万变"。

八、一题多问类

一题多问类题目，也有的培训机构称之为给定材料类题目，即给你一段相对较长的材料，让你从多个侧面和角度去回答。这段材料，可以是一个事件、一种现象、一个故事、一种理念、一句名人名言甚至是一个成语。这种题型，最近几年频频出现在各类各级面试中。

这类题看似很"高大上"，让人感觉较为复杂，回答难度较大，其实并不然，你把它的每一问，都当成一道独立的面试题回答就可以了。我们还是先举例说明。

例❶　在近几年的脱贫攻坚、乡镇振兴等各项工作中，上级经常委托"第三方机构"对基层的工作成效进行评分排名。这些"第三方机构"，往往是一些社会民营机构或各类高校的下属工作机构，它们的工作成员往往是在校大学生或者刚刚毕业的大学生。他们入户调查时，往往把大部分精力用在档案资料和版面的核对检查上，或者这样询问群众：你家的工资性收入有多少？金融性收入有多少？资产性收入有多少？……群众根本听不懂他们在说什么，也不愿意听他们说；基层干部认为这种检查方式是"胡来"，不能客观反映基层工作的实际效果。

根据以上信息，请你回答以下问题：

1. 你是如何看待理解"第三方机构"的？

2. 上级委托"第三方机构"去工作，你是如何看待这种做法的？

3. 假如你遇到"第三方机构"这种不切实际的做法时，你会怎么去对待？

参考答案及解析如下：

先回答第一问，对"第三方机构"如何看待理解。

"第三方机构"，目前尚未有权威机构下一个明确的定义。但顾名思义，就是与甲乙双方互不隶属、平时没有利益牵涉的相对独立的一方机构。甲乙双方在合作一个项目，或者甲方作为主导方对乙方进行测评、鉴定、评估、考核、审计等专业性比较强的工作时，为了提高工作效率，保证结果公平公正，保证工作过程不受其他因素干扰，往往会将这些专业性较强的具体工作委托给"第三方机构"去办理。因此，"第三方机构"必须具有较强的独立性、专业性、技术性、权威性和社会认可度，具备法人资格和专业资格。

以上答案仅仅是对"第三方机构"下了个定义，紧接着阐明了它的作用和特点。如果没有后边的两问，可以把后面两问的答案糅合到第一问中去。这样的回答更全面，更贴合社会实际。但因为后面还有两问，所以，在本题中，答到这里就可以了。不然，后两问就无话可说了。

接着回答第二个问题，对上级委托"第三方机构"开展工作的看法。

近些年来，委托"第三方机构"已经成了政府机关常见的工作方法和行为方式。这都是政策法律允许的，也起到了一定的积极作用。

第一，"第三方机构"对乙方或者下级来说，是相互陌生的，能够避免人情关系的干扰，避免暗箱操作，在一定程度上能避免行贿受贿等腐败行为现象的发生；第二，"第三方机构"的介入，能让政府机关从繁杂的具体事务中解脱出来，集中力量办大事，并且能站在"第三方"的角度，正确看待评价自己和下级的工作成效；第三，专业的事情应当让专业的人去干。政府委托"第三方机构"工作，就做到了这一点。

但是，凡事有利就有弊。不是所有的工作都适合委托"第三方机构"去做，只有比较敏感的、专业性较强的工作才适合。现实中，有些政府机关，为了回避推脱矛盾，为了偷懒图清闲，花钱委托"第三方机构"的做法，就是错误的。假如委托的"第三方机构"条件资质不合格，也会带来不良的后果。这些，我们都应该正确、辩证地去看待。

第二问实际上是独立的"一种现象"类题目。

首先，回答了"是什么"，对这种做法作了简单评价。

其次，回答了"为什么"，从三个方面，阐述了上级委托"第三方机构"的三个原因和好处。另外，也阐述了其中的弊端和原因。

按理来说，应该还有第三个层次的阐述，就是关于我们该"怎么办"的阐述，但上述的参考答案没有这内容。因为，这道题还有第三问。假如把第三问的答案加进来，恰好就是一道观点评析类面试题的完整答案了。

最后回答第三个问题，在面对"第三方机构"不切实际的做法时，"我"会如何应对。

题目中列举的现象，现实中确实存在。

这说明上级政府委托的这个"第三方机构"，对农业、农村、农民是不了解的，是不接地气的。

假如我遇到了这种情况，即使我如何的不满，当时都必须冷静下来，以委婉的方式对他们进行提醒，提醒他们用群众听得懂的语言和群众交流，提醒他们应当重点了解工作的实效，而不是把精力和评价标准放在各种版面与档案资料的规范上。

同时，我要立即通过正常的渠道，逐级向上级主管部门，也就是委托"第三方机构"的甲方反映存在的问题，建议他们对"第三方机构"的做法进行纠正规范，避免出现不公正的评估结果，影响基层干部群众的工作积极性，偏离正确的工作导向。

委托"第三方机构"的做法，虽然有弊病存在，目前也有一些人为的不完善的因素，但这种做法有其合理性和存在的必要性。今后，这种做法可能还会越来越多，我们要在实践中不断完善它，扬长避短，让具体的做法更加实际实用，让结果更加公平公正；下级和基层在面对这种做法的时候，应当去适应它、接受它，而不是抵触它、排斥它。

总的来说，委托"第三方机构"的做法，仅仅是一种工具、做法而已。只要它的目的是正确的，我们需要做的就是把好事办好、把实事做实，将它做得更好而已。（回答完毕）

第三问如果作为一道单独的面试题，它既是突发应急类题目，也是人际关系类题目。所以，这一问也是按照这两类面试题的思路回答的。这里不再详述，大家很容易就可以看得出来。

这一部分的最后一个自然段，是对整道题目的综述，也是对第三问的总结。

例❷ 近年来，一些地方把许多工作列为"中心工作"，把这些工作责任分解到每个机关事业单位和公职人员身上。比如，在创建卫生城市中，让每个机关事业单位分包几个社区楼院，为社区楼院配备、更换果皮箱和垃圾桶；设立宣传版面。定期组织公职人员去打扫卫生、清运垃圾，清理墙壁、电线杆和楼道中的小广告。比如，为了推动城市集中供暖工作，有的地方要求公职人员必须带头缴纳集中供暖接口费，同时要求各单位组织公职人员每天到责任区内开展宣传工作，深入到一家一户中做群众思想工作。上级每天或每周对此项工作进行通报，对完不成指标任务的进行通报批评，采取各种惩戒措施。比如，有的地方因企业扩建，需要对企业的周边村进行拆迁安置。地方政府同样采取分指标的方式，将工作任务分解到辖区所有机关事业单位和公职人员的身上。一些单位每年需要将大部分的时间精力用在这些"中心工作"上，同时需要参与多项"中心工作"；一些公职人员也颇有怨言，认为干了自己不应该干的事情，"种了别人的地，荒了自己的田"。

根据以上信息，请你回答以下问题：

1. 你对材料中的这些现象是如何看待的？

2. 你的同事小王因为参与"中心工作"过多，导致自己分管的业务工作没能如期完成，受到了领导批评。他来向你诉苦，你该怎样劝解他？

3. 假如单位领导让你组织机关的公职人员去参与上级的一项"中心工作"。你如何组织？

参考答案及解析如下：

先回答第一个问题，对这种现象的看法。

就如题目中所说的一样，这种现象在某些地方是存在的，在个别地方是十分突出的。这种现象不能简单地说它是好或是坏，是正确或是错误，不能一概而论，而应该具体问题具体分析。

这种现象和做法的实质，是把凡是工作量较大的、难度较大的工作都通过上级党委和政府的安排，把责任目标量化分解到所有的公职人员、由财政发工资的人员身上。和社会其他阶层的人相比，公职人员更听话、更容易管理。这种做法，工作力度大、任务推进快、社会影响大。

但是按照工作规律来说，"中心工作"不能过多。同一段时间内，把一项最重要的工作作为"中心工作"就行了。特殊情况下，顶多再有一两项工作可以作为"副中心工作"来抓。如果"中心工作"过多，那就不是"中心工作"了，那是在思路不清、重点不明的情况下打乱仗。

从工作的内容性质上来说，只有全局性的工作，阶段内难度大、时间紧的工作，才能被列为"中心工作"。否则，就是不正确的。材料中列举的那些所谓的"中心工作"，只不过是某些职能部门为了强调自己工作的重要性，且贪图清闲、推卸责任，通过上级把矛盾和责任分摊到其他各个部门身上，让公职人员承担原本不应该承担的责任。

就题目中列举的现象来说，创建卫生城市的任务量很大，是一项社会化的工程，可以列入"中心工作"，可以通过网格化的方式让各单位的公职人员参与。但是，社区楼院内创卫经费的投入、楼道内的卫生扫除之类工作，应该由街道办事处和环卫部门来负责，而不应该由分包单位及其公职人员承担。至于集中供暖接口费的收缴、企业占地的拆迁，可以列入当地党委政府的"中心工作"，可以让相关主管部门和企业所在地的基层政府集中精力去做，但把责任分摊到辖区内各个部门的公职人员身上，就显得不够妥当了。

总之，题目中列举的这些现象和做法，可以说是"让人欢喜让人忧"，需要进一步规范和改善。是不是适合采取这种做法，关键是在工作开展之前，要经过充分的论证，要广泛征求群众和各部门的意见建议，要考虑到各部门的承受能力和行政成本，要把政策法规挺在前面，把群众的利益作为支撑点，千万不能搞"形象工程""政绩工程"和"盆景效应"。

第一问可以作为一道观点评析类面试题来回答：第一，简单地去评论它——"是什么"；第二，进一步深入地分析它——"为什么"；第三，也就是最后一个段落——"怎么办"。

接着回答这道题目的第二问：

首先，我会安抚他，让他从沮丧的情绪中解脱出来——小王啊，来，先喝口茶，这是朋友从信阳捎来的毛尖，香得很哪！别生气，也别郁闷，世界上哪有不委屈的人，哪有不委屈的工作？上个星期，我不也是被领导凶了一顿吗？咱们这是难兄难弟啊！（喝茶，是为了转移他的注意力；说自己也受到批评，是为了让他"遇到知音"）

其次，我会站在我和领导的角度，分析他受批评的原因，让他去理解领导，从而释然——我刚受批评的时候，也心里不痛快，觉得领导不讲理，不理解下属。后来想了想，我受批评是必然的、应该的。现在"中心工作"越来越多，节奏越来越快，群众的要求也越来越高，上级党委政府怎么办？只能把这些任务分解到各个单位身上。我们这些公职人员不干谁去干？这就叫作为党分忧、为民奉献吧?！习近平总书记说的"用干部的辛苦指数，换取群众的幸福指数"，是很有道理的。目前，处在一个特殊的时期，这也是没办法的事。再说，领导要比我们难多了，咱单位任何一项工作搞不好，他就要承担责任。他需要开的会议有多少？每天需要接待多少群众？需要批阅多少文件？需要思考安排多少工作？他不也经常被大领导批评吗？我们有点受不了，可能是平时领导没有批评过我们，我们不习惯。再说，工作没完成，受点批评难道不应该吗？想到这里，我就不生气了。你也别生气，没有一个人过得容易。

最后，我会帮助他从自身找原因，振奋精神，想办法做到业务工作和"中心工作"两不误——我最近也在想，怎么能既干好"中心工作"，又不耽误咱们的业务工作。想来想去，一是每天晚上睡觉前，把各项工作捋一捋，根据上级的安排和咱们业务工作的特点，排好日程和先后顺序，把"中心工作"摆在首位，"忙里偷闲"去干业务工作，这样的话效率就比较高。二是加班。虽然社会舆论都反对加班，但那是对其他社会阶层而言，咱们是党员，是干部，讲究的是奉献，是吃苦吃亏。"革命战士是块砖，哪里需要哪里搬。"军人的业务是打仗，不是种地纺棉花。可是抗日战争时期，他们不是既要打仗，又要开展大生产运动吗？他们那时候，要比我们辛苦多了，哪来的周末和节假日？能活下来就相当幸运了。以后，你加班，我也加班，陪着你，咱俩都不寂寞。就这样吧。今天我请客，咱们去吃烩面。走！（回答完毕）

第二问可以当作情景模拟类面试题中的劝说演示类题目来回答：先安抚情绪—再分析评价—最后引导鼓舞。

最后回答第三问：

组织好这项活动的关键，是解决单位公职人员的思想问题，消除他们的厌战心理，提高他们参与"中心工作"的积极性和主动性，同时做到

"中心工作"和本职工作两不误。

因此，在此项工作的筹备阶段，我首先要进行深入宣传动员，特别是做好单位骨干分子的思想工作，让他们带头参与、积极表现。在此基础上，我要筹备好动员大会，起草好工作方案和领导讲话。在动员大会的议程中，安排好积极分子表态发言，感染带动所有公职人员放下包袱，轻装上阵。同时，要将所有公职人员分成几个小组，明确相应的负责人，明确工作标准和激励奖罚措施，进一步增强所有人员的积极性和主动性。

在"中心工作"的开展中，我要建立工作通报制度，对工作进展快、效果好的个人和集体进行表彰，对好的做法和经验进行总结推广；对因为"中心工作"和业务工作出现冲突而不得不加班的同志，按照相关规定及时兑现加班补助，让他们劳有所得、多劳多得。作为此项工作的牵头负责人和组织者，我要在安排部署、督查指导的同时，躬身入局、率先垂范，甩开膀子、干出样子、树立标杆，带着大家干、干给大家看，让他们"跟我上"，而不是"给我上"。同时，我要邀请单位领导到工作现场进行指导慰问，解决同志们工作生活中的实际困难，进一步鼓舞士气、激发干劲。

"中心工作"结束后，我要根据工作表现和实际效果，对相关人员和集体进行表扬或表彰。对表现特别优秀的同志，特别是业务工作和"中心工作"两不误的同志，建议单位党组列为重点培养对象，在干部调整时优先提拔重用，形成正确的用人导向，从而鼓舞大家主动到"中心工作"中、到艰苦的地方经风雨、增见识、长才干。

第三问，可以作为一道计划组织类题目来回答，按照事前筹备—事中组织—事后总结的思路模式来回答。但是，具体的答案和之前我们总结的计划组织类面试题的答案并不重复和雷同，没有"千人一面"的套路感觉。

因为事前筹备—事中组织—事后总结仅仅是一种思维模式，按照这种思维，每道题可以提炼总结出多种不一样的答案。规律是可以雷同的，但是按照雷同的规律去做的每一件事，都是独一无二的。就像万花筒里头，仅仅只有几种颜色，但是转动起来，就变换成了一个个不同的、色彩绚烂的、形态各异的小世界。

例**❸** 习近平总书记在 2021 年中青年干部培训班上，作了题为"努力成为可堪大用能担重任的栋梁之才"的讲话。讲话中有这样的内容：

"第四，坚持原则、敢于斗争。坚持原则是共产党人的重要品格，是衡量一个干部是否称职的重要标准。现在，一些干部错误理解'和为贵'，一味讲'宽容'、讲'和气'，当老好人，对政治原则问题含含糊糊，对大是大非问题做'开明绅士'，对不良现象听之任之，还有的八面玲珑、左右逢源，说话办事看来头、看风向，随波漂，随风倒，这同党性原则是背道而驰的，必须坚决纠正。

"对共产党人来说，'好好先生'并不是真正的好人。奉行好人主义的人，没有公心，只有私心，没有正气，只有俗气，以为'坚持原则是非多、碰到硬茬麻烦多、平平稳稳好处多、拉拉扯扯朋友多'。自古以来，人们就对这种人嗤之以鼻。孔子说：'乡愿，德之贼也。'就是说那些不分是非、不得罪乡里的'好好先生'，其实是破坏道德的人。孟子认为这种人'同乎流俗，合乎污世'。《红楼梦》里则以一句'又要自己便宜，又要不得罪了人'，把这种人刻画得入木三分。奉行好人主义，出发点就有问题，因为好的是自己，坏的是风气、是事业。大量事实表明，一些地方和单位正气不彰、邪气蔓延，工作局面长期打不开，矛盾问题积累一大堆，同好人主义的盛行有密不可分的关系。

"我们党历来提倡团结，但团结是通过积极健康的思想斗争达成的，不是无原则的一团和气。共产党人讲党性、讲原则，就要讲斗争。在原则问题上决不能含糊、决不能退让，否则就是对党和人民不负责任，甚至是犯罪。

"大是大非面前要讲原则，小事小节中也有讲原则的问题。中国是个人情社会，大家生活在社会上，都有亲戚、朋友、熟人、同事、上级、下属等，推进工作、解决问题时都会面对原则和人情的选择。原则跟人情能够统一当然最好，但二者不能统一时我们要毫不犹豫坚持原则，决不能迁就人情。黄克诚同志担任中央纪委常务副书记时提出抓党风要'不怕撕破脸皮'。跟随他转战多年的老部下，在京西宾馆用公款宴请，他照样硬起手腕处理。当时的商业部部长到丰泽园饭庄请客吃饭而少付钱，他派人查实情况后，不但通报全党，还在《人民日报》上公开披露。党的干部都要有秉公办事、铁面无私的精神，讲原则不讲面子、讲党性不徇私情。

"斗争无时不在、无处不有。当前，世界百年未有之大变局加速演进，中华民族伟大复兴进入关键时期，我们面临的风险挑战明显增多，总想过太平日子、不想斗争是不切实际的。共产党人任何时候都要有不信邪、不怕鬼、不当软骨头的风骨、气节、胆魄。"

根据以上内容，请你回答：

1. 这一段讲话的主要精神是什么？请你对这些内容进行高度概括并且表达自己的观点。

2. 习近平总书记在讲话中提到了"好好先生"这个概念。你是如何看待"好好先生"这类人的？

3. 在你平时的工作生活中，你会怎样按照习近平总书记的要求，正确地培养运用斗争精神？

参考答案及解析如下：

第一个问题，这段讲话的主要精神是什么。

习近平总书记的这段讲话，对全党提出了"坚持原则，敢于斗争"的号召。

这一问，可以作为观点评析类面试题中"一句话"类型的题目来回答。只不过，这"一句话"有点长而已。上一段话，是对讲话精神的高度概括，引用的是习近平总书记的原话——"坚持原则，敢于斗争"。文中的小标题，其实是对这段话最精确的总结凝练。以上回答，就是"一句话"类面试题"万能回答"模式中的第一步——解释这句话的基本含义。

他指出党内一些干部存在圆滑世故、不敢坚持原则的问题，列举了"老好人""好好先生"的种种表现，从讲党性、讲原则的角度，引经据典地分析了这种现象产生的原因和危害，号召全党任何时候都要有不信邪、不怕鬼、不当软骨头的风骨、气节、胆魄。可以说，习近平总书记的这段讲话，一针见血、一语中的，苦口婆心、语重心长，逻辑严密、剖析深入，和毛泽东主席的《反对自由主义》风格非常相似，有着异曲同工之妙。

敢于斗争、善于斗争是我们共产党人的明显特征和品质。对我们党来说，对我们每个年轻人、每个人来说，斗争精神都是弥足珍贵的。斗争精神，代表着一个人的世界观和人生观，彰显着一个人的道德水准和精气神。没有了斗争精神，人就会得"软骨病"，就会丧失"精神之钙"，就会成为"墙头草"，一辈子庸庸碌碌、无所作为。

以上两个自然段，就是"一句话"类面试题"万能回答"模式中的第二步——进一步引申解释这句话。

前面三个自然段就是对习近平总书记这段讲话的总结和引申解释，其中引用了习近平总书记的讲话原话，也在最后一个自然段中，根据题目的要求融入了个人的看法观点。

斗争无时不在、无处不有。就像习近平总书记说的那样：当前，世界百年未有之大变局加速演进，中华民族伟大复兴进入关键时期，我们面临的风险挑战明显增多，总想过太平日子、不想斗争是不切实际的。所以，我们每一个党员干部，每一个有志于中华民族伟大复兴的人，都应该拿起斗争这个武器，高歌猛进、奋勇向前，去实现自己的人生理想，去为实现中华民族的伟大复兴而努力奋斗。

上面的参考答案，就是"一句话"类面试题"万能回答"模式中的第三步——我们应该怎样去做。在这一部分，可以回答"我"该如何看待、如何去做，可以回答我们党、我们年轻人、我们每一个人应该怎样去做。这样，会显得格局较大、思路较宽，也不会觉得无话可说。

接着回答第二个问题：

这段讲话，给我最深刻的感悟是：现实生活中，那些"老好人""好好先生"其实不是真正的好人，他们没有公心，只有私心，没有正气，只有俗气，他们其实是道德的破坏者。他们的本质是自私自利的。我们党的根本宗旨是全心全意为人民服务，这些人的表现和党的宗旨格格不入、背道而驰。

同样，这一问也可以作为观点评析类面试题中"一句话"类题目来回答。这里的"一句话"是"好好先生"。

上述参考答案，是"一句话"类"万能回答"模式中的第一步——解释这句话的基本含义，也可作为观点评析类面试题中的"一种现象"类题目来回答，即"万能回答"模式的第一步——是什么（提出问题），对"好好先生"这种现象进行评价。

参考答案中，引用了习近平总书记的原话，也表达了个人的看法观点。引用习近平总书记的原话，一是能保证答案的绝对正确，二是让自己有话可说，三是引用别人的语言、名人名言比较省劲，四是因为习近平总书记的原话讲得太好了，我们的水平无法超越。

能够恰到好处地引用别人的话，也是一种工夫和能力。当然，答案中也要有自己总结的观点。

那些"好好先生"，之所以要去当"好好先生"，不外乎这几个原因：一是不愿意得罪人。得罪了上级，害怕丢"官帽"；得罪了同级和下级，害怕丢选票。二是不愿意犯错误。说了对的话，可能会得罪人；但是说了错话、办了错事，就会犯错误，就可能被问责。所以，他们奉行"万言万当，不如一默"的原则，多磕头、少说话，随波逐流，宁愿当一个泥胎木塑，在大是大非面前态度暧昧，在坏人坏事面前装聋作哑。三是不愿意去担当。在矛盾困难面前退避三舍，怕惹来麻烦，只想当太平官、清闲官，只想当官不想干事。这几种表现，都是因为一个"私"字在作怪。

这一段参考答案，是"一句话"类题目"万能回答"模式中的第二步——进一步引申解释这句话，也是"一种现象"类题目"万能回答"模式中的第二步——为什么（分析问题）。

有的面试题，既可以按照这个类型的题目回答，也可以按照另外一类题型回答。就像练武术、打擂台、写文章一样，同一个对象，可以从不同的角度去看待应对它。运用之妙，存乎一心。熟能生巧嘛！前提是，你得把这些模式理解掌握得非常熟练。

对待"好好先生"，我们应当旗帜鲜明地去反对他、批判他、改造他。

一是要加强宣传教育。通过各种方式，揭露"好好先生"的真面目和其思想根源，让这些"好好先生"的真面目在党内、在全社会无可遁形，消除他们的生存空间。同时通过各种教育培训，增强他们的党性观念和宗旨意识，让他们认识到自己的不足和错误，主动地进行自我革命和斗争。思想是行动的指南。解决思想认识问题，是最根本的方法。

二是完善制度机制。充分运用干部考核这个指挥棒，把"好好先生"的表现作为干部考核的负面清单。对敢于斗争的干部，要充分肯定并且大胆放在重要的岗位上；同时，要建立完善容错机制和激励机制，鼓励干部勇于担责、敢于斗争，解除他们的后顾之忧。

三是实行典型引路。在各行各业分层次树立敢于斗争的先进典型，让党员干部干有方向、学有目标，在全党、全社会营造敢于斗争、善于斗争的良好氛围。同时，根据实际情况，也可以树立一些负面典型，对党员干部进行警示教育。通过这种"抓两头，带中间"的方法，铲除"好好先生"的生存土壤，让敢于斗争、善于斗争的党员干部越来越多，让党的每一个细胞都健康起来、强壮起来，为中华民族的伟大复兴奠定坚强的组织基础。

以上参考答案，既是"一句话"类面试题"万能回答"模式中的第三步——我们应该怎样去做，也是"一种现象"类面试题"万能回答"模式中的第三步——怎么办（解决问题）。

最后回答第三个问题。

这个问题，可以作为一道单独的自我认知类面试题。这种类型的题，没有万能的模式、思路可遵循，只有万能的精神状态、个人的真善美和正能量。正因为如此，这类题可以回答得十分灵活，能充分显示出自己的精神状态、认知水平、文化底蕴、自我管理水平。但是，我们之前说过的"三段论"，无论在哪里都是可以运用的，在这里也可以。说话、写文章、思考问题、工作安排，只要你的考虑部署少于三个层次，失败的概率就会很高。

我认为，首先，我必须正确理解斗争精神的内涵。对我个人来说，斗争不是好勇斗狠，不是睚眦必报，不是一言不合就大打出手，不是"君子报仇，十年不晚"，也不是简单的"路见不平一声吼""人若犯我，我必犯人"。斗争，是一种不屈的人生精神，是为了理想永不言败的信念、决不放弃的执着，是为了维护心中那片净土的坚守，是为了维护公平正义"虽千万人吾往矣"的勇气和决绝，是面对自己的不足和错误时"壮士断腕"的决心与勇于攀登的气魄。

以上内容叙述了自己对斗争精神的理解。"言之无文，行而不远"，其中运用的排比句较多，层层并列和递进，是为了增强语言的气势，显得雄辩有力和文采斐然。

其次，在日常的工作生活中，我会重点进行三个方面的斗争：一是和错误的行为斗争。对于身边人、身边事，凡是错误的，都需要去斗争。二是和不良的风气斗争。凡是中央反对的、群众不满意的现象，都需要去斗争。三是和不完美的自己斗争。人最大的敌人就是自己，所以我要充分运用斗争精神去自我革新、自我提高，养成"日三省吾身"的习惯，哪怕每天只进步一点点、只改变一点点，长期坚持下来就会收到大的成效。

第一段说了"什么是斗争精神"，此段承接了第一段的内容，阐述了"去和什么进行斗争"，说的是斗争的对象和内容，说的是"我"个人去和谁斗争、和哪些事情斗争。

涵养运用斗争精神，也要注重方式方法。因此，在这个过程中，我会从三个方面做起：一是加强学习。学习党的理论、历史、政策，学习习近平新时代中国特色社会主义理论，增强自己的政治鉴别力和政治定力，知道什么是对、什么是错，应该怎样去做、去和什么斗争、怎样去斗争。这是涵养运用斗争精神的前提。二是严于律己。斗争不仅仅是说教，不仅仅是去矫正别人的不足和错误，更重要的是从自己做起，做出表率、当好标杆，用自己的言行，用"春风化雨""润物细无声"的方式去影响改变别人和环境。三是提升能力。只有自己足够强大，才能战胜错误，才能进行有效斗争。所以，我要通过努力，让自己变得更加强大，增强个人的影响力、驾驭事物的能力，用自己强大的光和热，祛除假错丑，彰显真善美，不负韶华、不负人生，无愧于这个伟大的时代。

这一段讲的是斗争的方式方法，即怎样才能进行有效的斗争。就像上阵杀敌，第一段讲的是要用刀去杀敌，第二段讲的是敌人是谁，第三段讲的是如何"磨刀"、如何练好"刀法"、如何有效"杀敌"。

笔者小结：各种题型的分析总结和举例说明，到此可以结束了。本章分析总结了各种题型的回答方式和基本思路。其中有相对固定的模式和内容，甚至有固定的语言和高度概括的关键词。大家可以在理解和熟练掌握的基础上，多想多练，把它变成自己的思路和习惯，就能够熟能生巧了。

第四章

让你"妙语连珠"的诀窍

前面的章节中，我们讲解了面试的主要程序、得分要素，考前速成"魔鬼训练"的方式（短时间内快速提升面试答题能力的方法），八大类型面试题的特点和答题的规律、思路、技巧，总结出了不同面试题"万能"的答题思路、模式、程序和关键词，甚至有的题型有"万能"的答案。

那些所谓"万能"的东西，能让你明确方向、明白方法，帮助你打开思路，不至于大脑一片空白、张口结舌、无话可说。

"万能"的内容和方法就像"万能钥匙"与"万金油"，拿出来就能用，"放之四海而皆准"。但是，"万能"的却不一定是最好的。

好的答案，需要体现出自己的独特之处，需要体现出自己的修养境界、人生阅历、文化底蕴，需要体现出自己优秀的一面，这需要有一定的内涵。这样的答案，能让考官眼前一亮、耳目一新，能给考官留下深刻的良好印象和舒适的感受，才能得高分。

与众不同才能出类拔萃。怎样才能让自己"妙语连珠、舌绽莲花"，给考场的回答"锦上添花"呢？

答案是：写好申论的方法，就是答好面试的方法。申论是书面化的答辩，面试是口语化的申论。申论需下笔如神，面试需要妙语连珠；申论能够妙笔生花，面试就能舌绽莲花。两者相辅相成、共同提高。因此，以下方法原则，同样适用于提高申论写作水平。

一、万能的名言警句

上学的时候，语文老师经常让我们背诵古今名篇、名言警句等。这些都是经典，不仅朗朗上口，还是前人的经验感悟，启迪激励的作用很大。在写文章、做演讲的时候，能够恰到好处地引用一些诗词名句、名言警句，我们的文章和演讲马上就显得"高大上"了。我们的领袖，如毛泽东主席、习近平总书记，都是引用名言警句的高手。

毛泽东主席，在《改造我们的学习》一文（其实是讲话或演讲）中，曾用"墙上芦苇，头重脚轻根底浅；山间竹笋，嘴尖皮厚腹中空"来形容党性缺失或党性不全的干部。本来是严肃枯燥的内容，可引用了这副对联后，马上变得轻松活泼、生动俏皮起来。可以想象，当时的会场上肯定是一片笑声和掌声。假如当时是面试考场，这样的引用肯定也能加分不少。

习近平总书记，更是在自己的文章或者讲话中引用了许多名句。如在党史学习教育大会的讲话中，他既引用了我党历代领导人关于党史学习教育方面的论述，还引用了《鬼谷子·决篇》中"度之往事，验之来事，参之平素，则可决之"的名句，让讲话显得丰满充实，且具有非常强的说服力；在中国共产党成立95周年的讲话中，他引用了"路漫漫其修远兮，吾将上下而求索"的古文来作比喻，引导我们的思维穿越到2 000多年前，让我们仿佛看到了屈原那忧国忧民的面容。

恰到好处的引用，会为我们的回答增亮添色，会让考官感到眼前一亮。如果考生的语言文字功底不是很深厚，可以在考前准备一些易记易懂的"万能"名言警句。

（1）精进励志、表态明志类。如毛泽东主席的"世上无难事，只要肯登攀"，蒲松龄的"有志者事竟成，破釜沉舟，百二秦关终属楚；苦心人天不负，卧薪尝胆，三千越甲可吞吴"，屈原的"亦余心之所善兮，虽九死其犹未悔"，柳永的"衣带渐宽终不悔，为伊消得人憔悴"，颜真卿的"三更灯火五更鸡，正是男儿读书时"，《周易》中的"天行健，君子以自强不息"，等等。

（2）爱国爱民、家国情怀类。如郑板桥的"衙斋卧听萧萧竹，疑是民间疾苦声；些小吾曹州县吏，一枝一叶总关情"，范仲淹的"先天下之忧而忧，后天下之乐而乐"，现代诗人艾青的"为什么我的眼里常含着泪水？

因为我对这土地爱得深沉",习近平总书记的"我将无我,不负人民",焦裕禄同志的"请组织上把我运回兰考……埋在沙丘上。活着我没有治好沙丘……死了也要看着兰考人民把沙丘治好",等等。

(3)提升境界、修身养性类。如王安石的"不畏浮云遮望眼,只缘身在最高层",黄檗禅师的"不经一番寒彻骨,怎得梅花扑鼻香",布袋和尚的"手把青秧插满田,低头便见水中天。身心清净方为道,退步原来是向前",郑板桥的"流自己的汗,吃自己的饭,自己的事情自己干。靠天,靠地,靠祖宗,不算是好汉",《红楼梦》中的"世事洞明皆学问,人情练达即文章",等等。

(4)无私奉献、利他明德类。如老子的"水善利万物而不争",英国古谚中的"赠人玫瑰,手有余香",清朝文华殿大学士张英的"千里修书只为墙,让他三尺又何妨。万里长城今犹在,不见当年秦始皇",孟子的"老吾老以及人之老,幼吾幼以及人之幼",等等。

(5)脚踏实地、躬身实践类。老子的"合抱之木,生于毫末;九层之台,起于累土;千里之行,始于足下",陆游的"纸上得来终觉浅,绝知此事要躬行",王阳明的"知行合一,方为真知",海尔集团总裁张瑞敏的"把简单的事做好就不简单,把平凡的事做好就不平凡",以及习近平总书记的"喊破嗓子,不如甩开膀子",等等。

名言警句是我们生活工作中常见常用的。处处留心皆学问,多练、多实践、多思考、多学习、多积累,就能水到渠成、厚积薄发。

二、适当的抒情议论

"感人心者,莫先乎情。"在面试中,靠平铺直叙是难以打动考官的。回答中糅合适当的抒情和议论,便能加分不少。就像说评书一样,其中的"定场诗"和"赞儿",一下子就能吸引住人,让现场气氛马上活跃起来。

抒情和议论,不能截然分开。许多时候,抒情的时候,里面要夹杂议论;议论的时候,往往也包含了充分的感情。比如,习近平总书记的《念奴娇·追思焦裕禄》一词里,"魂飞万里,盼归来,此水此山此地。百姓谁不爱好官?把泪焦桐成雨",既有抒情,也有议论。

任何一种类型面试题都可以进行抒情议论。比如,在观点评析类面试题中"一句话"类例4的参考答案中有这些内容:

但是，初心易得，始终难守。我们怎样才能做到不忘初心，牢记使命呢？

首先，是目标要远大，理想要崇高。就像灯塔一样，只有足够的高，足够的亮，才能让人在云遮雾罩中认清方向，在艰难险阻中充满力量。不因为路途遥远而主动放弃，不因为前途渺茫而心生沮丧。

上述内容，主要是为了议论。这些议论的内容，何尝不是抒情呢？

比如，在观点评析类面试题中"一种现象"类例2的参考答案中有这样一段话：

北宋文学家苏东坡有一句诗：此心安处是吾乡。小时候，父母在哪里，哪里就是家。长大以后，工作在哪里，哪里就是家；哪里能实现自己的人生价值，哪里就是家。老了以后，孩子在哪里，哪里就是家。家是什么？家，不是一套院子，不是一套房子，有了亲人、有了亲情的地方才是家。

假如我们在外地工作，我们可以通过自己的努力，把父母接到自己的身边，让他们衣食无忧。这才是我们一家人的家。

上述答案全部是抒情，也全部是议论。用排比、比喻的修辞手法，能将感情宣泄、道理阐述表达得酣畅淋漓。

比如，在应急事件类面试题中"人祸"类例1的参考答案中的最后一段：

在解决问题的过程中，最关键的是，要抱着对群众高度负责的态度和深厚的感情，要抱着对党负责、为民服务的真诚态度，要站在讲政治的高度来看待问题、处理问题。这样才能够逢山开路、遇水搭桥，把事情处理得稳妥完善。

这最后一段，主要是议论，但其中饱含对群众的深厚感情。这种回答方式比单纯的叙述说明要强。

比如观点评析类面试题中"一种现象"类例4的参考答案基本上以抒情为主、议论为辅，大量引用名言警句，在开头处还引用了李玉刚的热曲

《万疆》中的歌词。这样的回答，激情澎湃，感染力强。

再如，自我认知类面试题"性格格局"类例 1 的参考答案 3，通过抒情的方式证明自己的观点，以抒情的方式来议论。

"情至不能已，氤氲化作诗"，真心、真情，说真话，就很感人。你的感情来了，就抒情；你的感觉来了，你就有感而发地议论。

大家可以借鉴一下我国传统戏曲的唱词，其中所惯用的方法就是夹叙夹议、抒情和议论有机融合，浑然一体、美不胜收。就如豫剧《清风亭》中的一段唱词：

十三年含辛茹苦人长大/羽毛你长成就要飞/想当初我这清风亭上抱你归/好也似啊/遭霜的小草命将危/为救你我这全村跑遍找奶水/我日日讨米您娘她做炊/熬得米汁将你喂/那一夜我不起呀三五回/吃饱哄你入了睡/俺去到磨坊把磨推/推磨推到三更后/你娘她瘫软哪/我的眼发黑/她为我擦去头上汗/我给你娘呀把背锤/你娘她问我累不累/我说道为儿愿把老命赔老命赔

现代流行歌曲中，这样的手法也比比皆是，值得学习借鉴。比如，刀郎的《西海情歌》：

还记得你答应过我/不会让我把你找不见/可你跟随那南归的候鸟/飞得那么远/爱像风筝断了线/拉不住你许下的诺言/我在苦苦等待雪山之巅温暖的春天/等待高原冰雪融化之后归来的孤雁/爱再难以续情缘/回不到我们的从前

哀婉凄切，如泣如诉，感人肺腑。当然，面试中不可能大篇幅地抒情议论，根据实际情况适当运用即可。

三、精炼的标题总述

写文章、做演讲和面试答题，都是越精炼越好。在主要段落的开头能有一个小标题，就显得非常有条理。

以习近平总书记的讲话为例。他在庆祝中国共产党成立 100 周年大会上的讲话中，有这样的语句：

——以史为鉴、开创未来，必须坚持中国共产党坚强领导。

——以史为鉴、开创未来，必须团结带领中国人民不断为美好生活而奋斗。

——以史为鉴、开创未来，必须继续推进马克思主义中国化。

…………

这样的小标题，有九个，被总结为"九个坚持"。

在《努力成为可堪大用能担重任的栋梁之才》〔2021年秋季学期中央党校（国家行政学院）中青年干部培训班开班式上的讲话〕中，习近平总书记对年轻干部提出了六项要求：

第一，信念坚定，对党忠诚。

第二，注重实际，实事求是。

第三，勇于担当，善于作为。

第四，坚持原则，敢于斗争。

第五，严守规矩，不逾底线。

第六，勤学苦练，增强本领。

这些小标题，提纲挈领、高度凝练，对每段的内容进行了高度概括，让整篇文章和讲话易懂易记，气势磅礴，具有较强的视觉、听觉冲击力，容易打动人心，给人留下深刻印象。在面试考场中，可以在正式回答之前，在草稿纸上总结罗列出这些小标题，然后用小标题引领自己规范地回答内容。

段落前的小标题（也可以叫做中心句）的制作，一般要遵循以下原则：

（1）短小精悍，通俗易懂。标题过长，就显得拖沓臃肿；尽量避免使用生僻字，要让考官一听就懂。

（2）排比对仗，并列递进。每段的小标题连起来假如是排比对仗句，段落之间就形成了并列或递进关系，"就如长江之水滔滔不绝"，一浪接着一浪，气势磅礴、雄辩有力、条理分明。

（3）纲举目张，总分结合。每段前面的小标题，是本段内容的概括总结，具有提纲挈领的作用，要和后边附带阐释的内容紧密结合，不可骨肉分离；小标题和段落的内容，是"总"和"分"的关系，小标题要能涵盖段落的全部内容。

比如前面举过的例子："烧好三把火，用好三盆水，养好三颗心""一个转变，两个不变，三个珍惜""一张蓝图绘到底，一如既往干工作，一往情深对群众"……这样的小标题，符合上述的原则。并且，这样的标题，都是"数字化"的标题。这是各级领导讲话演讲中惯用的标题，也是最实用、最简单的方法。

假如你说出了"烧好三把火"这句话，就会引起评委和听众的好奇心，让他们竖起耳朵，去听你解释这"三把火"究竟是什么？你怎么去烧？这种方式回答，就会取得较好的效果。

面试的回答，和写文章一样，未必每个段落都要设置小标题，但是主体部分和比较重要的部分，能够有小标题是再好不过了。

四、熟练的修辞修饰

前面我们说过："言之无文，行而不远。"在讲解情景模拟类面试题的时候，我们已经较为详细地探讨过这一话题。

虽然当时是针对即兴讲话来说的，但是在写文章和所有的面试回答中都可以借鉴使用。这里不再专门讨论。

五、引人的典故例证

在面试回答中，穿插一两个典故来表达论述，能让回答的档次提高不少。讲故事，比干巴巴讲道理的吸引力大多了。举几个例子。

一个医疗卫生类的考生，在模拟面试时问了笔者这样一道题：你认为，怎样才能当好一名医生（护士）呢？

这是一道自我认知类面试题。按照常规和我们之前讲过的"万能思路"，我们可以这样回答：第一，过硬的专业知识……第二，丰富的工作实践……第三，强烈的敬业精神……

这样的回答中规中矩，没有毛病，但总感觉缺了些什么。就好像我们听歌，歌手虽然歌喉婉转、声色俱丽，但就是难以引起共鸣。这样的回答，好像是在例行公事，少了一些主观的东西，少了感情和情绪，少了个人的感受。这样的回答过于大众化。

换一种回答方式会怎么样？比如——

考官老师：我认为，当好一名医生（护士），需要过硬的专业知识，需要丰富的工作阅历。但是更重要的、最根本的是需要对这项工作的热爱、对病人的热爱。

我看过这样一个小故事：大海退潮后，沙滩上留下很多小鱼在挣扎。一个孩子来到海边，一条一条捡起小鱼，把它们放进大海。有人问孩子："沙滩上有那么多小鱼，你捡得过来吗？一条小鱼而已，有谁会在乎呢？"孩子一边哭，一边把小鱼放进海里，说："你看，这一条在乎，这一条也在乎，每一条小鱼都在乎……"

第一次看到这个小故事的时候，我禁不住心潮澎湃、热泪盈眶。从此以后，我经常想起这个小故事。

这个小男孩，多么适合去当一名医生或者护士啊！

这种不求回报的真爱，是干好任何事情的根本动力和源泉。特别是对医护人员来说，只要你有了这种热爱，对工作、对病人的热爱，你就能干好工作。专业知识不过硬，有了热爱，就有了学习的动力；工作经历不丰富，有了热爱，就有了实践创新的动力。哪怕你现在一穷二白，什么也没有，但是因为有了热爱，你什么都会有的，"面包会有的，一切都会有的"。

所以，我认为，当好医生（护士）最重要的一点，就是有小男孩的这种纯洁无私的大爱。这种爱，其实就是中央提出的卫生行业精神："敬佑生命，救死扶伤，甘于奉献，大爱无疆。"（回答完毕）

这个参考答案比那些中规中矩的答案更好一些。除了有浓烈的感情表达之外，中间引用的小典故起到了不小的发酵作用。

这个典故，可以灵活运用在许多面试题中，特别是医疗卫生类面试题中。因为它表达的是最纯真、诚挚的大爱，很容易触动人心底最柔软的部分，把人性中真善美的那部分激发出来，从而让他人产生共鸣。

历史典故、寓言、哲理故事、革命前辈和英模人物的先进事迹，都可以根据面试题的需要予以引用。比如，假如你遇到这样的自我认知类面题试：你认为成功的秘诀是什么？

我们试着引用典故来回答：

成功的秘诀有很多。不同的人、不同的事、不同的时期，都有着不同的方法途径。但有一点是相同的，成功，需要正确远大的目标和坚持不懈的努力。

我读过一篇寓言故事——《骆驼的经验》：老骆驼在垂暮之年，又一次成功穿越了号称"死亡之海"的千里沙漠。马和驴请这个"老英雄"去介绍经验。老骆驼说："其实没有什么好说的，盯准目标，耐住性子，一步一步向前走，就到达了目的地。"马和驴很失望。马说："我以为它能说出些惊人的话来，谁知简简单单三言两语就完了。"驴也深有同感地说："一点儿也不精彩，令人失望！"

其实，成功的秘诀就是这么简单，目标明确加上努力坚持。成功者和我们普通人的区别，就是他们有明确坚定的目标，而我们没有；他们坚持下去了，而我们却忘记了初心，半途而废。

现代诗人汪国真有一句诗歌：我不去想是否能够成功，既然选择了远方，便只顾风雨兼程。

所以，想要成功，就必须先树立远大的目标，朝着正确的方向，一步一个脚印，筚路蓝缕、风雨兼程，我们总会成功的。

在面试中，最容易、使用频率最高的典故，应属革命前辈和现代英模的先进事迹。党的历史就是一座取之不尽、用之不竭的典故宝藏。我们平时接触到这方面的知识信息也最多，理解得最深刻，引用起来更轻松自如、得心应手。

习近平总书记在讲话和写文章的时候，经常引用革命前辈和现代英模的先进事迹。再以《努力成为可堪大用能担重担的栋梁之才》为例。其一：

理想信念坚定和对党忠诚是紧密联系的。理想信念坚定才能对党忠诚，对党忠诚是对理想信念坚定的最好诠释。小说《红岩》中刘思扬的原型刘国铋，出生于四川一个富裕家庭，因叛徒出卖被捕入狱。特务劝他，只要交出组织、登报脱党，马上可以释放。面对劝诱，他斩钉截铁地回答："我死了有党，等于没死；我若出卖组织，活着又有什么意义。"陈毅同志把"革命重坚定"作为一生的座右铭。南昌起义时他没有赶上，后来冲破重重难关找到了起义队伍，到天心圩时队伍只剩下 800 人，他协助朱德同志收拢了部队，并对大家说："在胜利发展的情况下，做英雄是容易的；在失败退却的局面下，做英雄就困难得多了。只有经过失败的英雄，才是真正的英雄。我们要做失败时的英雄。"对党忠诚就是要这样，无论顺境逆境，都铁心跟党走、九死而不悔。

上面这段话中，习近平总书记用刘国鋕和陈毅两名革命前辈的事迹来阐述自己的思想观点。

其二：

坚持从实际出发、实事求是，不只是思想方法的问题，也是党性强不强的问题。从当前干部队伍实际看，坚持实事求是最需要解决的是党性问题。我父亲讲过，"我们党讲党性，我看实事求是就是最大的党性"。1943年，延安开始审查干部运动，在当时国民党反动势力对革命根据地大肆进行渗透破坏的情况下，对干部队伍进行认真审查是完全必要的，但在实际工作中由于过分严重地估计了敌情，特别是具体负责这项工作的康生推行极左方式、大搞"逼供信"，使审干工作发生了严重偏差，造成了大批冤假错案。我父亲当时是绥德地委书记，了解到绥德师范学校出现了不少学生迫于体罚逼供压力"假坦白"的事，感到非常痛心。他经过深入调查研究，慎重提出要把思想认识问题和政治立场问题区分开来，避免审干工作中的"扩大化"错误，并向党中央和西北局如实反映了有关情况，建议党中央及时制止"逼供信"、纠正"左"倾错误。在当时情况下，这样做是冒着很大政治风险的，而我父亲甘冒这个风险，就是因为他认为对党忠诚就是不要说假话。县委书记的好榜样谷文昌也是实事求是的典范。东山县是 1950 年 5 月解放的，国民党在败退台湾前从东山疯狂抓壮丁、充兵源，仅有 1 万多户人家的东山就被抓走了 4 700 多名青壮年，解放时这些壮丁家属被定为"敌伪家属"。时任东山县第一区工委书记的谷文昌则认为，壮丁们是被国民党绑走的，他们的家属是受害人，建议把"敌伪家属"改成"兵灾家属"，后来上级采纳了这个建议，并决定对这些家属政治上不歧视、经济上平等对待、生活困难给予救济，孤寡老人由乡村照顾。1953 年 7 月，国民党部队 1 万多人突袭东山，而我们守岛部队不过千人，兵力悬殊，但东山军民众志成城，最终取得了保卫战胜利。兵灾家属说："国民党抓走我们的亲人，共产党把我们当成亲人养。哪怕做鬼，我也愿为共产党守岛！"得民心者，靠实事求是。

上面这段话，习近平总书记引用了习仲勋和谷文昌的真实事迹。

大家可以看出，习近平总书记多么善于引用典故、多么善于讲故事。他的用典，信手拈来、出神入化，让整篇文章和讲话鲜活生动。这是真正的"有血有肉"。

引用历史典故，也是常用的方法。同样以习近平总书记的《努力成为可堪大用能担重担的栋梁之才》为例：

担当作为就要真抓实干、埋头苦干，决不能坐而论道、光说不练。我多次讲过两晋学士虚谈废务的故事，王衍就是其中一个代表人物，可谓舌辩滔滔、无人能及。西晋末年，羯族首领石勒起兵进犯洛阳，王衍作为太尉随军前去讨伐，结果兵败被俘。石勒问他西晋溃败的原因，他百般为自己开脱，说自己从年少时就不参与政事。石勒斥责他：你名盖四海，身居重任，少壮登朝，至于白首，怎么能说没参与朝廷政务，"破坏天下，正是君罪"。后来，王衍被石勒派人杀死，王衍临死前哀叹，如果自己平时不是追求虚浮，而是努力做事，也不至于落到这个地步。现实中，此类夸夸其谈、不干实事的人也很多。有的唱功好、做功差，工作落实在口号上，决心停留在嘴巴上；有的摆花架子、做表面文章，应景造势、敷衍应付；有的消极懈怠、得过且过，上面推一推才动一动，不推就不作为；更有的有令不行、有禁不止，甚至欺上瞒下、弄虚作假。今年以来，一些地方在疫情防控、抗击自然灾害、保护生态环境、安全生产等方面出现这样那样的问题，核查下来，其中一个重要原因就是一些干部作风不务实、工作不扎实、责任不落实。

用典故时，要注意这几点：

（1）短小精悍，言简意赅。最长的典故，也尽量不超过 200 字。面试时间有限，引用的典故不宜占时过多。

（2）易懂易记，语言通俗。引用的内容要简单，"故事情节"不要太复杂；不宜使用生僻词语和容易听错的发音，尽可能口语化。

（3）立意鲜明，寓意深刻。所引用的典故，思想性和导向性要强，让人一听就知道你想表达的观点和情绪；除了讲自己的故事外，所引用的典故要尽量是精品和经典，发人深省、耐人回味，故事性强、启迪性强。如果能让考官精神一振，觉得心生赞叹，他们就会给你打高分了。

（4）引用适当，契合度高。引用的典故，要能够充分证明你的观点，恰如其分，不能生搬硬套。引用不当，则会有卖弄之嫌，"画虎不成反类犬"。

第五章

面试"内功"的"修炼秘籍"

前面，我们探讨的是面试的基本规律和应对方法，是实用技术，是应急的措施，是上擂台比武的招数。但这都是"临阵磨枪"的速成之举，是短时间内增加面试分数的小技巧或者说是"绝招"。这些，是"术"而不是"道"，是"招数"而不是"内功"。

功夫在平时。面试是"台上十分钟"，平时的修炼才是"台下十年功"。

在绝对的实力面前，任何的技巧和机巧都是花架子。就像一个把套路练得行云流水、翩若惊鸿的三尺童儿，能打得过一个身强力壮、在建筑工地搬砖的大汉吗？

所以，我们可以学习借鉴和掌握面试的规律与应对方法，但更要注重在平时提升自己的水平。

深厚的功力才是王道。那么我们需要提升哪几个方面的修为？如何在平时提升自己的修为呢？

一、文字语言能力

文字和语言是紧密联系的。把语言写下来，就是文字；把文字读出来，就是语言。但它们又有区别，各有分工和侧重。发音明确、朗朗上口、简单明了的，适合用语言表达；同音多字、一字多义、发音不易分辨或者晦涩难懂的，适合用文字表达。两者是相互补充、相互促进甚至相互杂糅、撕扯不清的关系。只要其中一项得到了进步，另外一项也会得到提高。所以，提高文字语言能力，可以两者同步进行，不必分得那么清楚。

提高文字语言能力的最基本方法就是多学、多背、多读、多写和多说。

多学和多背，是为了增加你大脑中语言文字的"库存量"，让你的资源丰富，让你有词可用、有话可说，让你的表达丰富多彩。

多读，就是必须把看到的文字读出来，让自己听到自己的声音，不能仅仅去默读。多读，可以增强自己的语感。没有较强的语感，你的口语和文字水平很难提高。就如我们学外语，光靠默背默写是不行的。多读和多说才能增强语感，语感增强了才能熟练地掌握一门语言。

平时多练习写和说，就是多练兵，在练兵中提升你排兵布阵的能力，提升你和你士兵的契合度，把他们变成身体思想的一部分，以便在实战中挥洒自如，如身使臂、如臂使指。

除了多练习写和说，也要多去参加各类真正的面试，或者和面试类似的活动，比如讲话、演讲、各类发言等，同时多写一些公文、散文、论文等。毕竟，练兵演习和刺刀见红的战场厮杀是不同的。你平时说得挺好，到了面试考场上也许会满头大汗、词不达意。

明朝抗倭英雄戚继光说过这样的话：在战场实战过一次，要强过在平时苦练十年武艺。多去参加一些实战活动，文字语言能力会得到很大的、实质性的提升。

那么，古今中外，关于文字语言的资料浩如烟海。我们从哪里入手学习最简捷有效呢？

（一）《人民日报》

在这里，笔者要隆重推荐阅读《人民日报》。它不仅是党报、政治类的报纸，也是一种综合类文字阅读资料。不管是其中的新闻、评论、理论文章还是文学作品，无一不是当代的精品，政治性、社会性、时代性和可读性都很强，知识量和信息量较大，可谓包罗万象，汇聚了当代社会最规范、最实用、最齐全、最精彩的文字。

因为是党报，《人民日报》上刊登的内容极具正能量，精气神充足。多读一读《人民日报》，你的精神境界也会提高不少。

如果时间不足，我们可重点学习《人民日报》的头版头条，头版的评论（特别是社论），第四版的"人民论坛"。除此之外，每期报纸都有一些专题文章。这些都是政治社会经济方面的热点焦点话题，都是笔试和面试的重点内容。一般来说，我们学习这些内容能有效提升自己的文字语言能力。但对于特别重要和比较精彩的内容，能反复学习并背诵下来最好。

有一个真实的例子：一位农村砖厂的老板，几年前当选为市人大代表，他文化程度不高。由于市人大经常组织活动，要求代表发言，他要么无话可说，要么结结巴巴的惹人发笑。他找到笔者，问怎么办。笔者给了他一条建议：每天坚持看《人民日报》，最起码看 3 篇文章——头版头条、头版的社论、第四版的"人民论坛"。三四个月后，在市人大组织的代表述职大会上，他语惊四座，让人刮目相看，受到市人大领导高度评价。

每天看 3 篇文章，也就 10 分钟左右啊！

（二）经典名著

"求其上者得其中，求其中者得其下"，我们要学就学最经典的东西。

首先是文学作品，比如《唐诗三百首》《古文观止》等。我们可以多读一些古今名篇，挑选一些自己喜欢的，或者特别经典的词语、名句，把它们背下来。楚辞汉赋唐诗宋词元曲明清小说，这些文学作品，都可以涉猎博览，取其精华。

这些文学作品中，也有许多包含了政治哲学类的经典之作。任何好的作品，同时也是好的文学作品。比如《道德经》，可谓字字珠玑，每一句话都饱含着大智慧；比如《史记》，被鲁迅先生称为"史家之绝唱，无韵之离骚"，既可以作为史书学习，又可以当作文学作品品鉴。

国外的经典作品，也有许多值得学习。比如，印度诗人泰戈尔的诗歌："生如夏花之绚烂，死如秋叶之静美"，"只有经历过地狱般的磨砺，才能练就创造天堂的力量；只有流过血的手指，才能弹出世间的绝响"，"我们把世界看错，反说它欺骗了我们"意味深长、韵味隽永；俄罗斯的诗歌："一天很短，短得来不及拥抱清晨，就已经手握黄昏；一年很短，短得来不及细品初春殷红窦绿，就要打点素裹秋霜；一生很短，短得来不及享用美好年华，就已经身处迟暮……"读起来让人心神激荡，时间的紧迫感油然而生；英国诗人雪莱的"冬天已经来了，春天还会远吗"，让人在绝望中燃起希望。

（三）中国传统文化

比如《朱子治家格言》（也叫《朱子家训》《朱柏庐治家格言》等）中的每一句话，不仅文采飞扬，而且饱含智慧，耐人寻味；比如《黄帝内经》是一部医学作品，但其中的论述穷通宇宙、包罗万象；比如四书五经，是传统文化中的精品。

（四）领导讲话

注意了，这可不是开玩笑。千万不要小看领导讲话！

领导讲话，是为了安排部署工作、解决问题的。这就需要明确目标，明确工作重点和工作方法，明确政策要求。这需要具备深厚的理论、政策功底，需要有丰富的工作经验，需要熟练掌握工作流程和技巧。

领导讲话，是为了传播某种理念、弘扬某种精神，并用这些理念精神来推动工作、解决问题。这就需要用高超的语言艺术和表达技巧，让广大受众受到启迪，士气和斗志得到鼓舞。

领导讲话，是为了加深受众对文件政策的理解，让复杂晦涩的东西变得简单易懂、易于理解执行。这就需要具备较强的理解能力、综合处理能力，用通俗易懂的方式，对政策和工作内容进行消化加工，让纷繁复杂的东西变得条理清晰、简单明了。

什么样的讲话才是好的讲话？

第一，让你一听就懂，听起来不费力。

第二，让你感觉很有意思，愿意去听。

第三，让你学到一些东西，感觉自己有所提高和进步。

第四，让你在很轻松的状态下，记住了讲话的主要精神，记住了其中的关键词语和句子。

总的一句话，就是让你感到领导讲得很好，都是非常正确的，你愿意按照讲话的精神用全力去落实。

如果你的面试回答能做到这一步，那可不得了！

好的领导讲话，大多是领导亲自执笔，或者领导亲自拟定提纲或草稿，然后让秘书去填充材料。秘书不是领导，即便文字水平再高，也写不出领导的高度、境界、格局、经验和独特气质。

笔者以前也经常替领导写讲话稿，并发现领导经常不按照讲话稿内容去说。对比之下，笔者才知道，领导比笔者高明多了。领导站的高度够高，其思维方式，是全局思维，用的是"上帝"视角来看待问题。而笔者，则是片面思维、直线思维，是一般人的思维，是用平视的眼光来看待分析问题。

此外，领导接收的信息量，掌握的资源比一般人丰富、全面，阅历也更丰富。所以，学习领导讲话，是十分必要和有用的。

学习领导讲话，可以在报纸上学，比如《人民日报》上的领导讲话，那是最高水平的讲话。可以学习自己感兴趣、能接触到的领导的讲话。这样，在不知不觉中，个人素质就会得到较为全面的提升。

还以习近平总书记的讲话为例。在"不忘初心、牢记使命"主题教育总结大会上的讲话中，他在谈到制度建设时候，有这样一段论述：

第五，不忘初心、牢记使命，必须完善和发展党内制度，形成长效机制。制度优势是一个政党、一个国家的最大优势。邓小平同志说过："制度好可以使坏人无法任意横行，制度不好可以使好人无法充分做好事，甚至会走向反面。"我们党是吃过制度不健全的亏的。党的十八大以来，党中央坚持制度治党、依规治党，努力构建系统完备、科学规范、运行有效的制度体系，把全面从严治党提升到一个新的水平。

党的十九届四中全会提出建立不忘初心、牢记使命的制度。建章立制，要坚持系统思维、辩证思维、底线思维，体现指导性、针对性、操作性。既坚持解决问题又坚持简便易行，采取务实管用的措施切中问题要害；既坚持目标导向又坚持立足实际，力求把落实党中央要求、满足实践需要、符合基层期盼统一起来；既坚持创新发展又坚持有机衔接，同党内法规制度融会贯通，该坚持的坚持、该完善的完善、该建立的建立、该落实的落实。建立制度，不能大而全也不能小而碎，不能"牛栏关猫"也不能过于烦琐。

制度是用来遵守和执行的。全党必须强化制度意识，自觉尊崇制度，严格执行制度，坚决维护制度，健全权威高效的制度执行机制，加强对制度执行的监督，推动不忘初心、牢记使命的制度落实落地，坚决杜绝做选择、搞变通、打折扣的现象，防止硬约束变成"橡皮筋"、"长效"变成"无效"。

习近平总书记先是论述了制度建设的重要性，紧接着阐明了制度建设的主要原则和方法，最后强调了应当如何遵守和执行制度。讲话条理分明，论证有力，步步深入，层层递进。

在 2022 年春季学期中央党校（国家行政学院）中青年干部培训班上的讲话中，他强调：

干部守住守牢拒腐防变防线，要层层设防、处处设防。要守住政治关，时刻绷紧旗帜鲜明讲政治这根弦，在大是大非面前、在政治原则问题上做到头脑特别清醒、立场特别坚定，决不当两面派、做两面人，决不拿党的原则做交易。要守住权力关，始终保持对权力的敬畏感，坚持公正用权、依法用权、为民用权、廉洁用权。要守住交往关，交往必须有原则、有规矩，不断净化社交圈、生活圈、朋友圈。要守住生活关，培养健康情趣，崇尚简朴生活，保持共产党人本色。要守住亲情关，严格家教家风，既要自己以身作则，又要对亲属子女看得紧一点、管得勤一点。

总结起来，他在这段讲话中，提出了干部要守住"五关"，总结得非常到位，易懂易记，抓住了问题的关键。

多学习领导讲话，特别是一些社会反响强烈的讲话。学习他们的家国情怀，学习他们发现问题、分析问题、解决问题的思路，学习他们抓关键、抓重点的能力，学习他们语言表达的方式，你会受益匪浅。

（五）自己喜欢的东西

如果你喜欢听歌唱歌，可以记住最有代表性、最美的歌词。歌词就是唱出来的诗歌，音韵美、意境美、含义也美。一些经典的歌曲，歌词本身就是一首好的诗歌。

比如《爱拼才会赢》："一时失志不免怨叹，一时落魄不免胆寒……三分天注定，七分靠打拼，爱拼才会赢！"这首歌激励了多少人，让多少哀怨无助的人从中得到振奋解脱！

比如《国际歌》："从来就没有什么救世主，也不靠神仙皇帝。要创造人类的幸福，全靠我们自己。"靠天靠地，不如靠自己！

比如《男儿当自强》："我是男儿当自强。昂步挺胸大家做栋梁，做好汉。用我百点热，耀出千分光。做个好汉子，热血热肠热，比太阳更光。"

男子汉大丈夫，不就应该这样去拼去闯吗？天行健，君子以自强不息。

这些好的歌词，在面试的应答中如果能恰好引用上一两句，就很容易引起考官的共鸣。也许，他们会跟着歌词的内容，在心里默默唱起来。

喜欢戏曲的朋友，也可以学会一些经典的唱词。传统戏曲特别善于运用押韵、排比等修辞手法，其中引用的历史典故也非常多。如果留心的话，能学到不少东西。

比如河南曲剧《包公辞朝》中，北宋皇帝在天波杨府吊祭杨令公时，有一段唱词《四十八哭》：贾谊长沙哭圣主，失郢都汨罗哭屈平，周文王哭过伯邑考，谏纣王比干哭龙逢，俞伯牙摔琴哭子期，管夷吾分金哭鲍卿，马陵道孙膑哭庞涓，焚绵山哭坏晋文公，左伯桃哭得羊角哀，孟姜女寻夫哭长城，定辽东曹操哭郭嘉，哭典韦孟德战宛城……一句一个典故，信息量极大。

比如河南越调《收姜维》中诸葛亮有一段《三传令》的唱词：一支将令往下传，马岱将军你近前……二支将令往下传，关兴张苞恁近前……三支将令往下传，叫了声镇北的将军名魏延……

比如京剧《定军山》中老黄忠有一段唱词：一通鼓，战饭造；二通鼓，紧战袍；三通鼓，刀出鞘；四通鼓，把兵交……

处处留心皆学问。去感受它，领会它，不知不觉你就会将这些表达方式融会贯通，自然运用，成为自己的本能。

弗朗西斯·培根说过："读史使人明智，读诗使人灵秀，数学使人周密，科学使人深刻，伦理学使人庄重，逻辑修辞之学使人善辩；凡有所学，皆成性格。"

相由心生。你学了什么东西，就会有什么样的气质涵养。你读了书学了诗歌，就"腹有诗书气自华"；你学了不好的东西，心里经常想一些不好的东西，身上就会存在暴虐阴邪、让人讨厌的气质。

平时学习积累一些好的东西，书法、绘画、舞蹈都可，人的气质就会发生变化，让人赏心悦目、如沐春风。周围的人、考场考官，都会喜欢和你接近。

大道至简、大道相通。每门学问，达到一定程度和高度后，都是相通的，都可以触类旁通。

二、社会实践能力

面试题的内容，许多是考察人看待、分析、解决实际问题的能力的。看书学习，可以在理论层面提高这方面的能力。但这远远不够，还要靠丰富的社会实践才能得到根本提高。已经走上工作岗位的人，可以在工作实践中得到提高。刚刚走出校门的学生呢？实际在学校的生活学习，也是一种实践。学校的演讲比赛、运动会、考试，都是一种学习机会。比如，你组织一次运动会，就提高了计划组织能力和协调能力，你需要按照计划组织类试题中事前筹备—事中组织—事后总结的思路方法去实践。

比如，两个班的男生发生了矛盾，火药味十足，即将出现群体性事件或肢体冲突。你主动去处理化解这些矛盾，就要按照应急事件类试题中群体性事件的方法去处理——"第一，控制局势，防止事态进一步恶化；第二，选出代表，沟通对话……"

假如你具有行政事业单位工作的经历，那就更简单了。面试题中所有类型的题目，你都可能听说过、看到过或经历过，回答起来就会容易多了。学习一些面试的知识，回顾一下自己经历过的事情，两者对照分析一番，就会总结出一些答题规律和模式。

所以，不论你过去或者现在处于什么样的环境中，你每天经历的事情，都和面试的内容息息相关。主动去实践，主动去参加组织一些活动，事后去思考总结一番，人的实践能力就会提高。在面试的时候，就不会"巧妇难为无米之炊"了。"纸上得来终觉浅，绝知此事要躬行"，实践才能出真知。

怎样提高实践能力？还得引用习近平总书记的讲话内容。2020 年10 月10 日，在秋季学期中央党校（国家行政学院）中青年干部培训班上，习近平总书记勉励年轻干部提高七种能力：政治能力、调查研究能力、科学决策能力、改革攻坚能力、应急处突能力、群众工作能力、抓落实能力。

如何提高这些能力？这里不再多说。大家可以去学习习近平总书记的讲话原文，里面有详细的方法和论述。

读万卷书，更要行万里路。实践出真知，实践才能知行合一。

三、待人接物的能力

前面我们说过,面试没有标准答案。只要考官对你的印象好、喜欢你,你就可能得高分。

语言丰富、条理分明、逻辑严密,能让考官喜欢你;有理有据、言之有物,能让考官喜欢你;颜值高、气质好、衣着得体,同样能让考官对你产生好的印象。

除此之外,要让考官对你有好的印象,必须具备较强的待人接物的能力,也就是要提高你的"人气"。

在"面试的程序规则和加分细节"和"面试前的训练和注意事项"两章中,我们已经初步探讨了提升自己"人气",让考官喜欢自己的一些方法。因为那是考前"临阵磨枪"的做法,所以说得比较简单。这里再较为详细地论述一下。

(一) 你怎么知道考官是不是喜欢你

很简单,假如平时你身边的许多人喜欢你,考官就会喜欢你,对你的印象就好,你的得分起点就会较高。

假如你身上散发的气场是柔和的、是"真善美"的,就容易引起他人的好感,吸引他人。

世界上没有无缘无故的爱,也没有无缘无故的恨。有人说,爱情是盲目的,爱上一个人,没有原因。所以世界上才出现了那么多的痴男怨女。不对!你莫名其妙地喜欢上一个人,那是因为他(她)身上散发的气场、磁场吸引了你。

人的气质、气场是难以掩饰和改变的。曹操被封为魏王后,一次将要接见来自匈奴的使者。但他自认为身材矮小、相貌丑陋,不足以慑服远方的国度,于是让声姿高扬、眉目疏朗的尚书令崔琰代替自己接见使者,自己则打扮成侍卫,手握钢刀站在座椅边。接见完毕,曹操派密探去问那个使者:"你觉得魏王如何?"匈奴使者答道:"魏王俊美,丰采高雅。但他座旁那个侍立捉刀之人,气度威严,非常人可及。他稍微瞥了我一眼,我就觉得心惊胆战,觉得我整个人都被他看透了。他才是真正的大英雄啊!"("捉刀人"一词,即源于这个典故)

气场是看不见、摸不着的，但它可以让人感觉到。气场有与生俱来的，也有后天修炼的。

如何判断自己的气场呢？是善是恶？是让人喜欢还是让人生厌的？有一些做法值得思考借鉴。

比如说，那些还不会走路的小孩子，感觉是十分敏锐的。他们不会说，但是能感觉到。假如他们愿意让你抱，那说明你身上柔和善良的气场较强。

你假装去喜欢一个人，成年人可能会被蒙蔽，但你骗不过小孩子。如果小孩子不愿意让你抱，或者看见你就哭闹，那你就要深刻反省自己了。动物也是如此。一只小狗、小猫，如果见了你就摇头摆尾，说明你是真喜欢它，它就像雷达一样，接收到了你的善意，所以它也喜欢你。

假如平时你身边人喜欢你，考官同样也会喜欢你。因为你身上有让人喜欢的东西。假如你见到考官就心生欢喜，考官也会心生欢喜。世界就是一面镜子，能够照出你内心的东西。世界对你的回应，就像你向大山呼喊，它会回馈给你同样的东西。你与他人的距离是一丈，他人和你的距离就是十尺。

（二）如何让别人喜欢你

作为干部，作为公务员，作为事业单位的工作人员，待人接物的能力、为人处世的能力，比专业能力更重要。这些能力，体现在一个人身上，就是周围的人认可你、接纳你、喜欢你。你说的话，他们相信；你办的事，他们信服。

如何让别人喜欢你，愿意和你接近？这个话题很大，涉及的具体思想、情绪、气质、行为太多，很容易挂一漏万，引喻失义。这一刻，笔者有点理解老子为何在《道德经》的开篇之语就说"道可道，非常道"，有点理解释迦牟尼为何感叹"不可说，不可说"了。笔者很难用较短的篇幅、最恰当的语言把自己的真实想法完整无误地总结表述出来。每一个词语，在每一个人心中的理解诠释都是不一样的；同一件事物，不同的人的感受是千差万别的。所谓"一千个人心中，有一千个哈姆雷特"。笔者还是以释迦牟尼为师，用打比方和举例子的方式来表达吧，这样容易让人心领神会，不容易产生误解。

在平常的生活工作学习中，可以有意地去把握和训练以下两点：

1. 用标志性的语言行为，涵养释放自己的善意和爱

先从父母做起。假如你和父母住在一起，可以经常甚至每天为他们做顿饭，让他们吃得高兴愉悦；假如没住一块，不可能经常见面，那就养成打电话问候的习惯。不要小看这种做法，经常这样去做，你的性格和内心会逐渐变得柔和起来，外在的形象也会随之改变。

再从夫妻儿女做起。用实际的行动和语言，让他们感觉到自己的关心和喜爱。

然后将这种方法扩展到身边每一个人。见到熟人微笑打招呼，时常真心赞美别人几句，在别人沮丧伤心的时候主动安慰一番……

总之一句话，让别人感受到自己的善意和爱。

勿以善小而不为。善良和爱是不能用数量与大小来计算的，关键是真心实意、诚心正意。这些不起眼的日常言行，会成为你自身的习惯，习惯会改变你的内心。

建议大家多看看《弟子规》，其中有些行为规则，长期坚持的话，会养成好的习惯，让别人更容易接纳喜欢自己。比如："称尊长，勿呼名；对尊长，勿见能"，"步从容，立端正，揖深圆，拜恭敬；勿践阈，勿跛倚，勿箕踞，勿摇髀。缓揭帘，勿有声；宽转弯，勿触棱。执虚器，如执盈。入虚室，如有人"等。这些行为规则，会让人显得谦恭有礼、举止有据，显得有家教、有修养。

这些行为规则好像很多，很难做到。其实，你只要能真正做到其中一条，你就能做到其中的全部。因为你能真正做到其中的一条，你就有了提升自己的意识，有了尊重别人、正确对待自己和别人的能力与习惯。

《弟子规》可以用"三心二意"来总结：恭敬心、清净心、干净心；诚意、正意。

《弟子规》中的有些要求，在现代社会中已经不合时宜，比如"谏不入，悦复谏，号泣随，挞无怨"，就显得肉麻矫情。大家可以做到合理扬弃，取其精华，去其糟粕。

前面我们讲过的每天坚持"一身汗、一顿饭、一件善事、一个小时"，也是通过特定标志性行为来涵养自己修为，形成良好习惯的一种方式。但这种方式，更适用于面试前的速成训练。

记住！用标志性较强的特定语言行为，释放自己的善意和爱，涵养自

己的内心。你要主动去喜欢别人，正确地对待别人。你希望别人如何对待你，你就如何对待别人。

2. 用修心养性的格言警句，规范自己的思想行为

想做好一件事情，或者改正一个缺点，需要经常给自己提个醒。

就如鲁迅，在三味书屋读书时，一次因迟到受到先生的批评，他就在书桌上刻了个"早"字，从此再没迟到过。

就如吴王夫差，父亲阖闾战死后，他让卫士每天早上向自己高声呼喝："夫差，你忘记了勾践杀父之仇吗？"夫差立即会站立起来，躬身大声回复道："夫差，誓死不忘！"三年后，吴国大败越国，俘虏了勾践。讽刺的是，越王勾践被夫差放归后，每天卧薪尝胆，且经常问自己："勾践，你忘记了会稽之耻吗？"二十年后，勾践灭了吴国，吴王夫差自杀。

古人说的"吾日三省吾身"，即是经常给自己提个醒。

许多僧人，无论行走坐卧，经常把"阿弥陀佛"挂在嘴边。这是为什么？其中一个目的，就是时刻提醒自己不要忘了阿弥陀佛的教导，不要忘了带业往生的修行初心。

我们要向先贤学习，向成功的案例学习，经常用一些简单的词句来提醒自己，规范自己。比如，爱生气发火的人，可以经常提醒自己：不生气，不生气，不生气……我怎么又发火了呢？也可以用这样的话反省自己：生气，是弱者的专利，是无能的表现。习惯扣肩驼背的人，可以时常念叨这句话：挺起胸来。任何感觉到疲惫失望，想要放弃的时候，可以想一想孟子的话：天将降大任于斯人也，必先苦其心志，劳其筋骨，饿其体肤，空乏其身，行拂乱其所为，所以动心忍性，曾益其所不能。受到打击、遭遇挫折的时候，可以这样提醒鼓励自己：能受天磨真铁汉，不遭人嫉是庸才。

把一些自己需要、自己喜欢的话作为自己的座右铭，经常提醒自己，这些话就会逐渐在自己的灵魂中生根发芽，自己就会逐渐按照这些话去做，慢慢成为一种习惯、气质和思维方式，自己就会变得更优秀。优秀的人，就容易被别人接纳和喜欢。

除了《弟子规》，建议大家看看《朱子治家格言》。这里头许多话可以作为修身养性的法宝，值得被奉为圭臬，比如，"施惠勿念，受恩莫忘。凡事当留余地，得意不宜再往。人有喜庆，不可生妒忌心；人有祸患，不可生喜幸心。善欲人见，不是真善；恶恐人知，便是大恶"，"一粥一饭，当思来处不易；半丝半缕，恒念物力维艰"。

经常提醒自己、坚持提升自己，这就是修心。修心，需要用"行"来修；修行，需要靠"心"来修。两者结合起来，就是知行合一。想成为更优秀的自己，就需要把功夫下在平时。

第六章

名句荟萃

古人说："言之无文，行而不远。"在面试答题过程中，如何使自己的语言更加文采斐然、引人入胜？适当引用名人名著中的经典名句，就是一个行之有效的方法。

笔者把自己认为比较有意思的诗词、格言警句汇总一下，大家可以看一看。

1. 分类收集的原则和目的

在收集汇总这些珠玉之言时，笔者主要遵循了以下原则：

第一，朗朗上口，便于耳闻。面试，是说给考官听的，因此，收集的多是容易上口、容易记忆的名句，以诗词和对仗名句为主。

第二，文采出众，易于提高。引用的多是耳熟能详、千古流传的经典名句，手法高明、意境高远。多学习这类句子，有利于提高语言文字能力。

第三，阳光正气，益于养心。笔者比较注重收集正能量和积极阳光的内容，对一些虽然文辞优美，但情绪较为负面、哀怨阴暗的内容，以及与现代社会不适应、容易产生歧义的内容，只好忍痛舍弃了。比如：李清照的"寻寻觅觅，冷冷清清，凄凄惨惨戚戚"，《孔雀东南飞》中的"徘徊庭树下，自挂东南枝"，李白的"十步杀一人，千里不留行"等。因为这些含有负面意味的句子，在面试中引用的频率很低，效果也不佳。同时，负能量的事物，容易相应地吸引来负面事物与负面情绪（这一点大家要格外注意。这就是近年来被许多人接受的吸引力法则。特别是在教育下一代的时候，在他们未成年之前，在他们未形成正确的人生观之前，尽量要少接触这些负面的事物）。

第四，分类整理，助于收藏。按照"励志精进""人间真情""家国情怀""益智修身""意境美词""人情世故"六类内容进行分类整理，同时按照从古至今，国内到国外的顺序排列。这样，有助于大家收藏和选择性地学习。

这种分类方式，和"让你'妙语连珠'的诀窍"一章中列举的分类方式不完全相同。后者更适合考生平时搜索收集；这里的分类方式则适合考生分类学习。

也有许多名句兼具多种含义，笔者就按照最初的字面意思来进行归类。在面试中，考生可以灵活掌握使用。

"励志精进""家国情怀""益智修身"之类的名言警句，大多数在面试中可以直接引用。为什么笔者要收集"人间真情""意境美词"之类的呢？好像和面试没有什么关系，非也，古代诗词中写情的内容，许多是借情喻事，用男女之情抒发对事业的向往，对美好事物的追求。即使是真的描写男女相思的诗词，也可以理解化用为诸多的其他含义。其他诸如亲情、友情、乡情、思古之幽情等，在平时写作、讲话和面试中经常可以引用。比如"衣带渐宽终不悔，为伊消得人憔悴"，可以理解为对事业、对美好事物的孜孜追求；比如李白的"美人如花隔云端"，可以理解为对美女的思念，也可以理解为对晋身庙堂建功立业的强烈渴望，更表达了他被赐金放还流落江湖的无尽遗憾。

"意境美词"之类的内容，不仅可以提升个人的品位、提高自己驾驭文字语言的能力，更可以借景抒情、借境言志。比如，习近平总书记曾经在讲话中引用了诗句"迟日江山丽，春风花草香"，让讲话生动活泼，让人感受到了神州大地孕育出的勃勃生机，感受到了中华民族的山河锦绣、国泰民安！

"人情世故"类的诗词名句，有的内容读起来容易让人感到寒凉。但是人世间就是这个样子，有阳光的地方必定有阴影。作为公务员或者事业单位的工作人员，作为社会的管理服务者，必须对此心中有数，直面这些不足和矛盾并勇敢地去适应与化解。这些内容，也可以在各种场合引用。

在收集整理的过程中，笔者比较注重考证对比，保证这些文字的准确性。有的诗词名句的文字和作者出处，存在诸多版本，甚至差异性很大。对于这些，笔者至少要查阅对比三种以上的资料，才会把笔者认为最接近真实的内容予以引用。

在收集整理的工程中，笔者注意把握以下三个重点：

一是以中华传统文化为主。值得自豪的是在整理对比中笔者发现，中华传统文化博大精深，语言精练、耐人寻味，最适合引用。

二是以经典为主。优秀的文字诸多，但需要有所取舍，把流传较广较久、大众认可的部分整理出来。我们时间精力有限，要学就学最好的。弱水三千，我们只取最好的那一瓢饮。

三是以简短易懂的文字为主。太长的内容不容易记忆引用，所以舍弃许多虽美但较为冗长的部分；先秦之前的许多经典，由于一些文字佶屈聱牙，难懂难记，所以舍弃不收；也有个别内容，因为内容过于优美，笔者舍不得删减，或者拆分后不能完整表达作者原意的，就将整篇搬过来，让大家根据个人喜好选择性学习。

2. 有效学习和运用的方法

这些内容看似不多，但想要记到心里也是不容易的。笔者建议大家这样去做：

第一，通读。把所有的内容全部看一遍，包括诗词内容和括号内的内容。

第二，选择。选择自己喜欢的那些内容，根据文字的出处，通读理解整篇原文。

第三，背诵。整篇内容记不住的，把这些名句背会就行了。

第四，温习。背会之后，经常去温习或默诵，这些诗句就会和自己融为一体。

第五，化用。一些历史久远的词句在语音语境含义方面和现代社会不尽相融了，那就改编它，把它变成自己喜欢、更容易被现代人接受的语言文字。比如"将相顶头堪走马，公侯肚里好撑船"，可以改变成"将军额上能跑马，宰相肚里能撑船"；"营大者不计小名，图远者弗拘近利"，可以变成做"做大事者不计较小的功名，行千里者不贪图蝇头小利"。

按照以上步骤去做，效果会明显一些。这是笔者个人的经历感受。

一、励志精进类

（1）天行健，君子以自强不息；地势坤，君子以厚德载物。

（西周·姬昌，《周易·象传》）

（2）道阻且长，行则将至。

（前一句出自《诗经·国风·蒹葭》，后一句为《荀子·修身》中的"道虽迩，不行不至；事虽小，不为不成"化用而成。2019 年在中国北京世界园艺博览会开幕式上，习近平总书记在讲话中首次使用"道阻且长，行则将至"）

（3）道之所在，虽千万人吾往矣。

（战国·孟子，《孟子·公孙丑上》）

（4）志不强者智不达，言不信者行不果。

（战国·墨子，《墨子·修身》）

（5）不积跬步，无以至千里；不积小流，无以成江海。

（战国·荀子，《劝学》。"跬"，读作 kuǐ）

（6）骐骥一跃，不能十步；驽马十驾，功在不舍。

（战国·荀子，《劝学》）

（7）锲而舍之，朽木不折；锲而不舍，金石可镂。

（战国·荀子，《劝学》）

（8）宰相必起于州郡，猛将必发于卒伍。

（战国·韩非子，《韩非子·显学》。原文为"宰相必起于州部，猛将必发于卒伍"）

（9）燕雀安知鸿鹄之志。

（西汉·司马迁，《史记·陈涉世家》）

（10）少壮不努力，老大徒伤悲。

（东汉·无名氏，《长歌行》）

（11）老骥伏枥，志在千里。烈士暮年，壮心不已。

（东汉·曹操，《龟虽寿》）

（12）志当存高远。

（三国·诸葛亮，《诸葛亮集·诫外甥书》）

（13）志行万里者，不中道而辍足。

（晋·陈寿，《三国志·吴书·陆逊传》）

（14）盛年不再来，一日难再晨。及时当勉励，岁月不待人。

（晋·陶渊明，《杂诗》）

（15）精卫衔微木，将以填沧海。刑天舞干戚，猛志固常在。

（晋·陶渊明，《读山海经·其十》）

（16）丈夫生世能几时，安能叠燮垂羽翼。

（南北朝·宋·鲍照，《拟行路难·其六》。"燮"，读作 xiè）

（17）不入虎穴，焉得虎子。

（南朝·宋·范晔，《后汉书·班超传》）

（18）老当益壮，宁移白首之心；穷且益坚，不坠青云之志。

（唐·王勃，《滕王阁序》）

（19）北海虽赊，扶摇可接；东隅已逝，桑榆非晚。

（唐·王勃，《滕王阁序》）

（20）虽复尘埋无所用，犹能夜夜气冲天。

（唐·郭震，《宝剑篇》，亦名《古剑篇》）

（21）大鹏一日同风起，扶摇直上九万里。假令风歇时下来，犹能簸却沧溟水……宣父犹能畏后生，丈夫未可轻年少。

（唐·李白，《上李邕》。"邕"，读作 yōng，同"雍"）

（22）天生我材必有用，千金散尽还复来。

（唐·李白，《将进酒》）

（23）仰天大笑出门去，我辈岂是蓬蒿人。

（唐·李白，《南陵别儿童入京》）

（24）长风破浪会有时，直挂云帆济沧海。

（唐·李白，《行路难·其一》）

（25）大贤虎变愚不测，当年颇似寻常人。

（唐·李白，《梁甫吟》）

（26）黄沙百战穿金甲，不破楼兰终不还。

（唐·王昌龄，《从军行七首·其四》）

（27）会当凌绝顶，一览众山小。

（唐·杜甫，《望岳》）

（28）为人性僻耽佳句，语不惊人死不休。

（唐·杜甫，《江上值水如海势聊短述》）

（29）三更灯火五更鸡，正是男儿读书时。黑发不知勤学早，白首方悔读书迟。

（唐·颜真卿，《劝学诗》）

（30）书山有路勤为径，学海无涯苦作舟。

（唐·韩愈，治学名联。明代《增广贤文》收录）

（31）春蚕到死丝方尽，蜡炬成灰泪始干。

（唐·李商隐，《无题》）

（32）胜败兵家事不期，包羞忍耻是男儿。江东子弟多才俊，卷土重来未可知。

（唐·杜牧，《题乌江亭》）

（33）十年磨一剑。

（唐·贾岛，《剑客》）

（34）千淘万漉虽辛苦，吹尽狂沙始到金。

（唐·刘禹锡，《浪淘沙九首·其九》）

（35）莫道桑榆晚，为霞尚满天。

（唐·刘禹锡，《酬乐天咏老见示》）

（36）不是一番寒彻骨，哪得梅花扑鼻香。

（唐·黄檗，"檗"，读作 bò，禅师，《上堂开示颂》）

（37）千岩万壑不辞劳，远看方知出处高；溪涧岂能留得住，终归大海作波涛。

（前两句为黄檗禅师所作；后两句为唐宣宗李忱早年被迫出家为僧时，接续黄檗禅师的诗句）

（38）春风得意马蹄疾，一日看尽长安花。

（唐·孟郊，《登科后》）

（39）他年我若为青帝，报与桃花一处开。

（唐·黄巢，《题菊花》）

（40）建功立业当盛日。

（宋·欧阳修，《听平戎操》）

（41）艰难困苦，玉汝于成。

（宋·张载，《西铭》。原文为：贫贱忧戚，庸玉汝于成）

（42）为天地立心，为生民立命，为往圣继绝学，为万世开太平。

（宋·张载，《横渠语录》）

（43）谁道人生无再少？门前流水尚能西。

（宋·苏轼，《游蕲水清泉寺》。"蕲"，读作 qí）

（44）古之立大事者，不惟有超世之才，亦必有坚忍不拔之志。

（宋·苏轼，《晁错论》）

（45）弄潮儿向涛头立。手把红旗旗不湿。

（宋·潘阆，"阆"，读作 láng，《酒泉子·长忆观潮》）

（46）子规夜半犹啼血，不信东风唤不回。

（宋·王令，《送春》）

（47）莫等闲，白了少年头，空悲切。

（宋·岳飞，《满江红·怒发冲冠》）

（48）生当作人杰，死亦为鬼雄。

（宋·李清照，《夏日绝句》）

（49）书中自有黄金屋……书中自有颜如玉。

（宋·宋真宗赵恒，《励学篇》）

（50）明日登峰须造极，渺观宇宙我心宽。

（宋·谢枋得，《小孤山》）

（51）莫道君行早，更有早行人。

（宋·释道原，《景德传灯录》。明代《增广贤文》引用后广为人知）

（52）青山遮不住，毕竟东流去。

（宋·辛弃疾，《菩萨蛮·书江西造口壁》）

（53）唤起一天明月，照我满怀冰雪，浩荡百川流。

（宋·辛弃疾，《水调歌头·和马叔度游月波楼》）

（54）绳锯木断，水滴石穿。

（宋·罗大经，《鹤林玉露·一钱斩吏》。此句为《汉书·枚乘传》中："泰山之溜穿石，单极之便断干。水非石之钻，索非木之锯，渐靡使之然也。"化用而来）

（55）黄河尚有澄清日，岂可人无得运时。

（最早出自宋代戏曲《张协状元》，后为《增广贤文》等多种典籍收录引用）

（56）一举首登龙虎榜，十年身到凤凰池。

（宋·刘昌言，《上吕相公》）

（57）十年窗下无人问，一举成名天下知。

（元·高明，《琵琶记》）

（58）雪压枝头低，虽低不着泥。一朝红日出，依旧与天齐。

（明·朱元璋，《咏竹》。此诗可与陈毅元帅的"大雪压青松，青松挺且直。欲知松高洁，待到雪化时"对照鉴赏）

（59）精诚所至，金石为开。

（明·凌濛初，《初刻拍案惊奇》第九卷。前人多有类似之句，如《庄子·渔父》："真者，精诚之至也，不精不诚，不能动人。"汉代王充的《论衡·感虚篇》："精诚所加，金石为亏。"南朝宋国范晔的《后汉书·广陵思王荆传》："精诚所加，金石为开。"）

（60）夜半梅花春雪里，小窗灯火读书声。

（明·汤显祖，《与李太虚》）

（61）长将一寸身，衔木到终古。我愿东海平，身沉心不改。大海无平期，我心无绝时。

（明末清初·顾炎武，《精卫·万事有不平》）

（62）字字看来都是血，十年辛苦不寻常。

（清·曹雪芹，《自题红楼梦》）

（63）好风凭借力，送我上青云。

（清·曹雪芹，《临江仙·柳絮》）

（64）苔花如米小，也学牡丹开。

（清·袁枚，《苔》）

（65）千红万紫安排著，只待新雷第一声。

（清·张维屏，《新雷》）

（66）有志者，事竟成。破釜沉舟，百二秦关终属楚。苦心人，天不负。卧薪尝胆，三千越甲可吞吴。

（清·蒲松龄，对联）

（67）海到无边天作岸，山登绝顶我为峰。

（清·林则徐，对联）

（68）能受天磨真铁汉，不遭人嫉是庸才！

（清·左宗棠，无名诗）

（69）画工须画云中龙，为人须为人中雄。

（清·秋瑾，《赠蒋鹿珊先生言志且为他日成功之鸿爪也》）

（70）前途似海，来日方长。

（清·梁启超，《少年中国说》）

（71）念念不忘，必有回响。

［民国·李叔同（弘一法师），《晚晴集》］

（72）不信青春唤不回，不容青史尽成灰。

（民国·于右任，《题民元照片》）

（73）贵有恒，何必三更眠五更起；最无益，只怕一日曝十日寒。

（毛泽东在湖南第一师范学校期间写的自勉对联，源自明代胡胥仁。原联是："若有恒，何必三更眠五更起；最无益，莫过一日曝十日寒"）

（74）孩儿立志出乡关，学不成名誓不还。埋骨何须桑梓地，人生无处不青山。

（毛泽东，《改诗赠父亲》）

（75）独坐池塘如虎踞，绿荫树下养精神。春来我不先开口，哪个虫儿敢作声。

（毛泽东，《七绝·咏蛙》）

（76）问苍茫大地，谁主沉浮？

（毛泽东，《沁园春·长沙》）

（77）敌军围困万千重，我自岿然不动。

（毛泽东，《西江月·井冈山》）

（78）自信人生二百年，会当击水三千里。

（毛泽东，残句）

（79）踏遍青山人未老，风景这边独好。

（毛泽东，《清平乐·会昌》）

（80）雄关漫道真如铁，而今迈步从头越。

（毛泽东，《忆秦娥·娄山关》）

（81）红军不怕远征难，万水千山只等闲。

（毛泽东，《七律·长征》）

（82）欲与天公试比高。

（毛泽东，《沁园春·雪》）

（83）数风流人物，还看今朝。

（毛泽东，《沁园春·雪》）

（84）宜将剩勇追穷寇，不可沽名学霸王。

（毛泽东，《人民解放军占领南京》）

（85）不管风吹浪打，胜似闲庭信步。

（毛泽东，《水调·歌头游泳》）

（86）神女应无恙，当惊世界殊。

（毛泽东，《水调·歌头游泳》）

（87）坐地日行八万里，巡天遥看一千河。

（毛泽东，《七律二首·送瘟神·其二》）

（88）红雨随心翻作浪，青山着意化为桥。

（毛泽东，《七律二首·送瘟神·其二》）

（89）乱云飞渡仍从容。

（毛泽东，《七绝·为李进同志题所摄庐山仙人洞照》）

（90）一万年太久，只争朝夕。

（毛泽东，《满江红·和郭沫若同志》）

（91）世上无难事，只要肯登攀。

（毛泽东，《水调歌头·重上井冈山》）

（92）花落自有花开日，蓄芳待来年。

（毛泽东，《卜算子·悼国际共产主义战士艾地同志》）

（93）面壁十年图破壁，难酬蹈海亦英雄。

（周恩来，《无题·大江歌罢掉头东》）

（94）沧海横流，方显出，英雄本色。

（郭沫若，《满江红》）

（95）此去泉台招旧部，旌旗十万斩阎罗。

（陈毅，《梅岭三章》其一）

（96）老牛自知夕阳晚，不须扬鞭自奋蹄。

（臧克家，《老黄牛》）

（97）成功的花儿，人们只惊羡她现时的明艳！然而当初她的芽儿，浸透了奋斗的泪泉，洒遍了牺牲的血雨。

（冰心，《繁星》诗集第55首）

（98）勤能补拙是良训，一分辛劳一分才。

（华罗庚，数学家）

（99）一切的现在都孕育着未来/未来的一切都生长于它的昨天/希望，而且为它斗争/请把这一切放在你的肩上。

（舒婷，《这也是一切》）

（100）我不去想是否能够成功/既然选择了远方/便只顾风雨兼程/我不去想能否赢得爱情/既然钟情于玫瑰/就勇敢地吐露真诚/我不去想身后

会不会袭来寒风冷雨/既然目标是地平线/留给世界的只能是背影。

(汪国真，《热爱生命》)

（101）当我们跨越了一座高山，也就跨越了一个真实的自己。

(汪国真，《跨越自己》)

（102）没有比人更高的山，没有比脚更长的路。

(汪国真，《山高路远》)

（103）我微笑着走向生活/无论生活以什么方式回敬我/报我以平坦吗？我是一条欢乐奔流的小河/报我以崎岖吗？我是一座庄严思索的大山/报我以幸福吗？我是一只凌空飞翔的燕子/报我以不幸吗？我是一根劲竹经得起千击万磨/生活里不能没有笑声/没有笑声的世界该是多么寂寞/什么也改变不了我对生活的热爱/我微笑着走向火热的生活！

(汪国真，《我微笑着走向生活》)

（104）倘若才华得不到承认/与其诅咒，不如坚忍/在坚忍中积蓄力量，默默耕耘/……/既然今天，没人识得星星一颗/那么明日，何妨做皓月一轮。

(汪国真，《倘若才华得不到承认》)

（105）我要飞翔，哪怕没有坚硬的翅膀/我要歌唱，哪怕没有人为我鼓掌/我用生命和热血铺路/没有一个季节能把青春阻挡

(汪国真，《挡不住的青春》)

（106）只要春天还在，我就不会悲哀/纵使黑夜吞噬了一切，太阳还可以重新回来/只要生命还在，我就不会悲哀/纵使陷身茫茫沙漠，还有希望的绿洲存在/只要明天还在，我就不会悲哀/冬雪终会慢慢融化，春雷定将滚滚而来

(汪国真，《只要明天还在》)

（107）垂下头颅，只是为了让思想扬起/你若有一个不屈的灵魂/脚下，就会有一片坚实的土地。

(汪国真，《旅程》)

（108）是男儿，总要走向远方/走向远方，让生命更辉煌/……/我们学着承受痛苦/把眼泪像珍珠一样收藏/贮存到成功的那一天，让它流淌/哪怕流它个大海汪洋。

(汪国真，《旅程》。为了便于背诵朗读，笔者对某些词句进行了改动删减)

（109）你的负担将变成礼物，你受的苦将照亮你的路。

（印度·泰戈尔，《渡》）

（110）世界以痛吻我，我要报之以歌。

（印度·泰戈尔，《飞鸟集》）

（111）只有经历过地狱般的磨砺/才能练就创造天堂的力量/只有流过血的手指/才能弹出世间的绝响/即使翅膀折了/心也要飞翔。

（印度·泰戈尔，《飞鸟集》）

（112）假如生活欺骗了你/不要忧郁，不要愤慨/不顺心时暂且忍耐/相信吧，快乐的日子就要到来/心儿憧憬着未来/现实却总是令人悲哀/一切都是瞬息，一切都会过去/而那逝去了的/将会重新变为可爱。

（俄罗斯·普希金，《假如生活欺骗了你》。笔者根据有关译本，略作改动，使之更加口语化）

（113）如果冬天来了，春天还会远吗？

（英国·雪莱，《西风颂》）

二、人间真情类

（1）关关雎鸠，在河之洲，窈窕淑女，君子好逑。

（周，《诗经·国风·周南·关雎》）

（2）蒹葭苍苍，白露为霜。所谓伊人，在水一方。

（周，《诗经·国风·秦风·蒹葭》）

（3）昔我往矣，杨柳依依。今我来思，雨雪霏霏。行道迟迟，载渴载饥。我心伤悲，莫知我哀！

（周，《诗经·小雅·采薇》）

（4）执子之手，与子偕老。

（周，《诗经·国风·邶风·击鼓》。"邶"，读作 bèi）

（5）今夕何夕兮，搴舟中流？今日何日兮，得与王子同舟？

（东周·春秋，《越人歌》）

（6）山有木兮木有枝，心悦君兮君不知。

（东周·春秋，《越人歌》）

（7）兰有秀兮菊有芳，怀佳人兮不能忘。

［汉·刘彻（亦即汉武帝），《秋风辞》］

（8）我所思兮在太山，欲往从之梁父艰，侧身东望涕沾翰。

[东汉·张衡（科学家、文学家），《四愁诗》]

（9）愿得一人心，白头不相离。

（汉·卓文君，《白头吟》）

（10）思君如流水，何有穷已时。

（汉·徐干，《室思其三》）

（11）树欲静而风不止，子欲养而亲不待。

（汉·韩婴，《韩诗外传》）

（12）上邪！我欲与君相知，长命无绝衰。山无陵，江水为竭，冬雷震震，夏雨雪，乃敢与君绝。

（汉·无名氏，《上邪》。"邪"为通假字，语气助词，同"耶"。"上邪"，就是"老天爷啊"。）

（13）衣不如新，人不如故。

（汉·无名氏，《古艳歌》）

（14）君当作磐石，妾当作蒲苇。蒲苇韧如丝，磐石无转移。

（汉·无名氏，《孔雀东南飞》）

（15）思君令人老，岁月忽已晚。

（汉·无名氏，《古诗十九首之一·行行重行行》）

（16）愿为双鸿鹄，奋翅起高飞。

（汉·无名氏，《古诗十九首之五·西北有高楼》）

（17）盈盈一水间，脉脉不得语。

（汉·无名氏，《古诗十九首之十·迢迢牵牛星》）

（18）青青子衿，悠悠我心。但为君故，沉吟至今。

（东汉·曹操，《短歌行》）

（19）忧从中来，不可断绝。

（东汉·曹操，《短歌行》）

（20）十六拍兮思茫茫，我与儿兮各一方。日东月西兮徒相望，不得相随兮空断肠。

（东汉·蔡文姬，《胡笳十八拍》）

（21）念君客游思断肠，慊慊思归恋故乡。

（三国魏·曹丕，《燕歌行》）

（22）忧来思君不敢忘，不觉泪下沾衣裳。

（三国魏·曹丕，《燕歌行》）

（23）羁鸟念旧林，池鱼思故渊。

（晋·陶渊明，《归园田居》）

（24）梦中不识路，何以慰相思。

［南北朝·沈约（在南朝的宋、齐、梁三个朝代为官），《别范安成》］

（25）折花逢驿使，寄与陇头人。江南无所有，聊赠一枝春。

（南北朝·北魏·陆凯，《赠范晔诗》）

（26）山中何所有，岭上多白云。只可自怡悦，不堪持赠君。

（南北朝·梁·陶弘景，《诏问山中何所有赋诗以答》）。此诗可以和
《赠范晔诗》一并对照鉴赏）

（27）春草碧色，春水渌波，送君南浦，伤如之何！

［南北朝·江淹（历经宋、齐、梁三代），《别赋》］

（28）海上生明月，天涯共此时。情人怨遥夜，竟夕起相思。

（唐·张九龄，《望月怀远》）

（29）思君如满月，夜夜减清辉。

（唐·张九龄，《赋得自君之出矣》）

（30）看朱成碧思纷纷，憔悴支离为忆君。不信比来长下泪，开箱验
取石榴裙。

（唐·武则天，《如意娘》。"比"，分别）

（31）近乡情更怯，不敢问来人。

（唐·宋之问，《渡汉江》）

（32）愿作鸳鸯不羡仙。

（唐·卢照邻，《长安古意》。此句今人往往引作"只羡鸳鸯不羡仙"）

（33）莫愁前路无知己，天下谁人不识君。

（唐·高适，《别董大》）

（34）还将两行泪，遥寄海西头。

（唐·孟浩然，《宿桐庐江寄广陵旧游》）

（35）举头望明月，低头思故乡。

（唐·李白，《静夜思》）

（36）感此伤妾心，坐愁红颜老。

（唐·李白，《长干行》）

（37）但见泪痕湿，不知心恨谁。

（唐·李白，《怨情》）

（38）相思相见知何日？此时此夜难为情。

（唐·李白，《三五七言诗》）

（39）桃花潭水深千尺，不及汪伦送我情。

（唐·李白，《赠汪伦》）

（40）我寄愁心与明月，随君直到夜郎西。

（唐·李白，《闻王昌龄左迁龙标遥有此寄》）

（41）秋风吹不尽，总是玉关情。

（唐·李白，《子夜吴歌·秋歌》）

（42）孤灯不明思欲绝，卷帷望月空长叹。

（唐·李白，《长相思·其一》）

（43）请君试问东流水，别意与之谁短长。

（唐·李白，《金陵酒肆留别》）

（44）长相思，摧心肝。

（唐·李白，《长相思》）

（45）西忆故人不可见，东风吹梦到长安。

（唐·李白，《江夏赠韦南陵冰》）

（46）思君若汶水，浩荡寄南征。

（唐·李白，《沙丘城下寄杜甫》）

（47）感时花溅泪，恨别鸟惊心。

（唐·杜甫，《春望》）

（48）烽火连三月，家书抵万金。

（唐·杜甫，《春望》）

（49）人生不相见，动如参与商。今夕复何夕，共此灯烛光。少壮能几时，鬓发各已苍。访旧半为鬼，惊呼热中肠。焉知二十载，重上君子堂。昔别君未婚，儿女忽成行。

（唐·杜甫，《赠卫八处士》）

（50）明日隔山岳，世事两茫茫。

（唐·杜甫，《赠卫八处士》）

（51）故人入我梦，明我长相忆。

（唐·杜甫，《梦李白二首·其一》）

（52）三夜频梦君，情亲见君意。

（唐·杜甫，《梦李白二首·其二》）

（53）露从今夜白，月是故乡明。

（唐·杜甫，《月夜忆舍弟》）

（54）不知魂已断，空有梦相随。

（唐·韦庄，《女冠子·四月十七》）

（55）每逢佳节倍思亲。

（唐·王维，《九月九日忆山东兄弟》）

（56）海内存知己，天涯若比邻。

（唐·王维，《送杜少府之任蜀州》）

（57）东边日出西边雨，道是无晴却有晴。

（唐·刘禹锡，《竹枝词》）

（58）斑竹枝，斑竹枝，泪痕点点寄相思。

（唐·刘禹锡，《潇湘神·斑竹枝》）

（59）在天愿作比翼鸟，在地愿为连理枝。

（唐·白居易，《长恨歌》）

（60）天长地久有时尽，此恨绵绵无绝期。

（唐·白居易，《长恨歌》）

（61）相恨不如潮有信，相思始觉海非深。

（唐·白居易，《浪淘沙·借问江潮与海水》）

（62）谁言寸草心，报得三春晖。

（唐·孟郊，《游子吟》）

（63）易求无价宝，难得有情郎。

（唐·鱼玄机，《赠邻女》。原文为"有心郎"，今人多念作"有情郎"。笔者认为，读作"情"字更好，更适合现代社会的词义）

（64）忆君心似西江水，日夜东流无歇时。

（唐·鱼玄机，《江陵愁望寄子安》）

（65）曾经沧海难为水，除却巫山不是云。

（唐·元稹，《离思五首·其四》）

（66）诚知此恨人人有，贫贱夫妻百事哀。

（唐·元稹，《遣悲怀三首·其二》）

（67）惟将终夜长开眼，报答平生未展眉。

（唐·元稹，《遣悲怀三首·其三》）

（68）多情却似总无情，惟觉樽前笑不成。蜡烛有心还惜别，替人垂泪到天明。

（唐·杜牧，《赠别》）

（69）此情可待成追忆？只是当时已惘然。

（唐·李商隐，《锦瑟》）

（70）君问归期未有期，巴山夜雨涨秋池。何当共剪西窗烛，却话巴山夜雨时。

（唐·李商隐，《夜雨寄北》）

（71）相见时难别亦难，东风无力百花残。

（唐·李商隐，《无题》）

（72）相思一夜情多少，地角天涯未是长。

（唐·张仲素，《燕子楼诗三首·其一》）

（73）从此无心爱良夜，任他明月下西楼。

（唐·李益，《写情》）

（74）还君明珠双泪垂，恨不相逢未嫁时。

（唐·张籍，《节妇吟》）

（75）洛阳城里见秋风，欲作家书意万重。复恐匆匆说不尽，行人临发又开封。

（唐·张籍，《秋思》）

（76）忆君泪落东流水，岁岁花开知为谁？

（唐·李颀，"颀"，读作 qí，《题卢五旧居》）

（77）若教解语应倾国，任是无情亦动人。

（唐·罗隐，《牡丹花》。宋代秦观的《南乡子·妙手写徽真》中化用为"任是无情也动人"）

（78）多情只有春庭月，犹为离人照落花。

（唐·张泌，《寄人》）

（79）人间多别离，处处是相思。

（唐·雍陶，《寒食夜池上对月怀友》）

（80）蓬鬓荆钗世所稀，布裙犹是嫁时衣。胡麻好种无人种，正是归时不见归。

（唐·葛鸦儿，《怀良人》）

（81）夫戍边关妾在吴，西风吹妾妾忧夫。一行书信千行泪，寒到君边衣到无？

（唐·陈玉兰，《寄外征衣》）

（82）打起黄莺儿，莫教枝上啼。啼时惊妾梦，不得到辽西。

（唐·金昌绪，《春怨》）

（83）故国三千里，深宫二十年。一声何满子，双泪落君前。

（唐·张祜，"祜"，读作 hù，《宫词》）

（84）换我心，为你心，始知相忆深。

（五代蜀国·顾夐，"夐"，读作 xiòng，《诉衷情·永夜抛人何处去》）

（85）记得绿罗裙，处处怜芳草。

（五代·后唐·牛希济，《生查子·春山烟欲收》）

（86）别时容易见时难。

（五代南唐·李煜，《浪淘沙令·帘外雨潺潺》）

（87）剪不断，理还乱，是离愁。别是一般滋味在心头。

（五代南唐·李煜，《乌夜啼》）

（88）问君能有几多愁，恰是一江春水向东流。

（五代南唐·李煜，《虞美人》）

（89）离恨恰如春草，更行更远还生。

（五代南唐·李煜，《清平东》）

（90）天不老，情难绝。心似双丝网，中有千千结。

（宋·张先，《千秋岁·数声鶗鴂》，"鶗鴂"，读作 tí jué，亦即杜鹃鸟）

（91）十年生死两茫茫。不思量，自难忘。

（宋·苏轼，《江城子·乙卯正月二十日夜记梦》）

（92）相顾无言，惟有泪千行。

（宋·苏轼，《江城子·乙卯正月二十日夜记梦》）

（93）但愿人长久，千里共婵娟。

（宋·苏轼，《水调歌头·明月几时有》）

（94）天涯何处无芳草。

（宋·苏轼，《蝶恋花·花褪残红青杏小》）

（95）多情总被无情恼。

（宋·苏轼，《蝶恋花·花褪残红青杏小》）

（96）人生乐在相知心。

（宋·王安石，《明妃曲·其二》）

（97）人言落日是天涯，望极天涯不见家。已恨碧山相阻隔，碧山还被暮云遮。

（宋·李觏，"觏"，读作 gòu，《乡思》）

（98）天涯地角有穷时，只有相思无尽处。

（宋·晏殊，《玉楼春·春恨》）

（99）无情不似多情苦。一寸还成千万缕。

（宋·晏殊，《玉楼春·春恨》）

（100）月上柳梢头，人约黄昏后。

（宋·欧阳修，《生查子·去年元月时》）

（101）明月不知君已去，夜深还照读书窗。

（宋·刘子翚，"翚"，读作 huī，《绝句送巨山》）

（102）两情若是久长时，又岂在朝朝暮暮。

（宋·秦观，《浣溪沙·纤云弄巧》）

（103）柔情似水，佳期如梦。

（宋·秦观，《浣溪沙·纤云弄巧》）

（104）此情无计可消除，才下眉头，却上心头。

（宋·李清照，《一剪梅·红藕香残玉簟秋》）

（105）物是人非事事休，欲语泪先流。

（宋·李清照，《武陵春·春晚》）

（106）花自飘零水自流，一种相思，两处闲愁。

（宋·李清照，《一剪梅·红藕香残玉簟秋》）

（107）只愿君心似我心，定不负相思意。

（宋·李之义，《卜算子·我住长江头》）

（108）日日思君不见君，共饮长江水。

（宋·李之义，《卜算子·我住长江头》）

（109）多情自古伤离别。

（宋·柳永，《雨霖铃·寒蝉凄切》）

（110）执手相看泪眼，竟无语凝噎。

（宋·柳永，《雨霖铃·寒蝉凄切》）

（111）悲欢离合总无情。一任阶前、点滴到天明。

（宋·蒋捷，《虞美人·听雨》）。这首词不同寻常，在中国文学史上地位甚高，把全文背下来才能领略其中意味：少年听雨歌楼上，红烛昏罗帐。壮年听雨客舟中，江阔云低、断雁叫西风。而今听雨僧庐下，鬓已星

星也。悲欢离合总无情，一任阶前、点滴到天明）

（112）从别后，忆相逢。几回魂梦与君同。

（宋·晏几道，《鹧鸪天·彩袖殷勤捧玉钟》）

（113）若教眼底无离恨，不信人间有白头。

（宋·辛弃疾，《鹧鸪天·晚日寒鸦一片愁》）

（114）千金纵买相如赋，脉脉此情谁诉？

（宋·辛弃疾，《摸鱼儿·更能消几番风雨》）

（115）相思似海深，旧事如天远。泪滴千千万万行，更使人、愁肠断。

（宋·乐婉，《卜算子·答施》）

（116）问世间情是何物，直教生死相许。

（元·元好问，《摸鱼儿·雁丘词》。因为姜育恒的《梅花三弄》广为传唱之故，今人习惯引作"问世间情为何物，直教人生死相许"；此句也因金庸先生《神雕侠侣》中李莫愁的吟诵感伤而闻名）

（117）情不知所起，一往而深。

（明·汤显祖，《牡丹亭》）

（118）闺中少妇停梭泣，泪湿鸳鸯不成匹。

（明·欧大任，《乌栖曲》）

（119）晓看天色暮看云，行也思君，坐也思君。

（明·唐寅，《一剪梅·雨打梨花深闭门》）

（120）丈夫有泪不轻弹，只因未到伤心处。

（明·李开先，《夜奔》。"丈夫有泪不轻弹"，今人多引作"男儿有泪不轻弹"）

（121）江水三千里，家书十五行。行行无别语，只道早还乡。

（明·袁凯，《京师得家书》）

（122）莫道春来便归去，江南虽好是他乡。

（明·王恭，《春雁》）

（123）别时携手上河梁，两岸相看即异乡。

（明·王世贞，《别弟》）

（124）似此星辰非昨夜，为谁风露立中宵。

（清·黄景仁，《绮怀诗》）

（125）爱子心无尽，归家喜及辰。寒衣针线密，家信墨痕新。见面怜清瘦，呼儿问苦辛。低徊愧人子，不敢叹风尘。

（清·蒋士铨，《岁暮到家》。可与唐代诗人孟郊的《游子吟》："慈母

手中线，游子身上衣。临行密密缝，意恐迟迟归。谁言寸草心，报得三春晖。"对照鉴赏)

（126）当时只道是寻常。

（清·纳兰性德，《浣溪沙·谁念西风独自凉》）

（127）好多年了，你一直在我的伤口中幽居。我放下过天地，却从未放下过你，我生命中的千山万水，任你一一告别。

[清·仓央嘉措（六世达赖）]

（128）可怜天下父母心。

（清·慈禧太后，《祝母寿诗》：世间爹妈情最真，泪血溶入儿女身。殚竭心力终为子，可怜天下父母心）

（129）只要你听着我的歌声落了泪，就不必打开窗门问我："你是谁？"

（民国·冯至，《蚕马》）

（130）醉过才知酒浓，爱过才知情重。你不能做我的诗，正如我不能做你的梦。

（胡适，《梦与诗》）

（131）家人闲坐，灯火可亲。

（汪曾祺）

（132）你是一树一树的花开，是燕在梁间呢喃。你是爱，是暖，是希望，你是人间的四月天。

（林徽因，《你是人间的四月天》）

（133）樱花红陌上，柳叶绿池边。燕子声声里，相思又一年。

（周恩来，《春日偶成》）

（134）让我怎样感谢你，当我走向你的时候，我原想收获一缕春风，你却给了我整个春天。

（汪国真，《感谢》）

（135）故乡的歌是一支清远的笛/总在有月亮的晚上响起/故乡的面貌却是一种模糊的怅惘/仿佛雾里的挥手别离。

（席慕容，《乡愁》）

（136）我如果爱你——
绝不像攀援的凌霄花，
借你的高枝炫耀自己。

我如果爱你——

绝不学痴情的鸟儿,

为绿荫重复单纯的歌曲。

（舒婷,《致橡树》）

（137）不怕天涯海角,岂在朝朝夕夕。你在我的航程上,我在你的视线里。

（舒婷,《双桅船》）

（138）与其在悬崖上展览千年,不如在爱人肩头痛哭一晚。

（舒婷,《神女峰》）

（139）你见,或者不见我,我就在那里,不悲不喜;

你念,或者不念我,情就在那里,不来不去;

你爱,或者不爱我,爱就在那里,不增不减;

你跟,或者不跟我,我的手就在你手里,不舍不弃。

（扎西拉姆多多,《见与不见》）

（140）世界上最远的距离,不是生与死的距离,而是我站在你面前,你却不知道我爱你。

世界上最远的距离,不是我站在你面前,你不知道我爱你,而是爱到痴迷,却不能说我爱你。

世界上最远的距离,不是我不能说我爱你,而是想你痛彻心脾,却只能深埋心底。

世界上最远的距离,不是我不能说我想你,而是彼此相爱,却不能够在一起。

世界上最远的距离,不是彼此相爱却不能够在一起,而是明知道真爱无敌,却装作毫不在意。

世界上最远的距离,不是树与树的距离,而是同根生长的树枝,却无法在风中相依。

世界上最远的距离,不是树枝无法相依,而是相互瞭望的星星,却没有交汇的轨迹。

世界上最远的距离,不是星星之间的轨迹,而是纵然轨迹交汇,却在转瞬间无处寻觅。

世界上最远的距离,不是瞬间便无处寻觅,而是尚未相遇,便注定无法相聚。

世界上最远的距，是鱼与飞鸟的距离，一个在天，一个却深潜海底。

（印度·泰戈尔，《世界上最远的距离》）

（141）眼睛为她下着雨，心却为她打着伞，这就是爱情。

（印度·泰戈尔，《吉檀迦利》）

（142）多少人爱你年轻欢畅的青春，爱你的美丽、假意或真心。

只有一个人，爱你那朝圣者的灵魂，爱你那老了的、痛苦的皱纹。

（爱尔兰·叶芝，《当你老了》。笔者根据有关译本略作改动，使之更加口语化）

（143）我愿意是急流，是山里的小河，

在崎岖的路上、岩石上经过……

只要我的爱人，是一条小鱼，

在我的浪花中，快乐地游来游去。

我愿意是荒林，在河流的两岸，

对一阵阵的狂风，勇敢地作战……

只要我的爱人，是一只小鸟，

在我的稠密的，树枝间做窠，鸣叫。

我愿意是废墟，在峻峭的山岩上，

这静默的毁灭，并不使我懊丧……

只要我的爱人，是青青的常春藤，

沿着我荒凉的额，亲密地攀援上升。

我愿意是草屋，在深深的山谷底，

草屋的顶上，饱受风雨的打击……

只要我的爱人，是可爱的火焰，

在我的炉子里，愉快地缓缓闪现。

我愿意是云朵，是灰色的破旗，

在广漠的空中，懒懒地飘来荡去，

只要我的爱人，是珊瑚似的夕阳，

傍着我苍白的脸，显出鲜艳的辉煌。

（匈牙利·裴多菲，《我愿意是急流》）

三、家国情怀类

（1）岂曰无衣？与子同袍。王于兴师，修我戈矛。与子同仇。

（周，《诗经·国风·秦风·无衣》）

（2）长太息以掩涕兮，哀民生之多艰。

（战国·楚国·屈原，《离骚》）

（3）大风起兮云飞扬，威加海内兮归故乡，安得猛士兮守四方。

（汉·刘邦，《大风歌》）

（4）匈奴未灭，何以家为？

（汉·霍去病，《史记·卫将军骠骑列传》）

（5）风萧萧兮易水寒，壮士一去兮不复还。

（汉·司马迁，《刺客列传》）

（6）捐躯赴国难，视死忽如归。

（三国魏·曹植，《白马篇》）

（7）鞠躬尽瘁，死而后已。

（三国蜀·诸葛亮，《后出师表》）

（8）闲居非吾志，甘心赴国忧。

（三国魏·曹植，《杂诗七首·其五》）

（9）丈夫志四海，万里犹比邻。

（三国魏·曹植，《赠白马王彪》。此句可与唐代王勃的"海内存知己，天涯若比邻"对照鉴赏）

（10）国以民为本，民以食为天。

（晋·陈寿，《三国志·陆凯传》。前人亦有类似之句，如汉崔定《四民月令》："国以民为根，民以谷为命。命尽则根拔，根拔则本颠。"）

（11）万里不惜死，一朝得成功。

（唐·高适，《塞下曲》）

（12）中夜四五叹，常为大国忧。

（唐·李白，《经乱离后天恩流夜郎忆旧游书怀赠江夏韦太守良宰》）

（13）宁羞白发照渌水，逢时吐气思经纶。

（唐·李白，《梁甫吟》。"渌"，读作lù，指的是水很清澈）

（14）安得广厦千万间，大庇天下寒士俱欢颜，风雨不动安如山！

（唐·杜甫，《茅屋为秋风所破歌》）

（15）穷年忧黎元，叹息肠内热。

（唐·杜甫，《自京赴奉先县咏怀五百字》）

（16）出师未捷身先死，长使英雄泪满襟。

（唐·杜甫，《蜀相》）

（17）功名只向马上取，真是英雄一丈夫。

（唐·岑参，《送李副使赴碛西官军》，"碛"，读作 qì）

（18）古来青史谁不见，今见功名胜古人。

（唐·岑参，《轮台歌奉送封大夫出师西征》）

（19）欲为圣明除弊政，敢将衰朽惜残年。

（唐·韩愈，《左迁至蓝关示侄孙湘》）

（20）醉卧沙场君莫笑，古来征战几人回？

（唐·王翰，《凉州词二首·其一》）

（21）但使龙城飞将在，不教胡马度阴山。

（唐·王昌龄，《出塞二首·其一》）

（22）身多疾病思田里，邑有流亡愧俸钱。

（唐·韦应物，《寄李儋元锡》，"儋"，读作 dān 或 dàn）

（23）谁知盘中餐，粒粒皆辛苦。

（唐·李绅，《悯农二首·其二》）

（24）愿得此身长报国，何须生入玉门关。

（唐·戴叔伦，《塞上曲》）

（25）商女不知亡国恨，隔江犹唱后庭花。

（唐·杜牧，《泊秦淮》）

（26）一言为重百金轻。

（宋·王安石，《商鞅诗》。习近平总书记曾经引用）

（27）会挽雕弓如满月，西北望，射天狼。

（宋·苏轼，《江城子·密州出猎》）

（28）先天下之忧而忧，后天下之乐而乐。

（宋·范仲淹，《岳阳楼记》）

（29）耕犁千亩实千箱，力尽筋疲谁复伤？但得众生皆得饱，不辞羸病卧残阳。

（宋·李纲，《病牛》）

（30）经年尘土满征衣，特特寻芳上翠微。好水好山看不足，马蹄催趁月明归。

（宋·岳飞，《池州翠微亭》）

（31）平生一点不平气，化作祝融峰上云。

（宋·刘过，《挽张魏公》）

（32）人间辛苦是三农。

（宋·王炎，《南柯子·山冥云阴重》）

（33）僵卧孤村不自哀，尚思为国戍轮台。夜阑卧听风吹雨，铁马冰河入梦来。

（宋·陆游，《十一月四日风雨大作》）

（34）死去元知万事空，但悲不见九州同。王师北定中原日，家祭无忘告乃翁。

（宋·陆游，《示儿》）

（35）国仇未报壮士老，匣中宝剑夜有声。

（宋·陆游，《长歌行》）

（36）塞上长城空自许，镜中衰鬓已先斑。

（宋·陆游，《书愤五首·其一》）

（37）壮心未与年俱老，死去犹能作鬼雄。

（宋·陆游，《书愤五首·其二》）

（38）镜里流年两鬓残，寸心自许尚如丹。

（宋·陆游，《书愤五首·其三》）

（39）白首自知疏报国，尚凭精意祝炉熏。

（宋·陆游，《书愤五首·其四》）

（40）蓬窗老抱横行路，未敢随人说弭兵。

（宋·陆游，《书愤五首·其五》）

（41）剖心莫写孤臣愤，抉眼终看此虏平。

（宋·陆游，《书愤五首·其五》）

（42）千年史册耻无名，一片丹心报天子。

（宋·陆游，《金错刀行》）

（43）位卑未敢忘忧国。

（宋·陆游，《病起书怀》）

（44）出师一表通今古，夜半挑灯更细看。

（宋·陆游，《病起书怀》）

（45）逆胡未灭心未平，孤剑床头铿有声。

（宋·陆游，《三月十七日夜醉中作》）

（46）凭谁问，廉颇老矣，尚能饭否？

（宋·辛弃疾，《永遇乐·京口北固亭怀古》）

（47）人生自古谁无死，留取丹心照汗青。

（宋·文天祥，《过零丁洋》）

（48）天地有正气，杂然赋流形。

（宋·文天祥，《正气歌》）

（49）从今别却江南路，化作啼鹃带血归。

（宋·文天祥，《金陵驿》）

（50）壮心欲填海，苦胆为忧天。

（宋·文天祥，《赴阙》）

（51）万古纲常担上肩，脊梁铁硬对皇天。人生芳秽有千载，世上荣枯无百年。

（宋·谢枋得，《和曹东谷韵》）

（52）千锤万凿出深山，烈火焚烧若等闲。粉骨碎身浑不怕，要留清白在人间。

（明·于谦，《石灰吟》）

（53）国色天香人咏尽，丹心独抱更谁知。

（明·俞大猷，《咏牡丹》）

（54）一年三百六十日，多是横戈马上行。

（明·戚继光，《马上作》）

（55）繁霜尽是心头血，洒向千峰秋叶丹。

（明·戚继光，《望阙台》）

（56）封侯非我愿，但愿海波平。

（明·戚继光，《韬铃深处》，"铃"，读作 qián）

（57）浩气还太虚，丹心照千古。生平未报国，留作忠魂补。

（明·杨继盛，《就义诗》。"生平未报国"，也作"生前为报国"）

（58）死后不愁无勇将，忠魂依旧守辽东。

（明·袁崇焕，《临刑口占》）

（59）衙斋卧听萧萧竹，疑是民间疾苦声。

（清·郑板桥，《潍县署中画竹呈年伯包大中丞括/墨竹图题诗》）

（60）一枝一叶总关情。

（清·郑板桥，《潍县署中画竹呈年伯包大中丞括/墨竹图题诗》）

（61）落红不是无情物，化作春泥更护花。

（清·龚自珍，《离京》）

（62）苟利国家生死以，岂因福祸趋避之。

（清·林则徐，《赴戍登程口占示家人二首·其二》）

（63）国家之强，以得人为强。

（清·曾国藩，《曾国藩家训》）

（64）我自横刀向天笑，去留肝胆两昆仑。

（清·谭嗣同，《狱中题壁》）

（65）两脚踏翻尘世路，一肩担尽古今愁。

（清·通州诗丐，《绝命词》）

（66）拼将十万头颅血，须把乾坤力挽回。

（清·秋瑾，《黄海舟中日人索句并见日俄战争地图》）

（67）祖国沉沦感不禁，闲来海外觅知音。金瓯已缺总须补，为国牺牲敢惜身。

（清·秋瑾，《鹧鸪天》）

（68）休言女子非英物，夜夜龙泉壁上鸣。

（清·秋瑾，《鹧鸪天》）

（69）春愁难遣强看山，往事惊心泪欲潸。四万万人同一哭，去年今日割台湾。

（清·丘逢甲，《春愁》）

（70）世间无物抵春愁，合向苍冥一哭休。四万万人齐下泪，天涯何处是神州？

（清·谭嗣同，《有感》）

（71）三日不书民疾苦，文章辜负苍生多。

（民国·吴芳吉，《戊午元旦试笔》）

（72）我以我血荐轩辕。

（民国·鲁迅，《自题小像》）

（73）俯首甘为孺子牛。

（民国·鲁迅，《自嘲》）

（74）你可知"妈港"不是我的真名姓？
我离开你的襁褓太久了，母亲！

但是他们掳去的是我的肉体，

你依然保管我内心的灵魂。

那三百年来梦寐不忘的生母啊！

请叫儿的乳名，

叫我一声"澳门"！

母亲！我要回来，母亲！

（民国·闻一多，《七子之歌·澳门》）

（75）葬我于高山之上兮，望我故乡；

故乡不可见兮，永不能忘。

葬我于高山之上兮，望我大陆；

大陆不可见兮，只有痛哭。

天苍苍，野茫茫；

山之上，国有殇。

（于右任，《望大陆》）

（76）为有牺牲多壮志，敢教日月换新天。

（毛泽东，《七律·到韶山》）

（77）已是悬崖百丈冰，犹有花枝俏。俏也不争春，只把春来报。待到山花烂漫时，她在丛中笑。

（毛泽东，《卜算子·咏梅》）

（78）要扫除一切害人虫，全无敌。

（毛泽东，《清平乐·六盘山》）

（79）满天风雪满天愁，革命何须怕断头。留得子胥豪气在，三年归报楚王仇！

（杨超，《就义诗》）

（80）砍头不要紧，只要主义真。杀了夏明翰，还有后来人。

（夏明翰，《就义诗》）

（81）断头今日意如何？创业艰难百战多。此去泉台招旧部，旌旗十万斩阎罗。

南国烽烟正十年，此头须向国门悬。后死诸君多努力，捷报飞来当纸钱。

投身革命即为家，血雨腥风应有涯。取义成仁今日事，人间遍种自由花。

（陈毅，《梅岭三章》）

（82）恨不抗日死，留作今日羞。国破尚如此，我何惜此头！

（吉鸿昌，《就义诗》）

（83）敌人只能砍下我们的头颅，决不能动摇我们的信仰！

（方志敏，《诗一首》）

（84）十次苦刑犹骂贼，从容就义气如虹。临危慷慨高歌日，争睹英雄万巷空。

（许晓轩，《吊许建业烈士》）

（85）任脚下响着沉重的脚镣，任你把皮鞭举得高高。我不需要什么自白，哪怕胸口对着带血的刺刀。

人不能低下高贵的头，只有怕死鬼才乞求自由，毒刑拷打算得了什么？死亡也无法叫我开口。

面对死亡我放声大笑，魔鬼的宫殿在笑声中动摇。这就是我——一个共产党员的自白，高唱凯歌埋葬蒋家王朝。

（陈然，《我的自白书》）

（86）誓志为国不为家，涉江渡海走天涯。男儿岂是全都好，女子缘何分外差？一世忠贞兴故国，满腔热血沃中华。白山黑水除敌寇，笑看旌旗红似花。

（赵一曼，《滨江抒怀》）

（87）粉身碎骨英雄气，百炼千锤斗士风。走石飞沙留侠迹，上天入地建奇功。

（周恩来，《欢迎和悼念》）

（88）大江歌罢掉头东，邃密群科济世穷。面壁十年图破壁，难酬蹈海亦英雄。

（周恩来，《无题》）

（89）为什么我的眼里常含泪水？因为我对这土地爱得深沉……

（艾青，《我爱这土地》）

（90）我是你河边上破旧的老水车，数百年来纺着疲惫的歌；我是你额上熏黑的矿灯，照你在历史的隧洞里蜗行摸索。我是干瘪的稻穗，是失修的路基，是淤滩上的驳船，把纤绳深深勒进你的肩膊——祖国啊！

…………

你以伤痕累累的乳房，喂养了迷惘的我、深思的我、沸腾的我。那就从我的血肉之躯上，去取得你的富饶、你的荣光、你的自由。——祖国啊，我亲爱的祖国！

（舒婷，《祖国啊，我亲爱的祖国》）

（91）小时候，乡愁是一枚小小的邮票，我在这头，母亲在那头。

…………

而现在，乡愁是一湾浅浅的海峡，我在这头，大陆在那头。

（余光中，《乡愁》）

四、益智修身类

（1）德不配位，必有灾殃。

（《周易》）

（2）言者无罪，闻者足戒。

（周，《诗经·国风·周南·关雎·序》）

（3）他山之石，可以攻玉。

（周，《诗经·小雅·鹤鸣》）

（4）投我以桃，报之以李。

（周，《诗经·大雅·抑》）

（5）投我以木桃，报之以琼瑶。

（周，《诗经·国风·卫风·木瓜》）

（6）满招损，谦受益。

（周，《尚书·大禹谟》）

（7）天作孽，犹可违；自作孽，不可活。

（周，《尚书·太甲（中）》）

（8）从善如登，从恶如崩。

（东周·春秋，《国语·周语下》）

（9）多行不义必自毙。

（东周·春秋·左丘明，《左传·隐公元年》）

（10）居安思危，思则有备，有备无患。

（东周·春秋·左丘明，《左传·襄公十一年》）

（11）人谁无过，过而能改，善莫大焉。

（东周·春秋·左丘明，《左传·宣公二年》。注：此句今人往往引作"人非圣贤，孰能无过？过而能改，善莫大焉"，笔者认为今人的引用更加

符合现代的语境)

（12）知人者智，自知者明；胜人者有力，自胜者强。

（东周·春秋·老子，《道德经》）

（13）信言不美，美言不信。

（东周·春秋·老子，《道德经》）

（14）祸兮福之所倚，福兮祸之所伏。

（东周·春秋·老子，《道德经》）

（15）合抱之木，生于毫末；九层之台，起于累土；千里之行，始于足下。

（东周·春秋·老子，《道德经》）

（16）慎终如始，则无败事。

（东周·春秋·老子，《道德经》）

（17）上善若水，水善利万物而不争，处众人之所恶，故几于道。

（东周·春秋·老子，《道德经》）

（18）天下之难事，必作于易；天下之大事，必作于细。

（东周·春秋·老子，《道德经》）

（19）敏而好学，不耻下问。

（东周·春秋·孔子，《论语·公冶长》）

（20）工欲善其事，必先利其器。

（东周·春秋·孔子，《论语·卫灵公》）

（21）人无远虑，必有近忧。

（东周·春秋·孔子，《论语·卫灵公》）

（22）君子求诸己，小人求诸人。

（东周·春秋·孔子，《论语·卫灵公》）

（23）君子坦荡荡，小人长戚戚。

（东周·春秋·孔子，《论语·述而》）

（24）三人行，必有我师焉。择其善者而从之，其不善者而改之。

（东周·春秋·孔子，《论语·述而》）

（25）为政以德，譬如北辰，居其所而众星共之。

（东周·春秋·孔子，《论语·为政》）

（26）君子讷于言而敏于行。

（东周·春秋·孔子，《论语·里仁》。原文为"君子欲讷于言而敏于行"）

（27）岁寒，然后知松柏之后凋也。

（东周·春秋·孔子，《论语·子罕》）

（28）智者不惑，仁者不忧，勇者不惧。

（东周·春秋·孔子，《论语·子罕》）

（29）三军可夺帅也，匹夫不可夺志也。

（东周·春秋·孔子，《论语·子罕》）

（30）学而不思则罔，思而不学则殆。

（东周·春秋·孔子，《论语·为政》）

（31）知之为知之，不知为不知，是知也。

（东周·春秋·孔子，《论语·为政》）

（32）知之者不如好之者，好之者不如乐之者。

（东周·春秋·孔子，《论语·雍也》）

（33）其身正，不令而行；其身不正，虽令不从。

（东周·春秋·孔子，《论语·子路》）

（34）言必信，行必果。

（东周·春秋·孔子，《论语·子路》）

（35）欲速则不达，见小利则大事不成。

（东周·春秋·孔子，《论语·子路》）

（36）见善如不及，见不善如探汤。

（东周·春秋·孔子，《论语·季氏》）

（37）君子之过也，如日月之食焉。过也，人皆见之；更也，人皆仰之。

（东周·春秋·孔子，《论语·子张》）

（38）芝兰生于深林，不以无人而不芳。

（东周·春秋·孔子，《孔子家语·在厄》）

（39）智者千虑，必有一失；愚者千虑，必有一得。

（《晏子春秋》，作者及成书年代不详。此句后被《史记·淮阴侯列传》引用）

（40）祸福无门，惟人自召。

（东周·春秋·左丘明，《左传·襄公二十三年》。或作"祸福无门，惟人所召"，后被多种典籍引化）

（41）上下同欲者胜。

（东周·春秋·孙子，《孙子兵法》）

（42）欲多则心散，心散则志衰，志衰则思不达。

（东周·战国·鬼谷子，《鬼谷子·本经阴符七术》）

（43）富贵不能淫，贫贱不能移，威武不能屈，此之谓大丈夫。

（东周·战国·孟子，《孟子·滕文公（下）》）

（44）人之相识，贵在相知；人之相知，贵在知心。

（东周·战国·孟子，《孟子·万章（下）》）

（45）爱人者，人恒爱之；敬人者，人恒敬之。

（东周·战国·孟子，《孟子·离娄章句（下）》）

（46）民为贵，社稷次之，君为轻。

（东周·战国·孟子，《孟子·尽心（上）》）

（47）穷则独善其身，达则兼济天下。

（东周·战国·孟子，《孟子·尽心（上）》）

（48）尽信书，不如无书。

（东周·战国·孟子，《孟子·尽心（下）》）

（49）生于忧患，死于安乐。

（东周·战国·孟子，《孟子·告子（下）》）

（50）我善养吾浩然之气。

（东周·战国·孟子，《孟子·公孙丑（上）》）

（51）得道多助，失道寡助。

（东周·战国·孟子，《孟子·公孙丑（下）》）

（52）天时不如地利，地利不如人和。

（东周·战国·孟子，《孟子·公孙丑（下）》）

（53）乐民之乐者，民亦乐其乐；忧民之忧者，民亦忧其忧。

（东周·战国·孟子，《孟子·梁惠王（下）》）

（54）正气存内，邪不可干。

（《黄帝内经》，作者不可考，成书时间大约在战国时期）

（55）恬淡虚无，真气从之；精神内守，病安从来。

（《黄帝内经》，作者不可考，成书时间大约在战国时期）

（56）君子之交淡若水，小人之交甘若醴。

（东周·战国·庄子，《庄子·外篇·山木》）

（57）蓬生麻中，不扶而直；白沙在涅，与之俱黑。

（东周·战国·荀子，《劝学》）

（58）路漫漫其修远兮，吾将上下而求索。

（东周·战国·楚国·屈原，《离骚》）

（59）亦余心之所善兮，虽九死其犹未悔。

（东周·战国·楚国·屈原，《离骚》）

（60）尺有所短，寸有所长，物有所不足。智有所不明，数有所不逮，神有所不通。

（东周·战国·楚国·屈原，《楚辞·卜居》）

（61）巧诈不如拙诚。

（东周·战国·韩非子，《韩非子·说林》）

（62）行百里者半于九十。

（西汉·刘向，《战国策·秦策五》）

（63）非常之功，必待非常之人。

［西汉·刘彻（汉武帝），《武帝求茂才异等诏》］

（64）塞翁失马，焉知非福。

（西汉·刘安，《淮南子·人间训》。此句非原文，为后人总结提炼而成）

（65）善游者溺，善骑者堕。各以其所好，反自为祸。

（西汉·刘安，《淮南子·原道训》）

（66）大道之行，天下为公。

（西汉·戴圣，《礼记·礼运》）

（67）凡事预则立，不预则废。

（西汉·戴圣，《礼记·中庸》）

（68）学然后知不足，教然后知困。

（西汉·戴圣，《礼记·学记》）

（69）玉不琢，不成器；人不学，不知道。

（西汉·戴圣，《礼记·学记》）

（70）欢乐极兮哀情多，少壮几时兮奈老何！

［西汉·刘彻（汉武帝），《秋风辞》］

（71）水至清则无鱼，人至察则无徒。

（西汉·戴德，《大戴礼记·子张问入官篇》）

（72）若要人不知，除非己莫为。

（西汉·枚乘，《上书谏吴王》）

（73）良药苦口利于病，忠言逆耳利于行。

（西汉·司马迁，《史记·留侯世家》）

（74）高山仰止，景行行止。虽不能至，心向往之。

（前两句出自《诗经·小雅·车辖》，在《史记·孔子世家》中予以引用："诗有之：'高山仰止，景行行止。'虽不能至，然心向往之。"）

（75）桃李不言，下自成蹊。

（西汉·司马迁，《史记·李将军列传》）

（76）人固有一死，或重于泰山，或轻于鸿毛。

（西汉·司马迁，《报任安书》）

（77）运筹帷幄之中，决胜千里之外。

（西汉·司马迁，《史记·高祖本纪》）

（78）临渊羡鱼，不如退而结网。

（东汉·班固，《汉书·董仲舒传》。此句为班固从《淮南子·说林训》中化用而来。《淮南子·说林训》中的原文为："临河而羡鱼，不如归家织网。"）

（79）人生天地间，忽如远行客。

（东汉，《古诗十九首之四·青青陵上柏》）

（80）对酒当歌，人生几何；譬如朝露，去日苦多。

（东汉·曹操，《短歌行》）

（81）岂不罹凝寒，松柏有本性。

（东汉·刘桢，《赠从弟三首·其二》。"罹"，读作lí，指的是遭逢、遭遇、遭受）

（82）勿以恶小而为之，勿以善小而不为。惟贤惟德，能服于人。

（三国·刘备，《三国志·蜀书·先主传》）

（83）非学无以广才，非志无以成学。

（三国·诸葛亮，《诫子书》）

（84）静以修身，俭以养德。

（三国·诸葛亮，《诫子书》）

（85）非淡泊无以明志，非宁静无以致远。

（三国·诸葛亮，《诫子书》。今人往往引用为"淡泊明志，宁静致远"）

（86）振衣千仞岗，濯足万里流。

（晋·左思，《咏史八首·其五》）

（87）近朱者赤，近墨者黑。

（晋·傅玄，《太子少傅箴》）

（88）古人云此水，一歃怀千金。试使夷齐饮，终当不易心。

（晋·吴隐之，《酌贪泉》。"歃"，读作 shà）

（89）羁鸟恋旧林，池鱼思故渊。

（晋·陶渊明，《归田园居》）

（90）结庐在人境，而无车马喧。问君何能尔，心远地自偏。

（晋·陶渊明，《饮酒其五》）

（91）亲戚或余悲，他人亦已歌。死去何所道，托体同山阿。

（晋·陶渊明，《拟挽歌辞三首·其三》）

（92）悟已往之不谏，知来者之可追。

（晋·陶渊明，《归去来兮辞》）

（93）不戚戚于贫贱，不汲汲于富贵。

（晋·陶渊明，《五柳先生传》）

（94）落地为兄弟，何必骨肉亲。

（晋·陶渊明，《杂诗》）

（95）失之东隅，收之桑榆。

（南北朝·宋·范晔，《后汉书·冯异传》）

（96）一屋不扫，何以扫天下。

（南北朝·宋·范晔，《后汉书·陈王列传》）

（97）贫贱之知不可忘，糟糠之妻不下堂。

（南北朝·宋·范晔，《后汉书·宋弘传》。"贫贱之知"，今人往往引作"贫贱之交"。）

（98）志士不饮盗泉之水，廉者不受嗟来之食。

（南北朝·宋·范晔，《后汉书·列女传》）

（99）一年之计在于春，一日之计在于晨。

（南北朝·梁·萧绎，《纂要》。明代《增广贤文》引用时加上了两句："一家之计在于和，一生之计在于勤。"）

（100）如人饮水，冷暖自知。

（南北朝·菩提达摩祖师。此句曾被玄奘、六祖慧能等人引用并出现在诸多经典中）

（101）少壮轻年月，迟暮惜光辉。

（南北朝·梁·何逊，《赠诸游旧诗》）

（102）营大者，不计小名；图远者，弗拘近利。

（南北朝·齐·魏收，《魏书·临淮王传》）

（103）自古圣贤皆贫贱，何况我辈孤且直。

（南北朝·宋·鲍照，《拟行路难》）

（104）时危见臣节，世乱识忠良。

（南北朝·宋·鲍照，《代出自蓟北门行》）

（105）疾风知劲草，板荡识诚臣。

（唐·李世民，《赐萧瑀》。此句可以和南北朝鲍照的"时危见臣节，世乱识忠良"对照鉴赏）

（106）以铜为镜，可以正衣冠；以史为镜，可以知兴替；以人为镜，可以明得失。

（唐·李世民，《旧唐书·魏徵传》）

（107）求木之长者，必固其根本；欲流之远者，必浚其泉源。

（唐·魏徵，《谏太宗十思疏》）

（108）善始者实繁，克终者盖寡。

（唐·魏徵，《谏太宗十思疏》）

（109）宁为玉碎，不为瓦全。

（唐·李百药，《北齐书·元景安传》）

（110）夫天地者，万物之逆旅也；光阴者，百代之过客也。

（唐·李白，《春夜宴桃李园序》）

（111）古来圣贤皆寂寞，惟有饮者留其名。

（唐·李白，《将进酒》。此句可和南北朝鲍照的"自古圣贤皆贫贱，何况我辈孤且直"对照鉴赏）

（112）安能摧眉折腰事权贵，使我不得开心颜！

（唐·李白，《梦游天姥吟留别》）

（113）达亦不足贵，穷亦不足悲。

（唐·李白，《答王十二寒夜独酌有怀》）

（114）读书破万卷，下笔如有神。

（唐·杜甫，《奉赠韦左丞丈二十二韵》）

（115）丹青不知老将至，富贵于我如浮云。

（唐·杜甫，《丹青引赠曹将军霸》）

（116）射人先射马，擒贼先擒王。

（唐·杜甫，《前出塞九首·其六》）

（117）随富随贫且欢乐，不开口笑是痴人。

（唐·白居易，《对酒》）

（118）试玉要烧三日满，辨材须待七年期。

（唐·白居易，《放言五首·其三》）

（119）身外何足言，人间本无事。

（唐·白居易，《日长》）

（120）野火烧不尽，春风吹又生。

（唐·白居易，《赋得古原草送别》）

（121）无论海角与天涯，大抵心安即是家。

（唐·白居易，《种桃杏》）

（122）我生本无乡，心安是归处。

（唐·白居易，《初出城留别》）

（123）公道世间唯白发，贵人头上不曾饶。

（唐·杜牧，《送隐者一绝》）

（124）年年岁岁花相似，岁岁年年人不同。

（唐·刘希夷，《代悲白头翁》）

（125）居高声自远，非是藉秋风。

（唐·虞世南，《蝉》）

（126）草木有本心，何求美人折？

（唐·张九龄，《感遇》）

（127）人事有代谢，往来成古今。

（唐·孟浩然，《与诸子登岘山》）

（128）白日莫空过，青春不再来。

（唐·林宽，《少年行》）

（129）欲穷千里目，更上一层楼。

（唐·王之涣，《登鹳雀楼》）

（130）江畔何人初见月？江月何年初照人？人生代代无穷已，江月年年只相似。

（唐·张若虚，《春江花月夜》）

（131）沉舟侧畔千帆过，病树前头万木春。

（唐·刘禹锡，《酬乐天扬州初逢席上见赠》）

（132）芳林新叶催陈叶，流水前波让后波。

（唐·刘禹锡，《乐天见示伤微之敦诗晦叔三君子皆有深分因成是诗以寄》）

（133）山不在高，有仙则名。水不在深，有龙则灵。

（唐·刘禹锡，《陋室铭》）

（134）尽日寻春不见春，芒鞋踏遍陇头云。归来笑拈梅花嗅，春在枝头已十分。

（唐·无尽藏比丘尼，《悟道诗》）

（135）掬水月在手，弄花香满衣。

（唐·于良史，《春山夜月》）

（136）青春须早为，岂能长少年。

（唐·孟郊，《劝学》）

（137）平生不解藏人善，到处逢人说项斯。

（唐·杨敬之，《赠项斯》）

（138）采得百花成蜜后，为谁辛苦为谁甜？

（唐·罗隐，《蜂》）

（139）逢人不说人间事，便是人间无事人。

（唐·杜荀鹤，《赠质上人》）

（140）劝君莫惜金缕衣，劝君惜取少年时。

（唐·无名氏，《金缕衣》）

（141）业精于勤荒于嬉，行成于思毁于随。

（唐·韩愈，《进学解》）

（142）少年安得长少年，海波尚能变桑田。

（唐·李贺，《啁少年》。"啁"，多音多义字，此处读作 tiáo，意为"调笑"）

（143）黑云压城城欲摧。

（唐·李贺，《雁门太守行》）

（144）浮生恰似冰底水，日夜东流人不知。

（唐·杜牧，《汴河阻冻》）

（145）止谤莫若自修。

（《新唐书·魏谟传》）

（146）寻春须是先春早，看花莫待花枝老。

（五代南唐·李煜，《子夜歌》）

（147）手把青秧插满田，低头便见水中天。心地清净方为道，退步原来是向前。

（五代后梁·契此和尚，《插秧歌》。契此和尚，亦即布袋和尚。此人大腹便便、笑口常开、慈眉善目，传说是弥勒佛的化身。民间传说和寺院中的弥勒佛形象，就是以契此和尚为原型）

（148）此处不留人，自有留人处。

［五代南陈·陈叔宝（陈后主），《戏赠陈应》］

（149）秀干终成栋，精钢不作钩。

（宋·包拯，《书端州郡斋壁》。简释：隽秀挺拔的大树一定会成为栋梁之材，千锤百炼的精钢也不会被用来打造平凡粗俗的弯钩）

（150）忧劳可以兴国，逸豫可以亡身。

（宋·欧阳修，《伶官传序》）

（151）泰山崩于前而色不变，麋鹿兴于左而目不瞬。

（宋·苏洵，《心术》）

（152）莫叹萍蓬迹，心安即是家。

（宋·张耒，《他乡》）

（153）天地一间屋，心安到处家。

（宋·胡仲弓，《过山庵》）

（154）此心安处是吾乡。

（宋·苏轼，《定风波·南海归赠王定国侍人寓娘》。此句可与唐朝白居易的"无论海角与天涯，大抵心安即是家"，前句的"莫叹萍蓬迹，心安即是家""天地一间屋，心安到处家"对照学习）

（155）人有悲欢离合，月有阴晴圆缺，此事古难全。

（宋·苏轼，《水调歌头·明月几时有》）

（156）人间有味是清欢。

（宋·苏轼，《浣溪沙·细雨斜风作晓寒》）

（157）人生如逆旅，我亦是行人。

（宋·苏轼，《临江仙·送钱穆父》。此句可与李白的"夫天地者，万物之逆旅也；光阴者，百代之过客也"对照鉴赏）

（158）匹夫见辱，拔剑而起，挺身而斗，此不足为勇也。天下有大勇者，卒然临之而不惊，无故加之而不怒。此其所挟持者甚大，而其志甚远也。

（宋·苏轼，《留侯论》）

（159）春江水暖鸭先知。

（宋·苏轼，《惠崇春江晚景》）

（160）高处不胜寒。

（宋·苏轼，《水调歌头·明月几时有》）

（161）旧书不厌百回读，熟读深思子自知。

（宋·苏轼，《送安敦秀才失解西归》）

（162）竹杖芒鞋轻胜马，谁怕？一蓑烟雨任平生。

（宋·苏轼，《定风波·莫听穿林打叶声》）

（163）不识庐山真面目，只缘身在此山中。

（宋·苏轼，《题西林壁》）

（164）不畏浮云遮望眼，只缘身在最高层。

（宋·王安石，《登飞来峰》。可与上句苏轼的诗歌对比一下，看看有何不同）

（165）百战疲劳壮士哀，中原一败势难回。江东子弟今虽在，肯与君王卷土来？

（宋·王安石，《叠题乌江亭》。此诗可与唐代诗人杜牧的《题乌江亭》的"胜败兵家事不期，包羞忍耻是男儿。江东子弟多才俊，卷土重来未可知"对照鉴赏）

（166）纵被春风吹作雪，绝胜南陌碾成尘。

（宋·王安石，《北陂杏花》。"陂"，多音多义字，此处读作 bēi，指的是池塘、池塘的岸、山坡）

（167）人生乐在相知心。

（宋·王安石，《明妃曲二首·其二》）

（168）看似寻常最奇崛，成如容易却艰辛。

（宋·王安石，《题张司业诗》）

（169）由俭入奢易，由奢入俭难。

（宋·司马光，《训俭示康》）

（170）莫言下岭便无难，赚得行人空喜欢。正入万山圈子里，一山放过一山拦。

（宋·杨万里，《过松源晨炊漆公店》）

（171）万山不许一溪奔，拦得溪声日夜喧。到得前头山脚尽，堂堂溪水出前村。

（宋·杨万里，《桂源铺》）

（172）踏破铁鞋无觅处，得来全不费工夫。

（宋·夏元鼎，《绝句》。可与辛弃疾的"众里寻他千百度，蓦然回首，那人却在，灯火阑珊处"对照鉴赏）

（173）山重水复疑无路，柳暗花明又一村。

（宋·陆游，《游山西村》）

（174）纸上得来终觉浅，绝知此事要躬行。

（宋·陆游，《冬夜读书示子聿》）

（175）夜来一笑寒灯下，始是金丹换骨时。

（宋·陆游，《夜吟》）

（176）人生自在常如此，何事能妨笑口开？

（宋·陆游，《夜吟》）

（177）零落成泥碾作尘，只有香如故。

（宋·陆游，《卜算子·咏梅》）

（178）风流不在谈锋胜，袖手无言味最长。

（宋·黄升，《鹧鸪天·张园作》）

（179）事有难言惟袖手，人无可语且看山。

（宋·周密，《隐居》。此句可与上句对照鉴赏）

（180）一点清油污白衣，斑斑驳驳使人疑。纵饶洗遍千江水，争似当初不污时？

（宋·无名氏，《油污衣》。摘自宋代洪迈《容斋随笔》）

（181）月到天心处，风来水面时。一般清意味，料得少人知。

（宋·邵雍，《清夜吟》）

（182）美酒饮教微醉后，好花看到半开时。

（宋·邵雍，《安乐窝中吟》。今人大多引用为"酒饮半醉，花看半开"）

（183）安分身无辱，知几心自闲。虽居人世上，却是出人间。

（宋·邵雍，《安分吟》）

（184）心安即是长生路，世乐无过自在身。

（宋·陈瓘，《寄题黄及之谷神馆》）

（185）春有百花秋有月，夏有凉风冬有雪。若无闲事挂心头，便是人间好时节。

（宋·无门慧开禅师，《颂平常心是道》）

（186）岭上白云舒复卷，天边皓月去还来。低头却入茅檐下，不觉呵呵笑几回。

（宋·白云守端禅师，《无题》）

（187）花有重开日，人无再少年。

（宋·陈著，《续侄溥赏酴醾劝酒二首·其一》，"酴醾"，读作 tú mí）

（188）朱颜那有年年好。

（宋·韩疁，"疁"，读作 liú，《高阳台·除夜》。除夜，即除夕夜）

（189）韶华不为少年留。

（宋·秦观，《江城子·西城杨柳弄轻柔》）

（190）昨夜江边春水生，艨艟巨舰一毛轻。向来枉费推移力，此日中流自在行。

（宋·朱熹，《观书有感其二》。"艨艟"，读作 méng chōng）

（191）问渠那得清如许，为有源头活水来。

（宋·朱熹，《观书有感其一》）

（192）少年易老学难成，一寸光阴不可轻。

（宋·朱熹，《偶成》）

（193）流光容易把人抛，红了樱桃，绿了芭蕉。

（宋·蒋捷，《一剪梅·一片春愁待酒浇》）

（194）宁可枝头抱香死，何曾吹落北风中。

（宋·郑思肖，《题菊诗》）

（195）只有天在上，更无山与齐。举头红日近，回首白云低。

（宋·寇准，《登华山》）

（196）近水楼台先得月，向阳花木易逢春。

（宋·苏麟。此为断句诗，全诗仅此两句，是写给范仲淹的。其本意是在发牢骚：领导的身边人就是容易得到提拔啊）

（197）黄金无足色，白璧有微瑕。

（宋·戴复古，《寄兴》）

（198）富贵不淫贫贱乐，男儿到此是豪雄。

（宋·程颢，《秋日》）

（199）万物静观皆自得，四时佳兴与人同。

（宋·程颢，《秋日》）

（200）知而不能行，只是知得浅。

（宋·程颢，《二程遗书》）

（201）天下之事，患常生于忽微，而志戒于渐习。

（宋·程颢）

（202）有凤凰翔于千仞之气象，则不为区区小利害所动。

（宋·程颐）

（203）以责人之心责己，恕己之心恕人。

（宋·范公偁，"偁"，读作 chēn，《过庭录》）

（204）读书切戒在荒忙，涵泳工夫兴味长。未晓莫妨权放过，切身须要急思量。

（宋·陆九渊，《读书》）

（205）春色满园关不住，一枝红杏出墙来。

（宋·叶绍翁，《游园不值》）

（206）料应识破荣枯事，独对秋风笑一场。

（宋·史铸，《大笑菊》）

（207）一夜满林星月白，亦无云气亦无雷。平明忽见溪流急，知是他山落雨来。

（宋·翁卷，《山雨》）

（208）记得少年骑竹马，看看又是白头翁。

（最早出自宋代戏曲《张协状元》。明代的《增广贤文》和郑之珍的戏曲《目莲救母·刘氏自叹》均有引用）

（209）人间私语，天闻若雷；暗室亏心，神目如电。

（宋末元初·陈元靓，《事林广记·警世格言》。明代《增广贤文》有收录）

（210）一语天成万古新，豪华落尽见真淳。

（元·元好问，《论诗三十首其四》）

（211）人间只道黄金贵，不向天公买少年。

（元·元好问，《无题》）

（212）欲求生富贵，须下死工夫。

（元·佚名，《白兔记》）

（213）光阴似箭催人老，日月如梭趱少年。

（元末明初·高明，《琵琶记·中相教女》）

（214）有意栽花花不发，无心插柳柳成荫。

（元明·罗贯中，《平妖传》第十九回。今人往往引作"有心栽花花不活，无意插柳柳成荫"）

（215）不要人夸颜色好，只留清气满乾坤。

（元·王冕，《墨梅》）

（216）不求尽如人意，但求无愧我心。

（明·刘伯温，自勉楹联）

（217）物有甘苦，尝之者识；道有夷险，履之者知。

（明·刘伯温，《拟连珠》）

（218）青山依旧在，几度夕阳红。

（明·杨慎，《临江仙·滚滚长江东逝水》）

（219）明日复明日，明日何其多。我生待明日，万事成蹉跎。世人苦被明日累，春去秋来老将至。朝看水东流，暮看日西坠。百年明日能几何？请君听我明日歌。

［明·钱福（钱鹤滩），《明日歌》］

（220）今日复今日，今日何其少！今日又不为，此事何其了？人生百年几今日，今日不为真可惜！若言姑待明朝至，明朝又有明朝事。为君聊赋今日诗，努力请从今日始。

（明·文嘉，《今日诗》）

（221）绢帕麻菇与线香，本资民用反为殃。清风两袖朝天去，免得闾阎话短长。

（明·于谦，《入京》）

（222）百年哪得更百年，今日还须爱今日。

（明·王世贞，《梦中得》）

（223）吏不畏吾严而畏吾廉，民不服吾能而服吾公。廉则吏不敢慢，公则民不敢欺。公生明，廉生威。

（明·顾景祥，《官箴》，"箴"，读作 zhēn）

（224）天地有万古，此身不再得；人生只百年，此日最易过。

（明·洪应明，《菜根谭·概论》）

（225）唯大英雄能本色，是真名士自风流。

（明·洪应明，《菜根谭》）

（226）宠辱不惊，看庭前花开花落；去留无意，望天上云卷云舒。

（明·洪应明，《菜根谭》）

（227）天下之事，不难以立法，而难于法之必行。

（明·张居正，《张居正奏疏集》）

（228）一失足成千古恨，再回首已百年身。

（明·杨仪，《明良记》。原文为："一失足成千古恨，再回头是百年人。"清代魏子安在《花月痕》中引化为"一失足成千古恨，再回首已百年身"）

（229）读书随处净土，闭门即是深山。

（明·陈继儒，《小窗幽记·集灵篇》。原文为"闭门即是深山，读书随处净土"）

（230）伏久者，飞必高；开先者，谢独早。

（明·陈继儒，《小窗幽记·集醒篇》）

（231）轻财足以聚人，律己足以服人，量宽足以得人，身先足以率人。

（明·陈继儒，《小窗幽记·集醒篇》）

（232）少年人要心忙，忙则摄浮气；老年人要心闲，闲则乐余年。

（明·陆绍珩，《醉古堂剑扫》。"珩"，多音多义字，用作人名时，读作 héng）

（233）学如逆水行舟不进则退，心似平原走马易放难收。

（明，《增广贤文》）

（234）人有善愿，天必佑之。

（明，《增广贤文》。古俗语中也有类似之言："人有善念，天必从之""人有善愿，天必从之"）

（235）枯木逢春犹再发，人无两度再少年。

（明，《增广贤文》）

（236）将相顶头堪走马，公侯肚里好撑船。

（明，《增广贤文》。现代人惯于引作："将军额上能跑马，宰相肚里能撑船。"笔者认为，这种变化引用更好。引用古人言语，不必拘泥于原文，能完美表达出其含义即可）

（237）君子爱财，取之有道。

（明，《增广贤文》）

（238）众星朗朗，不如孤月独明。

（明，《增广贤文》）

（239）莫将容易得，便作等闲看。

（明，《增广贤文》）

（240）人见白头嗔，我见白头喜；多少少年亡，不到白头死。

（明，《增广贤文》）

（241）未曾清贫难做人，不经打击永天真。

（明，《增广贤文》）

（242）宁在直中取，不向曲中求。

（明·许仲琳，《封神演义》。《增广贤文》中收录为："宁向直中取，不向曲中求"）

（243）宁投明处死，不向暗中生。

（明·高岱，《灯蛾》）

（244）闲来写就青山卖，不使人间造孽钱。

（明·唐寅，《言志》）

（245）一粥一饭，当思来处不易；半丝半缕，恒念物力维艰。

（246）宜未雨而绸缪，毋临渴而掘井。

（247）自奉必须俭约，宴客切勿流连。

（248）居身务期质朴，教子要有义方。

（249）刻薄成家，理无久享；伦常乖舛，立见消亡。

（250）居家戒争讼，讼则终凶；处世戒多言，言多必失。

（251）施惠勿念，受恩莫忘。

（252）凡事当留余地，得意不宜再往。

（253）人有喜庆，不可生妒忌心；人有祸患，不可生喜幸心。

（254）善欲人见，不是真善；恶恐人知，便是大恶。

（255）读书志在圣贤，非徒科第；为官心存君国，岂计身家。

（第245～255条皆出自明末清初·朱柏庐，《朱子治家格言》，此文可谓字字珠玑，但不宜在此处过多引用。建议大家能通读全文，牢记在心，依照奉行）

（256）不谋万世者，不足谋一时；不谋全局者，不足谋一域。

［清·陈澹然，"澹"，读作 dàn，《寤言》卷二·《迁都建藩议》］

（257）诗堪入画方为妙，官到能贫乃是清。

（清·戴远山，赠人对联）

（258）咬定青山不放松，立根原在破岩中。千磨万击还坚劲，任尔东西南北风。

（清·郑板桥，《竹石》）

（259）欺人如欺天，毋自欺也；负民即负国，何忍负之。

（清·象枢，内乡县衙对联）

（260）得一官不荣，失一官不辱，勿说一官无用，地方全靠一官；吃百姓之饭，穿百姓之衣，莫道百姓可欺，自己也是百姓。

（清·高以永，内乡县衙对联）

（261）立定脚跟竖起背；展开眼界放平心。

（清·潘先珍，内乡县衙对联）

（262）为政不在言多，须息息从省身克己而出；当官务持大体，思事事皆民生国计所关。

（清·赵慎畛，"畛"，读作 zhěn，内乡县衙对联）

（263）廉不言贫，勤不言苦；尊其所闻，行其所知。

（264）一厘一毫民之脂膏；一丝一粟我之名节。

（265）法行无亲，令行无故；赏疑唯重，罚疑唯轻。

（266）宽一分，民多受一分赐；取一文，官不值一文钱。

（以上四副对联出自内乡县衙，作者不可考）

（267）花开花谢年年有，人老何曾再少年。

（清·无名氏，戏曲《缀白裘·绣编记·教歌》）

（268）百金买骏马，千金买美人。万金买高爵，何处买青春？

（清·屈复，《偶然作》）

（269）骏马能历险，犁田不如牛。坚车能载重，渡河不如舟。舍长以就短，智者难为谋。生材贵适用，幸勿多苛求。

（清·顾嗣协，《杂兴八首》之三）

（270）新竹高于旧竹枝，全凭老干为扶持。

（清·郑板桥，《新竹》）

（271）一双冷眼看世界，满腔热血酬知己。

（清·袁枚，《随园诗话》卷十六）

（272）爱好由来下笔难，一诗千改始心安。阿婆还似初笄女，头未梳成不许看。

（清·袁枚，《遣性二十四首·其一》。"笄"，读作 jī，古时的一种簪子）

（273）江山代有才人出，各领风骚几十年。

（清·赵翼，《论诗五首·其二》）

（274）月白风清夜半时，扁舟相送故迟迟。感君情重还君赠，不畏人知畏己知。

［清·叶存仁（曾任河南巡抚），《拒赠诗》］

（275）世事洞明皆学问，人情练达即文章。

（清·曹雪芹，《红楼梦》第五回）

（276）机关算尽太聪明，反误了卿卿性命。

（清·曹雪芹，《红楼梦》第五回）

（277）身后有余忘缩手，眼前无路想回头。

（清·曹雪芹，《红楼梦》第二回，智通寺对联）

（278）事能知足心常惬，人到无求品自高。

（清·纪晓岚，《阅微草堂笔记》。"惬"，读作 qiè）

（279）鸟随鸾凤飞腾远，人伴贤良品自高。

（清·郭小亭，《济公全传》。原文为"鸟随鸾凤飞能远，人伴贤良品自高"）

（280）能攻心则反侧自消，自古知兵非好战；不审势即宽严皆误，后来治蜀要深思。

（清·赵藩，成都武侯祠对联）

（281）情人眼里出西施。

（清·黄增，《集杭州俗语诗》）

（282）海纳百川，有容乃大；壁立千仞，无欲则刚。

（清·林则徐，励志对联）

（283）无求便是安心法，不饱真成祛病方。

（清·张之洞，自警修身对联）

（284）少年经不得顺境，中年经不得闲境，老年经不得逆境。

（285）多躁者必无沉毅之识，多畏者必无踔越之见，多欲者必无慷慨之节，多言者必无质实之心，多勇者必无文学之雅。

（286）利可共而不可独，谋可寡而不可众。独利则败，众谋则泄。

（287）事事顺吾意而言者，此小人也，急宜远之。

（288）功不独居，过不推诿。

（289）勿以小恶弃人大美，勿以小怨忘人大恩。

（290）百种弊病，皆从懒生。

（291）慎独则心安，主敬则身强，求仁则人悦，习劳则神钦。

（292）决不可存苟且心，决不可做偷薄事，决不可学轻狂态，决不可做惫赖人。

（第284~292条皆出自清·曾国藩，《曾国藩家训》）

（293）怀菩萨心肠，行霹雳手段。

（清·胡林翼。曾国藩本是一介书生，却不得已置身于战争之中，因杀人如麻而被称为"曾剃头"，其一度为此而十分苦恼。于是胡林翼送他这副对联。曾国藩阅后，深以为然。另有"唯有霹雳手段，方显菩萨心肠"等类似的语句，可一并参考学习）

（294）布衣菜饭，可乐终身。

（清·沈复，《浮生六记》）

（295）常将有日思无日，莫待无时思有时。

（清·李汝珍，《镜花缘》第十二回。明代《增广贤文》中的原文为："常将有日思无日，莫把无时当有时"）

（296）最是人间留不住，朱颜辞镜花辞树。

（清末民初·王国维，《蝶恋花·阅尽天涯离别苦》）

（297）乾坤容我静，名利任人忙。

（民国·苏曼殊）

（298）墙角的花，你孤芳自赏时，天地便小了。

（冰心，《春水》诗集第33首）

（299）眼里有尘天下窄，心中无事一床宽。

（出自日本古代禅师梦窗敕石的《山居偈》。原文为："青山几度变黄山，浮世纷纭总不干。眼里有尘三界窄，心头无事一床宽"）

（300）人生哪能多如意，万事只求半称心。

（杭州灵隐寺对联）

（301）诗书非药能医俗，道德无根可树人。

（古代民间书斋楹联，作者不可考）

（302）大器须拙力。

（出处不可考）

（303）牢骚太盛防肠断，风物长宜放眼量。

（毛泽东，《七律·和柳亚子先生》）

（304）无限风光在险峰。

（毛泽东，《七绝·为李进同志题所摄庐山仙人洞照》）

（305）手莫伸，伸手必被捉。党与人民在监督，万目睽睽难逃脱。

（陈毅，《七古·手莫伸》）

（306）如烟往事俱忘却，心底无私天地宽。

（陶铸，《赠曾志》）

（307）慧极必伤，情深不寿，强极必辱。谦谦君子，温润如玉。

（金庸，《书剑恩仇录》）。原文中无"慧极必伤"一词。）

（308）无志之人常立志，有志之人立常志。

（民间俗语）

（309）从明天起，做一个幸福的人：喂马、劈柴，周游世界/从明天起，关心粮食和蔬菜/我有一所房子，面朝大海，春暖花开。

（海子，《面朝大海，春暖花开》）

（310）假如你不够快乐，也不要把眉头深锁。人生本来短暂，为什么还要栽培苦涩。

（汪国真，《热爱生命》）

（311）给予你了，我便不期望回报。如果付出，就是为了有一天索取。那么，我将变得多么渺小/如果，你是湖水，我乐意是堤岸环绕；如果，你是山岭，我乐意是装点你姿容的青草/人，不一定能使自己伟大，但一定可以，使自己崇高。

（汪国真，《我不期望回报》）

（312）欢乐是人生的驿站，痛苦是生命的航程。我知道，当你心绪沉重的时候，最好的礼物，是送你一片宁静的天空。

（汪国真，《我知道》）

（313）如果生活不够慷慨，我们也不必回报吝啬。何必细细的盘算，付出和得到的哪个多/如果能够大方，何必显得猥琐；如果能够潇洒，何必选择寂寞/获得是一种满足，给予是一种快乐。

（汪国真，《如果生活不够慷慨》）

（314）没有风帆的船，不比死了强。没有罗盘的风帆，只能四处去流浪。

（汪国真，《选择》）

（315）如果你是鱼，不要迷恋天空，如果你是鸟，不要痴情海洋。

（汪国真，《选择》）

（316）黑夜给了我黑色的眼睛，我却用它寻找光明。

（顾城，《一代人》）

（317）秋风落叶乱为堆，扫尽还来千百回。一笑罢休闲处坐，任他着地自成灰。

（南怀瑾，《圆觉经略说》）

（318）万古千秋事有愁，穷源一念没来由。此心归到真如海，不向江河作细流。

（南怀瑾，《夜吟》）

（319）凡是过往，皆为序章。

（英国·莎士比亚，《暴风雨》）

（320）成长是痛，不成长是不幸。

（日本·村上春树）

（321）如果你把所有的失误都关在门外，真理也将被关在门外了。

（322）生如夏花之绚烂，死如秋叶之静美。

（323）当你为错过太阳而哭泣的时候，你也要再错过群星了。

（324）有一个夜晚我烧毁了所有的记忆，从此我的梦就透明了；有一个早晨我扔掉了所有的昨天，从此我的脚步就轻盈了。

（325）我们把世界看错，反说它欺骗了我们。

（326）纵然伤心，也不要愁眉不展，因为你不知是谁会爱上你的笑容。

（第321～326条皆出自印度·泰戈尔）

（327）一天很短，短得来不及拥抱清晨，就已经手握黄昏！一年很短，短得来不及细品初春殷红窦绿，就要打点素裹秋霜。一生很短，短得来不及享用美好年华，就已经身处迟暮！总是经过得太快，领悟得太晚。所以我们要学会珍惜，珍惜人生路上的亲情、友情、同事情、同学情、朋友情。因为一旦擦身而过，也许永不邂逅。

（俄罗斯，《短》）

五、意境美词类

(1) 知我者，谓我心忧；不知我者，谓我何求。

（周，《诗经·国风·王风·黍离》）

(2) 树木丛生，百草丰茂。秋风萧瑟，洪波涌起。日月之行，若出其中。星汉灿烂，若出其里。

（东汉·曹操，《观沧海》）

(3) 月明星稀，乌鹊南飞，绕树三匝，何枝可依？

（东汉·曹操，《短歌行》）

(4) 北方有佳人。绝世而独立。一顾倾人城。再顾倾人国。宁不知倾城与倾国。佳人难再得。

（西汉·李延年，《李延年歌》）

(5) 南国有佳人，容华若桃李。朝游江北岸，夕宿潇湘沚。时俗薄朱颜，谁为发皓齿？俯仰岁将暮，荣耀难久恃。

（东汉·曹植，《杂诗七首·其四》。注：此处将"北方有佳人"和"南国有佳人"两首诗比邻而居，大家可对比鉴赏）

(6) 春秋多佳日，登高赋新诗。

（晋·陶渊明，《移居二首·其二》）

(7) 春林花多媚，春鸟意多哀。春风复多情，吹我罗裳开。

（南北朝，《乐府诗集·子夜四时歌之春歌》）

(8) 林壑敛暝色，云霞收夕霏。

（南北朝·宋·谢灵运，《石壁精舍还湖中作》）

(9) 天际识归舟，云中辨江树。

（南北朝·齐·谢朓，《之宣城出新林浦向板桥》。"朓"，读作 tiǎo）

(10) 山际见来烟，竹中窥落日。鸟向檐上飞，云从窗里出。

（南北朝·梁·吴均，《山中杂诗》）

(11) 腰缠十万贯，骑鹤下扬州。

（南北朝·梁·殷芸，《殷芸小说·吴蜀人》）

(12) 暮春三月，江南草长，杂花生树，群莺乱飞。

（南北朝·梁·丘迟，《与陈伯之书》）

(13) 暮江平不动，春花满正开。流波将月去，潮水带星来。

［隋·杨广（隋炀帝），《春江花月夜二首·其一》］

（14）海日生残夜，江春入旧年。潮平两岸阔，风正一帆悬。

（唐·王湾，《次北固山下》）

（15）前不见古人，后不见来者。念天地之悠悠，独怆然而泣下。

（唐·陈子昂，《登幽州台歌》）

（16）黄鹤一去不复返，白云千载空悠悠。

（唐·崔颢，"颢"，读作 hào，《黄鹤楼》）

（17）暮从碧山下，山月随人归。

（唐·李白，《下终南山过斛斯山人宿置酒》）

（18）不敢高声语，恐惊天上人。

（唐·李白，《夜宿山寺》）

（19）长安一片月，万户捣衣声。

（唐·李白，《子夜吴歌其三》）

（20）天姥连天向天横，势拔五岳掩赤城。天台四万八千丈，对此欲倒东南倾。

（唐·李白，《梦游天姥吟留别》）

（21）我欲因之梦吴越，一夜飞度镜湖月。

（唐·李白，《梦游天姥吟留别》）

（22）云青青兮欲雨，水澹澹兮生烟。

（唐·李白，《梦游天姥吟留别》）

（23）两岸青山相对出，孤帆一片日边来。

（唐·李白，《望天门山》）

（24）燕山雪花大如席，片片吹落轩辕台。

（唐·李白，《北风行》）

（25）清水出芙蓉，天然去雕饰。

（唐·李白，《经乱离后天恩流夜郎忆旧游书怀赠江夏韦太守良宰》）

（26）登高壮观天地间，大江茫茫去不还。黄云万里动风色，白波九道流雪山。

（唐·李白，《庐山谣寄卢侍御虚舟》）

（27）孤帆远影碧空尽，唯见长江天际流。

（唐·李白，《黄鹤楼送孟浩然之广陵》）

（28）山随平野尽，江入大荒流。

（唐·李白，《渡荆门送别》）

（29）山从人面起，云傍马头生。

　　　　　　　　　　　　（唐·李白，《送友人入蜀》）

（30）弃我去者，昨日之日不可留；乱我心者，今日之日多烦忧。

　　　　（唐·李白，《宣州谢朓楼饯别校书叔云》"朓"，读作 tiǎo）

（31）抽刀断水水更流，举杯消愁愁更愁。

　　　　　　　　　　（唐·李白，《宣州谢朓楼饯别校书叔云》）

（32）桃花流水窅然去，别有天地非人间。

　　　　（唐·李白，《山中问答》。"窅"，读作 yǎo，深远的意思）

（33）青天有月来几时，我今停杯一问之。

（唐·李白，《把酒问月》。大家可以将此句和苏轼的"明月几时有，把酒问晴天"对照鉴赏）

（34）今人不见古时月，今月曾经照古人。

（唐·李白，《把酒问月》。大家可将此句和张若虚的"江畔何人初见月？江月何年初照人"对照鉴赏）

（35）三山半落青天外，二水中分白鹭洲。

　　　　　　　　　　　　（唐·李白，《登金陵凤凰台》）

（36）两水夹明镜，双桥落彩虹。

　　　　　　　　　　　　（唐·李白，《秋登宣城谢朓北楼》）

（37）战士军前半死生，美人帐下犹歌舞。

　　　　　　　　　　　　　　（唐·高适，《燕歌行》）

（38）君不见，走马川，雪海边，平沙莽莽黄入天。

　　　　　　　　　（唐·岑参，《走马川行奉送封大夫出师西征》）

（39）轮台九月风夜吼，一川碎石大如斗，随风满地石乱走。

　　　　　　　　　（唐·岑参，《走马川行奉送封大夫出师西征》）

（40）马毛带雪汗气蒸，五花连钱旋作冰，幕中草檄砚水凝。

　　　　　　　　　（唐·岑参，《走马川行奉送封大夫出师西征》）

（41）枕上片刻春梦中，行尽江南数千里。

　　　　　　　　　　　　　　（唐·岑参，《春梦》）

（42）野旷天低树，江清月近人。

　　　　　　　　　　　　（唐·孟浩然，《宿建德江》）

（43）一片冰心在玉壶。

　　　　　　　　　　　　（唐·王昌龄，《芙蓉楼送辛渐》）

（44）随风潜入夜，润物细无声。

（唐·杜甫，《春夜喜雨》）

（45）星垂平野阔，月涌大江流。

（唐·杜甫，《旅夜书怀》）

（46）无边落木萧萧下，不尽长江滚滚来。

（唐·杜甫，《登高》）

（47）此曲只应天上有，人间能得几回闻。

（唐·杜甫，《赠花卿》）

（48）穿花蛱蝶深深见，点水蜻蜓款款飞。

（唐·杜甫，《曲江二首·其二》。"蛱"，读作 jiá）

（49）自来自去梁上燕，相亲相近水中鸥。

（唐·杜甫，《江村》）

（50）老妻画纸为棋局，稚子敲针作钓钩。

（唐·杜甫，《江村》）

（51）花径不曾缘客扫，蓬门今始为君开。

（唐·杜甫，《客至》）

（52）细雨鱼儿出，微风燕子斜。

（唐·杜甫，《水槛遣心二首·其一》）

（53）白日放歌须纵酒，青春作伴好还乡。

（唐·杜甫，《闻官军收河南河北》）

（54）迟日江山丽，春风花草香。泥融飞燕子，沙暖睡鸳鸯。

（唐·杜甫，《绝句二首·其一》）

（55）江碧鸟逾白，山青花欲燃。今春看又过，何时是归年？

（唐·杜甫，《绝句二首·其二》）

（56）两个黄鹂鸣翠柳，一行白鹭上青天。

（唐·杜甫，《绝句四首·其三》）

（57）姑苏城外寒山寺，夜半钟声到客船。

（唐·张继，《枫桥夜泊》）

（58）曲终人不见，江上数峰青。

（唐·钱起，《省试湘灵鼓瑟》）

（59）春城无处不飞花，寒食东风御柳斜。

（唐·韩翃，"翃"，读作 hóng，《寒食》）

（60）雨中黄叶树，灯下白头人。

（唐·司空曙，《喜外弟卢纶见宿》）

（61）齐纨未足人间贵，一曲菱歌敌万金。

（唐·张籍，《酬朱庆馀》）

（62）春潮带雨晚来急，野渡无人舟自横。

（唐·韦应物，《滁州西涧》）

（63）回乐峰前沙似雪，受降城外月如霜。

（唐·李益，《夜上受降城闻笛》）

（64）大漠孤烟直，长河落日圆。

（唐·王维，《使至塞上》）

（65）行到水穷处，坐看云起时。

（唐·王维，《终南别业》）

（66）明月松间照，清泉石上流。

（唐·王维，《山居秋暝》）

（67）云横秦岭家何在，雪拥蓝关马不前。

（唐·韩愈，《左迁至蓝关示侄孙湘》）

（68）烟销日出不见人，欸乃一声山水绿。

（唐·柳宗元，《渔翁》）

（69）身无彩凤双飞翼，心有灵犀一点通。

（唐·李商隐，《无题》）

（70）桐花万里丹山路，雏凤清于老凤声。

（唐·李商隐，《韩冬郎既席为诗相送一座尽惊他日余方追吟连宵侍坐裴回久之句有老成之风因成二绝寄酬兼呈畏之员外·其一》）

（71）今年花似去年好，去年人到今年老。

（唐·岑参，《韦员外家花树歌》）

（72）忽如一夜春风来，千树万树梨花开。

（唐·岑参，《白雪歌送武判官归京》）

（73）千呼万唤始出来，犹抱琵琶半遮面。

（唐·白居易，《琵琶行》）

（74）同是天涯沦落人，相逢何必曾相识。

（唐·白居易，《琵琶行》）

（75）别有幽愁暗恨生，此时无声胜有声。

（唐·白居易，《琵琶行》）

（76）几处早莺争暖树，谁家新燕啄春泥。乱花渐欲迷人眼，浅草才能没马蹄。

（唐·白居易，《钱塘湖春行》）

（77）回眸一笑百媚生，六宫粉黛无颜色。

（唐·白居易，《长恨歌》）

（78）日出江花红胜火，春来江水绿如蓝。

（唐·白居易，《忆江南》）

（79）玄都观中桃千树，尽是刘郎去后栽。

（唐·刘禹锡，《元和十年自郎州至京戏赠看花诸君子》）

（80）自古逢秋悲寂寥，我言秋日胜春朝。晴空一鹤排云上，便引诗情到碧霄。

（唐·刘禹锡，《秋词二首·其一》）

（81）旧时王谢堂前燕，飞入寻常百姓家。

（唐·刘禹锡，《乌衣巷》）

（82）唯有牡丹真国色，花开时节动京城。

（唐·刘禹锡，《赏牡丹》）

（83）侯门一入深似海，从此萧郎是路人。

（唐·崔郊，《赠婢》）

（84）去年今日此门中，人面桃花相映红。人面不知何处去，桃花依旧笑春风。

（唐·崔护，《题都城南庄》）

（85）日斜深巷无人迹，时见梨花片片开。

（唐·戴叔伦，《过柳溪道院》）

（86）曲径通幽处，禅房花木深。

（唐·常建，《题破山寺禅院》。也有作"竹径通幽处"）

（87）今夜月明人尽望，不知秋思落谁家。

（唐·王建，《十五夜望月》）

（88）白雪却嫌春色晚，故穿庭树作飞花。

（唐·韩愈，《春雪》）

（89）杨花榆荚无才思，惟解漫天作雪飞。

（唐·韩愈，《晚春二首·其一》）

（90）天街小雨润如酥，草色遥看近却无。

（唐·韩愈，《早春呈水部张十八员外二首·其一》）

（91）不是花中偏爱菊，此花开尽更无花。

（唐·元稹，《菊花》）

（92）女娲炼石补天处，石破天惊逗秋雨。

（唐·李贺，《李凭箜篌引》）

（93）大漠沙如雪，燕山月似钩。

（唐·李贺，《马诗二十三首·其五》）

（94）黑云压城城欲摧，甲光向日金鳞开。

（唐·李贺，《雁门太守行》）

（95）天下三分明月夜，二分无赖是扬州。

（唐·徐凝，《忆扬州》）

（96）溪云初起日沉阁，山雨欲来风满楼。

（唐·许浑，《咸阳城西楼晚眺》）

（97）日暮酒醒人已远，满天风雨下西楼。

（唐·许浑，《谢亭送别》）

（98）尘世难逢开口笑，菊花须插满头归。

（唐·杜牧，《九日齐山登高》）

（99）春风十里扬州路，卷上珠帘总不如。

（唐·杜牧，《赠别二首·其一》）

（100）停车坐爱枫林晚，霜叶红于二月花。

（唐·杜牧，《山行》）

（101）蜂蝶纷纷过墙去，却疑春色在邻家。

（唐·王驾，《雨晴》）

（102）鸡声茅店月，人迹板桥霜。

（唐·温庭筠，《商山早行》）

（103）独上江楼思渺然，月光如水水如天。同来望月人何处，风景依稀似去年。

（唐·赵嘏，"嘏"，读作 jiǎ，《江楼感旧》）

（104）天若有情天亦老，月如无恨月长圆。

（第一句摘自唐代李贺《金铜仙人辞汉歌》；后一句为南宋文学家石延年针对前句所作，两句构成千古绝对）

（105）无言独上西楼，月如钩。

（五代南唐·李煜，《乌夜啼》）

（106）绿杨烟外晓寒轻，红杏枝头春意闹。

（宋·宋祁，《玉楼春·春景》）

（107）疏影横斜水清浅，暗香浮动月黄昏。

（宋·林逋，"逋"，读作 bū，《山园小梅》）

（108）云破月来花弄影。

（宋·张先，《天仙子·水调数声持酒听》）

（109）春风疑不到天涯，二月山城未见花。残雪压枝犹有桔，冻雷惊笋欲抽芽。

（宋·欧阳修，《戏答元珍》）

（110）春色恼人眠不得，月移花影上栏杆。

（宋·王安石，《夜值》）

（111）墙角数枝梅，凌寒独自开。

（宋·王安石，《梅花》）

（112）春风又绿江南岸，明月何时照我还？

（宋·王安石，《泊船瓜洲》）

（113）一水护田将绿绕，两山排闼送青来。

（宋·王安石，《书湖阴先生壁二首·其一》）

（114）水光潋滟晴方好，山色空蒙雨亦奇。欲把西湖比西子，淡妆浓抹总相宜。

（宋·苏轼，《饮湖上初晴后雨二首·其二》）

（115）荷尽已无擎雨盖，菊残犹有傲霜枝。一年好景君须记，最是橙黄橘绿时。

（宋·苏轼，《赠刘景文》）

（116）一点浩然气，千里快哉风。

（宋·苏轼，《水调歌头·黄州快哉亭赠张偓佺》）

（117）乱石穿空，惊涛拍岸，卷起千堆雪。

（宋·苏轼，《念奴娇·赤壁怀古》）

（118）谈笑间，樯橹灰飞烟灭。

（宋·苏轼，《念奴娇·赤壁怀古》）

（119）一蓑烟雨任平生。

（宋·苏轼，《定风波·莫听穿林打叶声》）

（120）春宵一刻值千金，花有清香月有阴。

（宋·苏轼，《海棠》）

（121）只恐夜深花睡去，故烧高烛照红妆。

（宋·苏轼，《春宵》）

（122）人生到处知何似，应似飞鸿踏雪泥。泥上偶然留指爪，鸿飞那复计东西。

（宋·苏轼，《和子由渑池怀旧》）

（123）春到人间草木知。

（宋·张轼，《立春偶成》）

（124）寒夜客来茶当酒，竹炉汤沸火初红。寻常一样窗前月，才有梅花便不同。

（宋·杜耒，"耒"，读作 léi，《寒夜》）

（125）枕中云气千峰近，床底松声万壑哀。要看银山拍天浪，开窗放入大江来。

（宋·曾公亮，《宿甘露寺僧舍》）

（126）坐对真成被花恼，出门一笑大江横。

（宋·黄庭坚，《王充道送水仙花五十支》）

（127）醉舞下山去，明月逐人归。

（宋·黄庭坚，《水调歌头·游览》。笔者隆重推荐此词。初读此词，颇有惊艳之感，认为虽然名气不大、流转不广，但韵律优美、意境超脱、文辞锦绣，可以和苏轼的《水调歌头·明月几时有》媲美）

（128）无可奈何花落去，似曾相识燕归来。

（宋·晏殊，《浣溪沙·一曲新词酒一杯》）

（129）梨花院落溶溶月，柳絮池塘淡淡风。

（宋·晏殊，《无题》）

（130）昨夜西风凋碧树，独上高楼，望尽天涯路。

（宋·晏殊，《蝶恋花·槛菊愁烟兰泣露》）

（131）衣带渐宽终不悔，为伊消得人憔悴。

（宋·柳永，《蝶恋花·伫倚危楼风细细》）

（132）众里寻他千百度，蓦然回首，那人却在，灯火阑珊处。

（宋·辛弃疾，《青玉案·元夕》）。清末民初著名学者王国维，在《人间词话》中引用以上三句，比喻人生的三大境界，古今之成大事业、大学问者，必经过三种境界。"昨夜西风凋碧树，独上高楼，望尽天涯路。"此第一境也。"衣带渐宽终不悔，为伊消得人憔悴。"此第二境也。"众里寻他千百度，蓦然回首，那人却在，灯火阑珊处。"此第三境也。简释：关于这三种境界，不同的人有不同的理解。笔者认为第一境是立志阶段。是指要高瞻远瞩、志存高远，耐得住寂寞和苦寒，在"寻寻觅觅，冷冷清清，凄凄惨惨戚戚"中发现希望、找到出路。第二境是守志阶段。是指要不忘初心、牢记使命，坚忍不拔、执着隐忍，踔厉奋发、笃行不怠，为了理想和信念宁愿"苦其心志，劳其筋骨，饿其体肤，空乏其身，行拂乱其所为"。第三境是得志阶段。是指经过了无数艰辛努力后，终于有所悟有所获。成功好像很容易，好像"得来全不费工夫"，但实际上是"看似寻常最奇崛，成如容易却艰辛"）

（133）东风夜放花千树，更吹落，星如雨。

（宋·辛弃疾，《青玉案·元夕》）

（134）稻花香里说丰年，听取蛙声一片。

（宋·辛弃疾，《西江月·夜行黄沙道中》）

（135）落絮无声春堕泪，行云有影月含羞。

（宋·吴文英，《浣溪沙·门隔花深梦旧游》）

（136）自在飞花轻似梦，无边丝雨细如愁。

（宋·秦观，《浣溪沙·漠漠轻寒上小楼》）

（137）夜月一帘幽梦，春风十里柔情。

（宋·秦观，《八六子·倚危亭》）

（138）雾失楼台，月迷津渡。

（宋·秦观，《踏莎行·郴州旅舍》）

（139）一夕轻雷落万丝，霁光浮瓦碧参差。有情芍药含春泪，无力蔷薇卧晓枝。

（宋·秦观，《春日》）

（140）黄梅时节家家雨，青草池塘处处蛙。有约不来过夜半，闲敲棋子落灯花。

（宋·赵师秀，《约客》）

（141）适与野情惬，千山高复低。好峰随处改，幽径独行迷。霜落熊升树，林空鹿饮溪。人家在何许，云外一声鸡。

（宋·梅尧臣，《鲁山山行》）

（142）沾衣欲湿杏花雨，吹面不寒杨柳风。

（宋·志南，《绝句·古木阴中系短篷》）

（143）落花人独立，微雨燕双飞。

（宋·晏几道，《临江仙宋·梦后楼台高锁》）

（144）当时明月在，曾照彩云归。

（宋·晏几道，《临江仙宋·梦后楼台高锁》）

（145）雁字回时，月满西楼。

（宋·李清照，《一剪梅·红藕香残玉簟秋》）

（146）人比黄花瘦。

（宋·李清照，《醉花阴·重阳》）

（147）何须浅碧深红色，自是花中第一流。

（宋·李清照，《鹧鸪天·桂花》）

（148）桃李春风一杯酒，江湖夜雨十年灯。

（宋·黄庭坚，《寄黄几复》）

（149）小楼一夜听春雨，深巷明朝卖杏花。

（宋·陆游，《临安春雨初霁》）

（150）一夜满林星月白，亦无云气亦无雷。平明忽见溪流急，知是他山落雨来。

（宋·翁卷，《山雨》）

（151）闲来上山看野水，忽于水底见青山。

（宋·翁卷，《野望》）

（152）昼出耘田夜绩麻，村庄儿女各当家。童孙未解供耕织，也傍桑阴学种瓜。

（宋·范成大，《四时田园杂兴·其三十一》）

（153）等闲识得东风面，万紫千红总是春。

（宋·朱熹，《春日》）

（154）年光似鸟翩翩过，世事如棋局局新。

（宋·志文，《西阁》）

（155）绿阴不减来时路，添得黄鹂四五声。

（宋·曾几，《三衢道中》）

（156）万顷波光摇月碎，一天风露藕花香。

（宋·黄庚，《临平泊舟》）

（157）万壑有声含晚籁，数峰无语立斜阳。

（宋·王禹偁，"偁"，读作 chēng，《村行》）

（158）枯藤老树昏鸦，小桥流水人家，古道西风瘦马。夕阳西下，断肠人在天涯。

（元·马致远，《天净沙·秋思》）

（159）孤村落日残霞，轻烟老树寒鸦，一点飞鸿影下。青山绿水，白草红叶黄花。

（元·白朴，《天净沙·秋》）。此曲可与马致远《天净沙·秋思》对比鉴赏）

（160）西风吹老洞庭波，一夜湘君白发多。醉后不知天在水，满船清梦压星河。

（元·唐温如，《题龙阳县青草湖》）

（161）万里江山笔下生。

（明·唐寅，《无题》）

（162）旧巢共是衔泥燕，飞上枝头变凤凰。

（清·吴伟业，《圆圆曲》）

（163）浓似春云淡似烟，参差绿到大江边。斜阳流水推蓬坐，翠色随人欲上船。

（清·纪昀，《富春至严陵山水甚佳》）

（164）最是秋风管闲事，红他枫叶白我头。

（清·赵翼，《野步》）

（165）东风无一事，妆出万重花。

（清·张惠言，《水调歌头·东风无一事》）

（166）我劝天公重抖擞，不拘一格降人才。

（清·龚自珍，《己亥杂诗》）

（167）月黑见渔灯，孤光一点萤。微微风簇浪，散作满河星。

（清·查慎行，《舟夜书所见》）

（168）长亭外，古道边，芳草碧连天。晚风拂柳笛声残，夕阳山外山／天之涯，地之角，知交半零落。一壶浊酒尽余欢，今宵别梦寒／长亭外，古道边，芳草碧连天。问君此去几时来，来时莫徘徊／天之涯，地之角，知交半零落。人生难得是欢聚，惟有别离多。

［民国·李叔同（弘一法师），《送别》］

（169）轻轻的我走了，正如我轻轻的来；我轻轻的招手，作别西天的云彩。

…………

悄悄的我走了，正如我悄悄的来；我挥一挥衣袖，不带走一片云彩。

（徐志摩，《再别康桥》）

（170）最是那一低头的温柔，像一朵水莲花不胜凉风的娇羞，道一声珍重，道一声珍重，那一声珍重里有蜜甜的忧愁——沙扬娜拉！

（徐志摩，《赠日本女郎》）

（171）你站在桥上看风景，看风景的人在楼上看你。明月装饰了你的窗子，你装饰了别人的梦。

（卞之琳，《断章》）

六、人情世故类

（1）己所不欲，勿施于人。

（春秋·孔子，《论语·颜渊》）

（2）赠人以言，重于珠玉；伤人以言，甚于剑戟。

（东周·战国·荀子，《荀子·非相》）

（3）与人善言，暖于布帛；伤人以言，深于矛戟。

（东周·战国·荀子，《荀子·荣辱》）

（4）一贵一贱，交情乃见。

（西汉·司马迁，《史记·汲郑列传》）

（5）太行之路能摧车，若比人心是坦途。巫峡之水能覆舟，若比人心是安流。人心好恶苦不常，好生毛羽恶生疮……行路难，不在山，不在水，只在人情反覆间。

（唐·白居易，《太行路》）

（6）长恨人心不如水，等闲平地起波澜。

（唐·刘禹锡，《竹枝词九首·其七》）

（7）含情欲说宫中事，鹦鹉前头不敢言。

（唐·朱庆馀，《宫词》）

（8）我见青山多妩媚，料青山见我应如是。

（宋·辛弃疾，《贺新郎·甚矣吾衰矣》）

（9）江头未是风波恶，别有人间行路难。

（宋·辛弃疾，《鹧鸪天·送人》）

（10）人无千日好，花无百日红。

（元·杨文奎，《儿女团圆》楔子。明代《增广贤文》《醒世恒言》均有引用）

（11）恩重反为仇，薄极反成喜。

（明·洪应明，《菜根谭》）

（12）三年不见面，是亲也不亲。

（明·吴承恩，《西游记》。书中孙悟空说五百年前和红孩儿的父亲牛魔王结拜为兄弟，猪八戒随即接了这句话）

（13）久住令人贱，频来亲也疏。

（明·《增广贤文》。也可理解为"久住令人厌"）

（14）易涨易退山溪水，易反易覆小人心。

（明代《增广贤文》）

（15）画虎画皮难画骨，知人知面不知心。

（明代《增广贤文》）

（16）路遥知马力，日久见人心。

（明代《增广贤文》）

（17）远水难救近火，远亲不如近邻。

（明代《增广贤文》）

（18）是非终有日，不听自然无。

（明代《增广贤文》）

（19）贫居闹市无人问，富在深山有远亲。

（明代《增广贤文》）

（20）儿孙自有儿孙福，莫为儿孙作马牛。

（明代《增广贤文》）

（21）受恩深处宜先退，得意浓时便可休。

（明代《增广贤文》）

（22）莫待是非来入耳，从前恩爱反为仇。

（明代《增广贤文》）

（23）龙游浅水遭虾戏，虎落平川被犬欺。

（明代《增广贤文》）

（24）入门休问荣枯事，且看容颜便得知。

（明代《增广贤文》）

（25）相逢好似初相识，到老终无怨恨心。

（明代《增广贤文》）

（26）人生若只如初见，何事秋风悲画扇。等闲变却故人心，却道故人心易变。

（清·纳兰性德，《木兰花·拟古决绝词柬友》。可与上一句对照鉴赏）

（27）万人丛中一握手，使我衣袖三年香。

（清·龚自珍，《离京》）

（28）人间更有风涛险，翻说黄河是畏途。

（清·宋琬，《渡黄河》）

（29）与多疑人共事，事必不成；与好利人共事，己必受累。

（清·曾国藩，《曾国藩家训》）

（30）度尽劫波兄弟在，相逢一笑泯恩仇。

（民国·鲁迅，《题三义塔》）

（31）赠人玫瑰，手有余香。

（英国谚语）

第七章

典 故 集 锦

在面试答题中适当引用典故，能让回答变得生动活泼、引人入胜，引起考官的兴趣。

典故的引用，最重要的就是短小精炼，不能占用过多时间，否则就会弄巧成拙、得不偿失；表达要完整准确，不能出现文不对题、引喻失义的问题，否则就是生搬硬套、东施效颦；尽量选用寓意深刻、内涵丰富的典故，能让考官耳目一新，否则就是画蛇添足、节外生枝。典故越短越好，尽量不要超过 200 字。

有时候，为了增强说话的气势，也可以采取排比用典的方法。比如孟子在《生于忧患，死于安乐》中，先是排比用典，"舜发于畎亩之中，傅说举于版筑之间，胶鬲举于鱼盐之中，管夷吾举于士，孙叔敖举于海，百里奚举于市"，然后得出了"故天将降大任于斯人也，必先苦其心志，劳其筋骨，饿其体肤，空乏其身，行拂乱其所为，所以动心忍性，曾益其所不能"的结论。这样的用典，堪称典范！

前面，我们在讲解面试题的时候，也用过排比用典的例子：

周恩来同志，"为中华之崛起而读书""大江歌罢掉头东，邃密群科济世穷"，他把一生奉献给了中华民族，成了人人敬仰的好总理；毛泽东同志，"孩儿立志出乡关，学不成名誓不还。埋骨何须桑梓地，人生何处不青山"，他一辈子不忘初心和使命，带领全国人民推翻了三座大山，让中国人民站起来了；县委书记的榜样焦裕禄同志，"生也沙丘，死也沙丘"，到了生命的最后一刻仍坚守初心，他的精神永远激励着全党和全国人民不忘初心，牢记使命。

典故，可以是历史事件、先进事迹，也可以是寓言、故事，只要简短凝练，能印证某种规律，证明某种道理就行。

典故的分类，和诗词名句不同。因为"诗言志"，大多诗词名句都和励志修身有关，有着不同的意境，可以有多种理解。典故，则主要是为了说理证明、总结规律，灵活度较窄、指向性较明。

笔者按照"苦行励志""高风亮节""处世智慧"三个篇目进行分类整理。

苦行励志篇，以勤奋苦读、坚忍不拔为主要内容。高风亮节篇，以廉洁自律、清贫自守为主要内容。处世智慧篇，以见微知著、科学抉择、选人用人、通达应变、哲理智慧、妙语雄辩为主要内容。这些典故，可以有多重理解，因此没有再次细化分类。在处世智慧篇中，笔者对每一个典故进行了点评。这些点评论述的内容，可以引用到面试中去，为典故"画龙点睛"。

最初，笔者还设立了"奉公奉献""自律修身"等篇目，但在整理归类中，发现一些典故的内涵和外延较广，就将这两个篇目合并进了高风亮节篇，这样更能准确表达典故的内涵。

考生在学习的时候，要注意把其中的内容吃透，变成自己的理解和语言，如此才能领会于心、灵活引用。

为了把故事讲清楚，笔者在尽量缩短篇幅的同时，也注重将故事讲透讲活，增加典故的趣味性，便于理解和运用。大家在阅读之后，可以根据实际需要进行删减。

一、苦行励志篇

1. 孙敬头悬梁

东汉著名的政治家、大学问家孙敬，年轻时十分勤奋好学，经常苦读到深夜。为了保持清醒，他用绳子绑住头发，另一头悬在房梁上。一打盹绳子就会扯痛头皮从而使自己清醒，清醒后他就继续学习。

2. 苏秦锥刺股

战国时期政治家、纵横家苏秦，年轻时学问不深，外出求官处处碰壁，回家后家人也瞧不起他。所以，他下定决心，发奋读书，常常读书到深夜。一打瞌睡，就用锥子往自己的大腿上刺一下，使自己清醒继续读书。后来，苏秦学问大成，担任六个国家的丞相，采用合纵之术，联合六国共同抗秦，成为千古传奇。

3. 张仪折竹受答

张仪是战国时纵横家的代表人物，和苏秦同为鬼谷子的弟子。

他年轻时替人家抄书，看到好的内容就写在掌中或腿上。回到家中就折断一些竹片，将内容刻写在竹片上面并牢记在心。后人遂以"张仪折竹"形容学习勤奋刻苦。

张仪在游说诸侯期间，曾被怀疑偷盗玉璧而遭到严刑拷打。他躺在床上动弹不得，妻子悲愤地说："唉！你要是不读书游说，又怎会受到如此屈辱呢？"张仪说："你看看我的舌头还在不在？"妻子说："舌头还在呀。"张仪说："这就够了。"受过许多磨难屈辱，张仪从未放弃理想。后来在秦国施展抱负，以连横之术化解了六国的合纵之术，为秦国统一六国奠定了基础。

4. 祖逖（tì）闻鸡起舞

晋代的祖逖，以北伐收复失地为己任，刻苦学习，每天听到鸡叫后就起床舞剑，从不间断，因此成为能文善武的全才，后来被封为镇西将军，实现了报效国家的愿望。

（另：晋朝南渡之后，当权者意欲偏安江南，无心收复失地。祖逖主动请缨，只带领100多名部属北渡长江。船行进到江心时，众人提起国家百姓的惨状，不禁泪流满面。祖逖猛然起身，用船桨击打船舷发誓："我祖逖这回要是不能收复中原，就像这大江之水，有去无回！"此典故被称为"击楫中流"）

5. 李密牛角挂书

隋末唐初的李密在少年时立志做个有学问的人，时时处处发奋苦读。一次他骑牛去看望朋友，就把《汉书》挂在牛角上，随时翻阅背诵。此事被传为佳话。

6. 董仲舒三年不窥园

西汉时期，董仲舒学习起来专心致志、心无旁骛。他的书房后虽有一个花园，但是他三年来没有进园观赏一眼。

7. 管宁割席分坐

东汉末年，管宁与华歆（xīn）两人同席读书，有达官显贵乘车路过，管宁读书如故，而华歆却出门观看，羡慕不已。管宁认为华歆并非志同道合的朋友，便与他割席分坐。

8. 匡衡凿壁偷光

西汉时期，匡衡家境贫寒，用不起油灯照明。为了读书，他凿通了邻居的墙，借着偷来的一缕烛光读书。匡衡后来在朝廷担任郎中、博士等职务。

9. 车胤囊萤夜读

晋代的车胤读书非常用功，但家里穷得买不起灯油。到了夏天，他就捉来萤火虫，放在纱囊中，借助微弱的萤光读书。

10. 陈平忍辱苦读

西汉名相陈平，小时候与大哥相依为命。他经常闭门苦读，很少从事生产。因此大嫂经常羞辱他，还烧掉了他的书简。他多次隐忍不发。随着大嫂的变本加厉，他只好离家出走，幸被哥哥追回。他的事迹感动了很多人，也得到了许多当地名人的指点帮助。学成后，他辅佐刘邦建立汉朝，成为千古名相。

11. 买臣负薪

西汉时期的朱买臣，幼时家境贫寒，靠砍柴卖柴度日。每次上山砍柴，他就把书摊开，放在树下，边砍柴边读书。挑柴回家时，他就把书放在柴担的前头，边走边读，后终有所成，成为汉武帝时期的一代名臣。

（另：朱买臣年轻时，妻子因为贫穷弃他而去。朱买臣当官后，他的前妻拦在他的马前要求复婚。朱买臣将水泼在马前，说她只要能把泼到地上的水收回，就可以复婚。"马前泼水""覆水难收"的典故均出于此。不过，这仅仅是传说，正史上并无记载）

12. 倪宽带经而锄

西汉时期的倪宽，幼时聪明好学，但家中贫穷，上不起学。他就在当时的郡国学校伙房帮助做饭，以此求得学习的机会。

他还时常被人家雇用做短工。每当下地干活的时候，他总是把经书挂在锄把上，休息时就认真诵读，细心研究。后来他成了饱学之士，精通经学和历法，发明了太初历，在汉武帝时担任过御史大夫。

13. 张芝临池学书

张芝是东汉时期的书法家。他练习书法的时候，将家中的帛都写上字，然后在池塘中漂洗干净后再反复使用，时间长了，整个池塘的水都变黑了。

他的书法自成一体，在草书上的成就最大，被后人尊称为"草圣"。

14. 孙康映雪

晋代人孙康从小喜欢读书，家境贫穷，白天得下地干活，晚上因为没有油灯所以不能读书。

一年冬天下大雪，他忽然发现，书上的字在雪地里看得很清楚。此后，每遇到下雪，孙康就躺在雪地里读书，时间长了手脚都长满冻疮。由于他的勤奋好学，他学习到了很多知识，后来担任了御史大夫。

15. 苏洵蘸墨

苏洵是宋代著名的文学家，唐宋八大家之一。他小时候很贪玩，直到27岁才认识到读书的重要性，从此便抓紧一切时间学习。

一年端午节，他的妻子将一盘粽子和一碟白糖送进书房。将近中午时，夫人收拾盘碟时，发现粽子已经吃完了，碟里的白糖却原封未动，苏洵的嘴上满是漆黑的墨汁。原来，苏洵只顾专心读书，误把砚台当成了糖碟。正是凭着这种认真刻苦的精神，苏洵最后成为文学大家。

16. 82 岁的状元

梁灏（hào）是五代十国时期的人，却是宋太宗时期的状元郎。他从五代后晋时就不断地进京应试，直到北宋雍熙二年（985）才考中进士，被钦点为状元。他一共考了47年，参加了40场会试，历经了后晋、后汉、后周、北宋四个朝代，中状元时已是82岁的白发老翁。

17. 屈原洞中苦读

楚国伟大诗人屈原，小时候为了学习《诗经》，三年里不论刮风下雨、天寒地冻，坚持每天躲到山洞里学习。

18. 王羲之的"书圣墨池"

东晋大书法家王羲之自幼苦练书法。他每次写完字，都到自家门前的池塘里洗毛笔，时间长了，一池清水变成了一池墨水。后来，人们就把这个池塘称为"墨池"。王羲之也被后人尊称为"书圣"。

19. 王献之写干 18 缸水

王献之是"书圣"王羲之的儿子，很小就学着父亲的样子天天练习书法。王献之的天赋很好，进步很快，后来有些飘飘然了。

一天，他写"太"字时漏掉了下边的那个"点"，他父亲就顺手提笔将这一"点"补上去。王献之拿着这个字让母亲评价，母亲说道："我儿真不简单。你这个太字下面的那个点，已经达到你父亲的水平了。"王献之羞愧难当。他按照父亲的嘱咐蘸水练字，写干了院中 18 口大缸的水，终于登上了书法艺术的巅峰，与他父亲并称为书法"二圣"。

20．宋濂冒雪请教

明代著名散文家、学者宋濂自幼好学，不仅学识渊博，而且写得一手好文章，被明太祖朱元璋赞誉为"开国文臣之首"。

宋濂很爱读书，遇到不明白的地方总要刨根问底。有一次，宋濂为了搞清楚一个问题，冒雪行走数十里，去请教已经不收学生的梦吉老师，但老师并不在家。宋濂并不气馁，而是在几天后再次拜访老师，但老师并没有接见他。因为天冷，宋濂的脚趾都被冻伤了。宋濂第三次去拜访的时候，掉入了雪坑中，幸被人救起。老师被他的诚心所感动，耐心解答了宋濂的问题。

21．孔子韦编三绝

孔子一生勤奋学习，到了晚年，他特别喜欢《易经》。当时还没有发明纸张，书本都是用皮条把竹简、木简穿起来做成的。由于孔子翻阅书简次数太多了，竟使皮条断了三次。

（另：孔子年轻时听了《韶》乐后，过于沉迷其中，三个月的时间里，吃肉的时候无法感知到肉的滋味。这就是"三月不知肉味"的典故。）

22．刘秀手不释卷

汉光武帝刘秀嗜学如命，行军打仗之时也不忘学习。他勤于政事，又经常和大臣们讲论经典，半夜才睡觉。太子劝他注意身体，他说："我自乐此，不为疲也。""手不释卷""乐此不疲"两个成语均出自刘秀事迹。

23．杨时程门立雪

北宋大学问家杨时，在 40 多岁时和朋友一起去向程颐求教，凑巧赶上程颐在屋中打盹。他们静立门口，等老师醒来。一会儿下起了鹅毛大雪，程颐一觉醒来，才发现门外的两个"雪人"。

24．韩愈焚膏继晷（guǐ）

韩愈是唐代著名文人，经常不分昼夜地学习。他白天在日光下读书，天黑后点亮灯光接着读书。他称自己的做法是"焚膏继晷"。"晷"，日影。

25. 司马光的圆木警枕

司马光从小就喜欢学习，做官之后更加刻苦。他住的地方，有一个圆木做的枕头，极容易滚动。他睡觉时，稍微一动，头就跌落在木板床上，惊醒后他立刻爬起来读书。司马光给这个圆木枕头起了个名字——"警枕"。

26. 刘绮燃荻（dí）读书

南北朝时梁朝人刘绮，少年丧父，穷得买不起油灯蜡烛。为了读书他买来荻（芦苇类植物），折成一段一段并点燃，以代替灯光。

27. 苏颋（tǐng）吹火读书

唐代的苏颋，读起书来不知疲倦。晚上没有灯光照明，他就到马棚的炉灶边，把炉灰扒开，不停地吹，以借着这微弱的火光读书。后来他官至宰相。

28. 常林带经耕锄

东汉末年，常林在耕田锄地时也带着经书，利用田间休息时间抓紧学习。后来他担任魏国的博陵太守、幽州刺史等官职，并被封为高阳乡侯。

29. 范仲淹断齑（jī）画粥

范仲淹幼年丧父，苦读于醴泉寺。因家境贫寒，便用小米煮粥，隔夜粥凝固后，用刀切为四块，早晚各食两块，再将腌菜切碎佐食。"齑"，细碎的菜沫。

范仲淹成年后又到应天书院刻苦攻读，冬天读书疲倦发困时，就用冷水洗脸；没有东西吃时，就喝稀粥度日。范仲淹官至参知政事，在文学、军事、政治上都成绩卓著，名垂千载。

30. 吕蒙正寒窑苦读

北宋宰相吕蒙正，幼时和母亲被父亲赶出家门，搬到外面的山洞居住，经常食不果腹。他在寒窑苦读十余年，终于高中状元，成为一代名相。

31. 白居易口舌生疮手肘成胝（zhī）

唐代诗人白居易，少年时学习勤奋。有一段时间，他白天作赋，晚上写字，还不时作诗，不间断地背诵学习，以至于舌头上长疮，手肘都磨出了厚茧。

32. 达摩面壁九年

禅宗祖师达摩来到少林寺后，曾经在一个石洞里，整日面对石壁坐禅入定。开定后，他就站起身来，锻炼一下身体，待精力恢复后，又重新坐禅入定。这种状态坚持了九年，成为佛教史上的美谈。

33. 王阳明龙场悟道

王阳明因反对宦官刘瑾，被廷杖四十，并谪贬至贵州龙场当驿丞。这个地方生存环境极其恶劣，毒蛇蚊虫肆虐，潮热瘴气难熬。刘瑾将王阳明发配到这里，其实就是不相信他能活着回去。王阳明刚到龙场时，没有房子，只能睡在草丛荆棘之中，有时住在废弃的山洞中。后来他自己搭建个茅屋居住，茅屋还没有他的肩膀高。就在这样的环境中，王阳明结合历年来的遭遇，日夜思考。一天半夜，他忽然顿悟，创立了心学。这就是著名的"龙场悟道"。

34. 释迦牟尼菩提悟道

释迦牟尼离家之后，经过多年苦行，还是没能悟道，而且瘦得皮包骨头，看起来奄奄一息。一次，幸得一名少女布施他一碗牛奶，才得到些许恢复。后来，他盘坐在菩提树下，发誓：如果还是不能悟道，就坐死在这里了。七天之后，他终于夜睹明星而悟道。

35. 宗悫（què）之长风

宗悫出身于儒学之家，却喜欢军事。宗悫少年时，叔父宗炳曾询问他的志向。宗悫道："愿乘长风破万里浪。"（"乘风破浪"这一成语，就是源于此处）后来宗悫成为一位赫赫有名的大将军。

36. 欧阳修"三上"读书

宋朝的大文豪欧阳修，不放过一点可以学习写作的时间。他提出了"三上"读书法，即马背上、枕头上、厕所座上。就用这种方法，他每天熟读三百字，用三年半的时间将《孝经》《论语》《诗经》等十部书熟读完毕，并用七年时间将它们背得滚瓜烂熟。

37. 郭云深狱中创拳

清朝末年，形意拳大师郭云深年轻时因为失手将一名恶霸打死，被关进监狱。

他在监狱中也坚持练武，因为手脚都被铁镣锁住，他一次只能迈半步、出拳时手臂也不能伸直。可是，就因为如此，他创造出了"半步崩拳"的绝技，从此再没遇到对手，被称为"半步崩拳打天下"。

38. 杨露禅以凳为床

清朝末年，河北人杨露禅18年间三下河南陈家沟学习太极拳。在学习期间，他经常睡在院中的长条凳上，每当翻身掉下长凳醒来时，他就立即开始练拳。就因为他如此刻苦，最后才真正领会了太极拳的奥妙，被称为"杨无敌"。

39．杨澄甫六年闭门

杨澄甫是杨露禅的孙子。他父亲杨健侯因为自己年幼时练武太苦，所以不忍心对杨澄甫管束过严。他临死前老泪纵横地对杨澄甫说："我活的时候，你开门授徒，没人敢来闹事。现在我要走了，如有高手前来比试，你肯定要败。杨家肯定要威名扫地了，杨家功夫要失传了。我死不瞑目！"杨澄甫垂泪叩首，从此闭门谢客，日夜苦练，六年未出家门。为了练成"肩靠"的绝技，他经常用肩膀对着大树用功发力，时间长了，这棵树变得枯黄，不再生长新叶。

就是因为如此刻苦，杨澄甫把家传太极拳发扬光大，成为杨氏太极拳的集大成者和创始人之一（太极拳从杨露禅开始就不断创新，直到孙子杨澄甫晚年才最终定型，成为目前流传的杨氏太极拳）。

40．孙中山悲愤难忘的事情

孙中山先生在一次讲演中，讲过一个让他悲愤难忘的事情：南洋爪哇有一个财产超过千万的华侨富翁。有一天，他外出访友，忘记了带夜间通行证和夜灯，结果无法返回。因为当地的法令规定，华人夜出如无通行证和夜灯，一旦被荷兰巡捕查获，轻则罚款，重则坐牢。出于无奈，他只得花一元钱，请一个日本妓女送自己回家。因为荷兰巡捕不会干涉日本妓女的客人。

孙中山说："日本妓女虽然很穷，但是她的祖国很强盛，所以她的地位很高，行动也就自由。这个华侨虽然是千万富翁，但是他的祖国不强盛，所以他连走路也没有自由，地位还不如日本的一个娼妓……"

这饱含悲愤的一番话，如同电击一般打在听众的心弦上，激起了强烈的反响。

41．侯宝林抄书学相声

语言大师侯宝林尽管只上过三年小学，但由于他勤奋好学，终于成为著名的相声表演艺术家。有一次，他想买一部明代的笑话书《谑浪》，跑遍北京城的书店也未能如愿。后来，他得知北京图书馆有这部书，就决定把书抄回来。时值冬日，他顶着狂风，冒着大雪，一连18天都跑到图书馆里去抄书，一部十多万字的书，终于被他抄录到手。

42．闻一多结婚失踪

闻一多读书成瘾，据说在他结婚那天，迎亲的花轿快到家门了，却找不到新郎。急得大家东寻西找，结果大家在书房里找到了他。他仍穿着旧袍，全神贯注地在读书。

43. 鲁迅嚼辣御寒

鲁迅先生少年时经常晚上读书。冬天晚上寒冷时，他就嚼一颗辣椒，辣得自己额头冒汗以驱赶寒冷。

44. 毛泽东活到老学到老

毛泽东嗜学如命。他曾经说过："饭可以一日不吃，觉可以一日不睡，书不可以一日不读。"他提倡用钉子的"挤"劲和"钻"劲来学习，自己也确实做到了这一点。

他在湖南第一师范读书时，每天起床特别早，洗漱之后，就迅速走进教室自习；为了锻炼自己的注意力，他专门到长沙的街头闹市读书，有时还大声朗诵，旁若无人。因为他的言行异于常人，年轻时他还有个"毛疯子"的外号。在延安期间，光是《共产党宣言》他就看了不下一百遍；中华人民共和国成立后，为了提高经济工作的水平，毛泽东更是亲自组织了"政治经济学教科书"学习小组，和许多人一起探讨学习。

他出行时带着书，床上堆着书，厕所里也放着书。他的床很宽大，超出普通床一倍多，三分之二的地方摞着书，高达二尺。

毛泽东于 1976 年 9 月 9 日 0 点 10 分逝世，他最后一次读书，是 1976 年 9 月 8 日。

45. 刘伯承不用麻药做手术

1916 年，刘伯承率部与北洋军阀部队激战。在攻打城门时，刘伯承连中两弹，其中一颗子弹击中他右侧太阳穴，从右眼眶飞出。战斗结束后几位士兵在乱尸堆中找到了他。后来，刘伯承到重庆的一家私人诊所做手术。为了不影响大脑神经，刘伯承拒绝德国军医沃克大夫对他进行麻醉。在手术中，刘伯承一声未吭，但浑身汗如雨下。手术后，他告诉沃克大夫：你一共在我的眼睛上割了 72 刀。沃克大夫非常震惊，称刘伯承是一块会说话的钢板，是军神。

46. 粟裕对咖啡馆的奇怪评价

上海解放后，粟裕将军带着妻子楚青去上海滩逛街。在路过一家咖啡馆的时候，粟裕突然说："这家咖啡馆很不错。"楚青很奇怪，自己丈夫只关心打仗，从来不关注咖啡馆这类东西，他怎么知道这家咖啡馆不错？粟裕认真地对她说："你看，这家咖啡馆的位置多棒。在它上面架两挺机枪，整个街道都能封锁，绝不可能有人能突围出去。"

47．习近平的知青岁月

习近平在梁家河插队期间，给自己立下了一个座右铭："一物不知，深以为耻，便求知若渴。"他随身带了沉甸甸的一箱书。白天下地干活，在劳动间隙看书；放羊时也在黄土高坡上看书……到了晚上就在煤油灯下苦读。在村民的记忆中，习近平经常边吃饭边看"砖头一样厚的书"。

48．有阳光就够了

新加坡旅游局给总理李光耀打过一份报告，大意是说：我们新加坡不像埃及有金字塔，不像中国有万里长城，不像日本有富士山，不像夏威夷有几十米高的海浪……除了一年四季直射的阳光外，什么名胜古迹也没有，要发展旅游事业实在是"巧妇难为无米之炊"。

李光耀看过报告后，非常生气，在报告上批了这么一句话："你想让上帝给我们多少东西？阳光，有阳光就够了！"

后来新加坡利用那一年四季直射的阳光，种花植草，在最短的时间内成为世界上著名的"花园城市"。连续多年，新加坡旅游收入名列亚洲第三位。

二、高风亮节篇

1．公仪休轶事两则

（1）拒鱼。

春秋时期，鲁国的宰相公仪休很爱吃鱼。许多人买鱼送给他，他从不接受。

有个送鱼的客人劝他说："您这么爱吃鱼，却不接受别人送的鱼，为什么呢？"他回答说："正因为我喜欢吃鱼，所以才不接受送的鱼。现在我身居相位，自己买得起鱼吃；如果接受了别人送的鱼而被罢免，那又有谁再给我鱼吃呢？所以我不能接受别人的鱼。"

（2）断杼拔葵。

公仪休的夫人为了节省家用，自己动手种植冬葵菜、织布做衣。

公仪休砸坏纺织的机杼、拔除了冬葵菜，说："我们自己种一棵菜，百姓就会少卖一棵菜；我们自己织一匹布，百姓就会少卖一匹布。我们做官的有俸禄养家，吃穿不愁。如果我们自己去从事农桑之事，就是与民争利。"因此公仪休下令禁止官员家庭从事经商营利等活动，鲁国的政治才一片清明。

2. 子罕以不贪为宝

春秋时期，宋国有人送给掌管工程的大官子罕一块宝玉。子罕不接受。

那人说："这块玉我请玉匠看过，确实是一块宝玉，价值连城。"子罕说："你以玉石为宝，我以不贪为宝。如果你把玉给了我，我们两人都丧失了自己的珍宝。不如你我还是各自保存自己的珍宝吧！"

3. 季布一诺千金

秦朝末年，在楚地有一个叫季布的人，只要是他答应过的事情，无论有多大困难，他都会设法办到。所以当时流传着一句话："得黄金千两，不如得季布一诺。"

4. 韩信一饭千金

韩信出身贫寒，自幼父母双亡，穷困潦倒，常常是有了上顿没下顿。

为了生活，韩信只好到淮阴城的河边去钓鱼。那里经常有许多老妇人在冲洗丝绵，其中一位老太太见他饥肠辘辘的样子，就把自己的饭分给他吃，一连十几天都是这样。韩信非常感动，便对老太太说："总有一天，我会好好报答您的。"韩信后来被刘邦封为楚王，他找到那位老太太，送她黄金一千两，以报答当日之恩。

5. 司马迁拒收玉璧

司马迁任太史令时，朝中最得势的将军李广利想拉拢他，派人给他送来一对珍贵的玉璧。

司马迁之女妹绢见到玉璧后非常喜欢。司马迁开导女儿说："玉璧之所以珍贵，是因为纯洁无瑕。人也应如此。如果我收下玉璧，心灵上就会留下斑污，并要受制于人。"说完便命人把玉璧退了回去。

6. "强项令"董宣

东汉初年，董宣任洛阳令。光武帝刘秀的妹妹湖阳公主有一个家奴杀了人，躲在公主府里不出来。董宣就天天派人在公主府门口守着，只等家奴出来。一天，湖阳公主坐着马车外出，那个家奴跟随出行。董宣亲自带衙役赶来，不顾公主阻挠，将家奴当场处决。湖阳公主向光武帝哭诉，光武帝召董宣进宫，要当着湖阳公主的面，责打董宣替其出气。

董宣说："陛下是一个中兴的皇帝，应该注重法令。现在陛下让公主放纵奴仆杀人，还能治理天下吗？如果微臣因为维护法令而获罪，恳请以死谢天下！"说罢，他向柱子撞去。光武帝连忙吩咐内侍将其拉住，但董宣已经撞得头破血流。光武帝为了顾全湖阳公主的面子，要董宣向公主磕头赔礼。董宣不肯，内侍把他的脑袋往地下摁，可是董宣用两手使劲撑住地，挺着脖子绝不低头。光武帝只好放过他，而且称他"强项令"。

7. 杨震"四知"拒金

杨震当东莱太守时，路过昌邑。曾受杨震举荐的昌邑令王密，黑夜拜访杨震，并送上十两黄金，杨震当场拒收。王密说："你收下吧，没有人知道。"杨震说："你知、我知、天知、地知，怎么说无人知道？"王密十分羞愧，只得带着礼物回去。

8. 羊续悬鱼

东汉灵帝年间，羊续任南阳太守。他的一位下属，给他送来了一条鱼。羊续当时收下了这条鱼，但没有吃掉，而是悬挂在大厅里。那个下属第二次给他送鱼的时候，羊续指着挂在大厅里的鱼说："上次送的那条鱼还在大厅里挂着，以后不要再送了！"那个下属虽然有事相求，但没有好意思再开口，也没敢再来送礼。

9. 吴隐之故事两则

（1）卖狗嫁女。

东晋时期，吴隐之被大将军谢石聘为主簿。他女儿出嫁前，谢石知道他清贫，便吩咐手下人带着各种物品去帮忙操办。可吴隐之的家里冷冷清清，毫无办喜事的气氛，只有一个婢女牵着一只狗要去集市上卖。原来，吴隐之要靠卖狗的钱才能凑齐女儿的嫁妆。

（2）酌饮贪泉。

东晋末年，广州官府衙门贪腐成风。晋安帝时，朝廷欲革除岭南弊政，便派吴隐之出任广州刺史。

离广州三十里地的地方，有一处泉水叫"贪泉"。据说即使是清廉之士，一饮此水，就会变成贪得无厌之人。可吴隐之不信邪，不顾他人阻拦，喝了"贪泉"的水后赋诗明志：古人云此水，一歃怀千金。试使夷齐饮，终当不易心。

吴隐之一直守正清廉，他酌饮贪泉的故事传为美谈。

10. 陶渊明不为五斗米折腰

东晋著名文学家陶渊明，曾经出任彭泽县令。到任第81天，浔阳郡派遣督邮刘云来检查公务。此人凶狠贪婪，每次都以巡视为名索要贿赂，否则就栽赃陷害。县吏劝陶渊明："我们应当穿戴整齐、备好礼品、恭恭敬敬地去迎接督邮。"陶渊明叹道："我岂能为五斗米向乡里小儿折腰。"于是他立即收拾行装，回家过起隐居生活。

11. 高允宁死不说假话

高允是北魏太武帝时期的史官，他和崔浩一起编纂当朝史书。因为他们秉笔直书，惹怒了太武帝，太武帝要把他们处死。

高允是太子的老师，太子和他一起去见太武帝，并嘱咐他按照自己的指示说话。太子对太武帝说，史书中那些大不敬的内容是崔浩写的，和老师高允无关。可当太武帝转头询问高允时，高允却如实说是他和崔浩一起写的。太武帝大怒，要立即杀掉高允。太子百般替高允掩饰，可高允仍坚持自己说的话。太武帝见高允如此正直，就赦免了他。

12. 柳玭（pín）吃橘付钱

唐朝末年人柳玭，他祖父柳公绰是著名书法家柳公权的哥哥，以"坐怀不乱"闻名的柳下惠是他的先祖。

柳玭在担任岭南节度副使时，经常为官署中的橘子树浇水施肥。有一年橘子熟了，差役摘下一篮让他品尝。他和大家品尝后，按照市场价格如数拿出钱，并让差役送入公家的钱库。

13. 包拯不持一砚

包拯曾经担任端州（今广东省肇庆市）知州。端州出产的砚台十分有名，被称为"端砚"，每年都要作为贡品向皇宫进贡。前任官员便以进贡为名额外征收端砚用来馈赠权贵或者自己享用。包拯到任后，下令不准额外摊派。任期届满，他被调往京城任职，一块端砚也没有带走。

14. 王安石婉言拒贿

一位客人拜访王安石，带来两件家传宝物：古镜和宝砚，并对王安石说："镜子可以远照两百里外的景物；砚台被呵一口气，能马上出现水，可以用来磨墨。"

王安石哈哈大笑："两件都算是稀奇宝物，可对我来说没有多大作用啊。我的脸和碟子差不多大小，哪里需要能照两百里的古镜呢？此外，就算你的砚台能呵得一担水，又能值几个钱呢？"王安石就这样婉拒了这两样宝物。

15. 尚文拒买宝珠

元成帝年间，一个西域商人来京城出售一颗宝珠。据说将这颗宝珠含在嘴里便永久不渴；用来敷面则温润舒适，精神倍增。一名官员劝左丞相尚文买下。

左丞相尚文说："这算什么宝贝？一个人含了它，能让全天下的人都不渴，那才算真正的宝贝。在我看来粮食才是宝贝。如果百姓有粮吃，则能安居乐业、天下太平；否则，流民四起，天下必然大乱。"那名官员再去劝说时，尚文扭过头不再理他。

16. 叶存仁"不畏人知畏己知"

叶存仁为官三十余载，甘于淡泊，毫不苟取。他离任时，手下部属想送给他一些礼物。为了避人耳目，他们让叶存仁在船上等候，待他们到来后再正式告别。很晚的时候，他们坐着一叶扁舟到来，小舟上满是礼物。叶存仁很感激他们的情谊，但还是写诗一首拒绝收礼："月白风清夜半时，扁舟相送故迟迟。感君情重还君赠，不畏人知畏己知。"

17. 于谦两袖清风

于谦曾任山西巡抚，为人正直，做官清廉。当时的地方官进京办事时，都要带很多当地特产，作为打通关节、献媚取宠的礼物。而于谦进京，总是两手空空。有人就劝他带些山西名产手帕、线香和蘑菇之类，进京后分送朝臣权贵。于谦于是写下《入京》这首诗作答："绢帕蘑菇与线香，本资民用反为殃。清风两袖朝天去，免得闾阎话短长。"

18. 题诗拒金三则

（1）吴讷（nè）。

明朝洪熙元年，监察御史吴讷去贵州视察。当地官员为讨好京官，纷纷携礼相赠，吴讷却一件礼物也不收。吴讷即将乘船返往京都时，一地方官匆匆来到他的住处，送他一个装有百两黄金的礼盒。吴讷严词拒绝，可那人还不肯走。吴讷提起笔来在盒子上题了一首诗："萧萧行李向东还，要过前途最险滩。若有赃私并土物，任教沉在碧波间。"那人这才作罢，带着礼盒离开。

（2）吴让。

明朝天顺年间，有位名叫吴让的官员去庆远（今广西宜州市）就任知府。当地的士官往往利用夜幕到府拜见，以金银作礼相赠。吴让一概不收，当场口占一绝："贪泉爽酌吾何敢，暮夜怀金岂不知？寄语丹州贤太守，原封回赠莫相疑。"士官们十分敬佩，就将黄金收起带了回去。

（3）李汰。

明朝时，朝廷派李汰到福建主持科举考试。一日将晚，一人来到他的下榻之处，献给李汰一个礼盒，让他在录取时多多帮忙。李汰多次拒绝，那人还是死乞白赖地往他手里塞，还说天色已晚无人知晓。李汰心中气恼，便在礼盒上写道："义利源头识颇真，黄金难换腐儒心。莫言暮夜无知者，怕塞乾坤有鬼神。"那个考生这才收回礼盒离开。

19. 毛泽东与两次雷击事件

"雷击事件"在延安发生过两次。第一次是农妇伍兰花在她丈夫被雷电击死后，大骂毛泽东和共产党。第二次是一位老农的驴被雷电击死，老农又哭又骂："老天爷不长眼，你咋不打死毛泽东？要打死我们家的驴？"

毛泽东得知后，不仅没让保卫部门处理咒骂的群众，反而在认真调查后，发现了群众负担确实较重的问题，从党的政策和措施上去反省群众咒骂的原因，对工作中的不足立即进行改进。

20. 毛泽东多次拒绝为亲属安排工作

1949 年，杨开慧的哥哥杨开智，想让毛泽东给他安排工作。毛泽东表示："一切按常规办理，听从当地政府安排，不要有任何奢望。"

毛泽东的表兄文南松、文运昌也想让毛泽东安排工作，毛泽东表示："不宜由我推荐，宜由他自己在人民中有所表现，取得信任，便有机会参加工作。"

毛泽东的姑母毛春秀，也曾提出请毛泽东为其儿子安排工作，他同样拒绝说："我不能办，要在当地所属机关自己申请。"

（类似的典故，一次可以引用一个，也可以多个典故排比引用）

21. 毛泽东忍饥让饭

三年困难时期，毛泽东带头把自己的工资降下来了。他给自己定下"不吃肉、不吃蛋、吃粮不超定量"的规定，有时甚至一天仅吃一顿马齿苋充饥，身体出现了浮肿现象。

他的女儿李讷，在学校也经常吃不饱。一次，李讷放学和他一起吃饭。看着李讷狼吞虎咽的样子，他很心疼，就假装已经吃饱，让李讷一个人把所有的饭菜吃光了。

22. 陈毅与苹果

1961 年，陈毅奉命到西藏给十世班禅祝寿，班禅拿出苹果招待陈毅一行人。陈毅吃了一口，感慨道："很久没吃苹果了，苹果真好吃啊！"班禅很震惊，说："你是外交部部长，接待外宾总要有水果吧？还吃不上苹果？"陈毅回答："那是给外宾吃的。我们不能吃，我如果带头违反纪律，下面的人怎么办？"临走时，班禅让陈毅带些苹果。陈毅一再推辞，最后只拿了一个并说道："那我就拿一个回去给张茜（陈毅的夫人）尝尝，让她也解解馋。"

23. 彭德怀与黄瓜

1947 年，彭德怀率领西北野战军与胡宗南所部作战。一天晚饭时，他拿起桌子上的黄瓜咬了一口，就停了下来。他找来管理员问："战士们都有黄瓜吃吗？"管理员犹豫了一下，说："没有。"他立即让人把这些黄瓜送给伤病员，并且认为自己犯了官僚主义错误，在团以上干部会议上作了自我检讨。

24. 习仲勋实事求是

习仲勋说过："实事求是就是最大的党性。"1943 年，延安开始审查干部运动。当时由于过分地估计了敌情，具体负责这项工作的康生推行"极左"方式，大搞"逼供信"，造成了大批冤假错案。习仲勋经过深入调查研究，慎重提出要把思想认识问题和政治立场问题区分开来，建议党中央及时纠正"左"倾错误。在当时情况下，这样做的风险是很大的。习仲勋甘冒这个风险，就是因为他坚持实事求是的高贵品质。

25. 解放军露宿街头

1949 年，解放军一举拿下重镇上海。第二天一早，起床的上海市民惊奇地发现，几十万名解放军指战员露宿街头，天还下着蒙蒙细雨。宋庆龄看到这一幕，不禁感慨落泪："这才是人民军队。国民党回不来了！"民族资本家荣毅仁原本要飞往香港，看到这一幕后，毅然决定留下来参与新中国的建设。

26. 詹天佑为国不计名与利

近代科学先驱、著名工程师詹天佑，在国内一无资本、二无技术、三无人才的艰难局面下，满怀爱国热情，受命修建京张铁路。

他以忘我的吃苦精神，走遍了北京至张家口之间的山山岭岭，只用了500 万元、4 年时间就修成了外国人计划需资 900 万元、需时 7 年才能修完的京张铁路。前来参观的外国专家无不震惊和赞叹。

当时，美国有所大学为表彰詹天佑的成就，决定授予他工科博士学位，并请他参加仪式。可是，当时詹天佑正担负着另一条铁路的设计任务，因而毅然谢绝了邀请。他这种为国家不为个人功名的精神，赢得了国内外的称赞。

27. 华罗庚毅然回国

大数学家华罗庚，在"七七事变"后，从生活待遇优厚的英国回到抗日烽火到处燃烧的祖国，并积极参加抗日救国运动。

1950 年，他已经成为国际知名的一流数学家，并被美国伊利诺伊大学聘为终身教授，但他毅然带领全家留在刚解放的祖国。

28. 杨靖宇肚子里只有野草和棉絮

杨靖宇 21 岁参加革命，1940 年初，他被日军围困，身负重伤，啃不动树皮，只能将棉衣里的棉絮和着冰雪吞下去充饥。年仅 35 岁的杨靖宇壮烈牺牲后，残忍的日军剖开他的遗体。当看到他的胃里只有野草和棉絮时，这些侵略者全呆住了。在冰天雪地的长白山密林中，支撑着杨靖宇与敌人战斗的是对祖国的一腔热爱。

29. 杨善洲的职业病

优秀地委书记杨善洲，一辈子为民造福，克己奉公。20 世纪七八十年代，农村许多人已经住进了土木结构的瓦房，他仍住在茅草屋里；他在林场盖起了砖瓦房，却让给了新来的技术员住，自己仍然住在油毛毡棚里。他说："有人说我是自讨苦吃，其实你们不知道我有多快乐""如果说共产党人有职业病，这个病就是自讨苦吃。"

30. 焦裕禄精神

习近平同志在 2009 年视察兰考时，把焦裕禄精神概括为"亲民爱民、艰苦奋斗、科学求实、迎难而上、无私奉献"。

2014 年 3 月，习近平总书记在调研指导兰考县党的群众路线教育实践活动时指出："要特别学习弘扬焦裕禄同志'心中装着全体人民、唯独没有他自己'的公仆情怀，凡事探求就里、'吃别人嚼过的馍没味道'的求实作风，'敢教日月换新天''革命者要在困难面前逞英雄'的奋斗精神，艰苦朴素、廉洁奉公、'任何时候都不搞特殊化'的道德情操。"

31. 张富清深藏功与名

湖北来凤县的张富清，在解放战争的枪林弹雨中九死一生，先后荣获一等功三次、二等功一次，攻占摧毁敌人碉堡 2 座；多次充当突击队员，被西北野战军记"特等功"，两次获得"战斗英雄"荣誉称号。1955 年转业后，深藏功与名63年。

2018年，在退役军人信息采集时，通过泛黄的"立功登记表"，他的功劳才为世人所知。老人说："和我并肩作战的很多战友都牺牲了，我实在不能居功自傲。"

三、处世智慧篇

1. 商鞅徙木立信

商鞅在变法前，深知推行新法的困难，为了让老百姓相信自己，他想出了一条妙计。他命人在京城南门立了一根三米长的木杆，并发布公告，谁能把这根木杆扛到北门去，就赏十两黄金。这一举动引来了许多老百姓，他们围在一起议论纷纷，认为商鞅的立约不可信，所以无一人去扛木杆。商鞅见状，便把赏金提高到五十两黄金。一个人抱着试试看的态度把木杆扛到北门后，商鞅立即叫人拿了五十两黄金交给了他。商鞅用这种方式赢得秦国上下的信任，他制定的新法颁布后得到顺利推行。

【点评】 少年毛泽东非常推崇商鞅的做法。他在湖南省立高等中学求学时，写了一篇作文《商鞅徙木立信论》，论述了以民为本、取信于民的思想。人无信不立，但凡要推进一件工作、做好一件事情，首先要让受众相信你说的话。一个人失去别人的信任，就会举步维艰；政府失去公信力，执行力就会大打折扣，社会秩序就会混乱。"说了算，定了干，再大困难也不变"，能做到这一点，是很不简单的。

2. 赵匡胤以愚困智

一次，南唐派徐铉为使者到北宋纳贡。按照惯例，北宋要派人和南唐使者一起到南唐将贡品押运到北宋。南唐使者徐铉文采出众、能言善辩，名气很大。北宋的官员都认为自己的口才不如徐铉，怕出丑，因而没人敢应承这件事情，宰相赵普十分为难。

可是，宋太祖赵匡胤在不识字的太监中，随便挑了个连他也叫不出名字的人，让他应付这件事情。此人和南唐使者徐铉一同上船后，徐铉就高谈阔论、滔滔不绝，周围的人都被他的口才折服。这个不识字的太监根本听不懂徐铉在说什么，不知道如何应对，只好不停地唯唯诺诺、点头称是。这样几天后，徐铉说累了，就再也不张口说话了。南唐想让北宋出丑的图谋，也就不攻自破了。

【点评】这个典故叫作"以愚困智"，也叫"以愚屈智"。用最笨的人对付最聪明的人，往往能取得意想不到的结果。《射雕英雄传》中，聪明不过黄蓉。可黄蓉总被忠厚甚至有些愚笨的郭靖克制。诸葛亮的"空城计"，可以吓走聪明的司马懿。可如果用来对付张飞、李逵这样的人，恐怕诸葛亮会被活捉吧？"傻人自有傻福""巧诈不如拙诚"，聪明难免反被聪明误。

3. 魏元忠以盗治盗

唐高宗准备巡行洛阳。考虑到那时候恰好有些地方闹饥荒，草寇盗贼较多，唐高宗就命令监察御史魏元忠专门负责一路上的治安工作。

魏元忠接到命令后，就立即到了一个监狱，挑选了一名擅长偷盗的罪犯，让他出来协助自己做好安保工作。魏元忠让罪犯穿上官员的衣服并跟着自己，和罪犯一起吃饭一起睡觉。就这样，从长安一路到洛阳，随行的上万人，连一文铜钱都没有丢失。

【点评】盗贼最了解盗贼的作案方法和规律。用盗贼去防范偷盗行为的发生，可谓绝妙。假如魏元忠挑选一名饱读诗书的硕儒，或者武艺高强的侠客去负责此事，效果肯定不行。"隔行如隔山""术业有专攻"，要干好业务工作得让懂业务的人去干才行。现代社会人爱说的"让专业的人干专业的事"，也是这个道理。

4. 韩滉（huàng）钱镠（liú）用人所长

（1）韩滉。

唐朝的三吴节度使韩滉擅长用人，能够做到人尽其才。有一次，一个老朋友的儿子来投靠他。此人老实巴交，没有任何专长。韩滉曾经请此人参加酒宴，此人从头到尾端端正正坐着，不和任何人说一句话。韩滉就派他看守仓库。此人就每天坐在仓库门口，从早上坐到黄昏，一动不动。从此以后，所有的士兵都不敢随便进出仓库了。

（2）钱镠。

五代十国的吴越王钱镠，看见花园的园丁陆仁章很擅长种植管理花草树木，做事认真细致，遇到困难都能想办法解决，就把他记在心里。后来淮南人围攻苏州的时候，钱镠派遣他进入苏州城传达命令、传递情报，他果然圆满完成了任务并且安全回来。

【点评】唐太宗李世民曾经说过：明主无弃士，良匠无弃才。聪明的人，就用他的智谋；胆小的人，就用他的谨慎；愚笨的人，就用他的体力；勇猛的人，就用他的威力。善于发现人才、使用人才，是一门大学问。

5. 扁鹊三兄弟

春秋时期，魏文侯问扁鹊："你们兄弟三人谁的医术更高明？"扁鹊道："大哥医术最高，二哥次之，自己最差。"魏文侯好奇道："那为什么你最出名呢？"

扁鹊答："大哥治病，在病害形成之前就能事先铲除病因，可一般人并不知道他的高明，所以大哥声名不显；二哥治病，在病情刚出现之时就能发现并且治愈，一般人以为他只能看看小病，所以他的名气只及于乡里；而我是救人于危重之时，所以大家都以为我医术最高明，名气因此传遍天下。"

【点评】"上医治未病""善战者无赫赫之功"，这两句话表达的是同一个意思。破案如神，不如抓好治安、抓好预防、抓好教育，不让案件发生。这是一种理想的状态，非大智者不能为。目前，我国开展的健康教育、平安建设等工作，都是在"治未病"，一个是治疗人的病，一个是治疗社会的病。

6. 汉昭帝少年辨奸

汉昭帝刘弗陵，是汉武帝的小儿子，7岁即位。他13岁那年，大将军霍光外出检阅御林军，并把一个校尉调到了大将军府。一个叫上官桀的大臣，模仿燕王刘旦的口气和笔迹，借此事添油加醋诬告霍光谋反。霍光听说后，赶紧上朝向汉昭帝请罪。汉昭帝说："大将军请起，这是诬告。"众人不解。汉昭帝解释说："大将军检阅御林军，这是10天内的事情。燕王远在千里之外，怎么会这么快知道？就算他知道了，马上派人来送信，现在也到不了京城啊！再说，如果大将军真要谋反，也用不着调动一个小小的校尉啊！这明显就是诬告，别有用心。"

【点评】汉昭帝20周岁英年早逝。在位期间采取轻徭薄赋、与民休息的政策，屡次减免租赋，招抚流民，社会经济有所恢复，挽回了汉武帝晚年民生凋敝的颓势，并且平定叛乱、镇抚匈奴，开启了"昭宣中兴"的良好局面。汉昭帝小小年纪就能一下子抓住问题的关键和漏洞，可谓明察秋毫、聪慧非常。假如换作其他人，此时可能就会大兴冤狱甚至大动干戈了吧？

7. 重复谎言辨真伪

唐朝初年，有人写状子诬告李靖谋反。唐高祖李渊看到状子后信以为真，立刻命令御史刘成前往岐州捉拿李靖归案。

御史刘成认为李靖不会谋反叛逆，却一时想不出为李靖辩白的办法，只好请求与告状之人同行，想看看这个人一路上会不会露出什么破绽。刘成一到休息的时候，就翻开那封状子反复翻看，但也没有找出任何蛛丝马迹。

一天，刘成装出惊慌失措的样子，说那封状子丢了，拿起鞭子抽打主管行李的人，并且请告状者再写一份。告状者写完后，刘成拿来和原来的状纸进行对比，结果两份状纸出入很大，一些地方截然不同。于是刘成马上掉头回京，将此事上奏李渊。李渊大惊，立即杀了那名诬告者。

【点评】 让人重复一百遍真话，所说内容会是相同的。而假话就是假话，经不起重复和反复推敲。御史刘成的这种做法，为后来的办案人员提供了鉴别真伪的思路办法。以谎识谎，看似荒诞，却不失为一种良策。生活中面对一些看似无法破解的难题，我们不妨打破原有思维，从侧面入手，也许会有意想不到的收获。

8．许敬宗对唐太宗问

唐太宗问许敬宗曰："朕观群臣之中，惟卿最贤。然人议卿非者，何也？"

敬宗对曰："春雨如膏，滋生万物。农夫喜其润泽，行人则恶其泥泞；秋月如圭，普照四方。佳人乐其玩赏，盗贼则恶其光辉。天地之大，尚不能尽如人愿。何况臣乎？臣无羔羊美酒，以调众人之口。且是非不可听，听之祸殃结。君听臣当诛，父听子当灭。夫妻听之离，兄弟听之别。亲戚听之疏，朋友听之绝。人生七尺躯，谨防三寸舌。舌下有龙泉，杀人不见血。评情并度理，何惧小人说。"

帝曰："卿言甚善，朕当识之！"

【点评】 此文通俗易懂，所以此处不再译为白话文。笔者1997年6月在一幅书法作品上看到此文，觉得甚好，便抄录背诵下来。此文目前流传版本甚多，但均不如笔者记忆中的顺畅通达。因此，在反复对比之后，在此处采用了记忆中的版本。此文文辞优美、义理通畅、雄辩有力、逻辑严密。虽然许敬宗被定义为"奸臣"，但他的这些话值得学习和借鉴。

9．贾诩妙言定太子

因为曹植才名远播，曹操曾想废去曹丕而立曹植为太子。一天，他屏退左右就此事询问贾诩。贾诩沉默不言。

曹操很疑惑："你为什么不回答？"贾诩说："我在想一件事情。"曹操问："想什么事情？"贾诩回答："我在想袁绍和刘表的儿子们为争位而相互残杀的事。"曹操哈哈大笑，曹丕的太子之位就这样巩固下来了。

为何？古代立太子的规矩是"立嫡不立长，立长不立贤"，袁绍和刘表违背了这个规矩，造成了儿辈之间相互残杀，从而将家业彻底葬送。曹丕和曹植同为嫡出，但当时曹丕是长兄。如果曹操立曹植为太子，袁刘两家的惨剧可能会重演。

【点评】许多人称赞贾诩为"三国智谋第一人"，算无遗策，超过了郭嘉和诸葛亮，并且以狠辣著称。他的所有计策和建言都是寥寥几个字，却洞悉人性、直指人心。

权力的交接，往往伴随着腥风血雨；家产的继承，往往造成兄弟反目。贾诩简单的一句话，就打消了曹操的废立念头。如果他直言支持曹丕，也许会像杨修一样人头落地。杨修就是因为支持曹植当太子被杀掉的，并非《三国演义》中所说的因曹操嫉妒而被杀。实际上，贾诩是曹丕的支持者，但贾诩就比杨修聪明得多，没让曹操抓住任何把柄。

大家注意到没有。这段对话很像是在说相声，贾诩是逗哏，曹操是捧哏。两次捧逗之后，贾诩才把"包袱"抖了出来，才取得了让双方满意的结果，这就是语言的艺术。一句话说得好，可能会雨过天晴；一句话说得不好，可能会黑云压城、电闪雷鸣。

一句话能定太子人选的著名典故，还有两个：

（1）狄仁杰劝立李家人。

武则天当了皇帝，改国号为周，并且想把皇位传给侄子武三思。许多大臣见风使舵，建言立武氏后人为太子。

武则天就此事咨询狄仁杰，狄仁杰也非常清楚武则天的心思。狄仁杰心念大唐，和武则天的心思截然相反。他说："姑姑和侄子的关系，与母子关系相比，哪种更亲呢？陛下如果将自己的儿子立为太子，则等到将来您千秋之后，他们就会为您修建太庙，经常供奉您。如果立侄子为皇太子，我还从没有听说过有侄子当皇帝后为姑姑立太庙祭祀的先例呢！"武则天如醍醐灌顶，马上决定立自己的儿子李显为太子。

（2）方苞建言"观圣孙"。

康熙的四子胤禛和十四子胤禵都很优秀，并且是一母同胞。康熙想在他们两人中选一人继承皇位，但是长期难以抉择。

他在密室中征求方苞的意见。方苞刚开始不敢回答，在康熙一再追问之下，方苞才说了八个字："观圣孙，保三代昌盛。"这八个字让康熙恍然大悟。方苞的意思是：如果两位皇子都很优秀，无法抉择的话，那就看哪位皇子的儿子更优秀，就让这个皇子继承皇位。

方苞也很清楚，康熙最喜欢的孙子是四皇子胤禛的儿子弘历，也就是后来的乾隆。因为这八个字，雍正和乾隆父子二人得以继承皇位，清朝才出现一百多年的"康乾盛世"。

以上三个例子，可谓经典。这些臣子既表达了自己的意见，也避开了皇帝的"逆鳞"，保住了自己的性命。抗金名将岳飞，就是因为上书建言立太子，才让宋高宗赵构坚定了杀心。

怪不得古人说：万言万当，不如一默。怪不得民间说：病从口入，祸从口出。怪不得社会上流传这样一句话：我们用了几年的时间学会了说话，却要用一辈子的时间学会如何闭嘴。

10. 善败将军周培公

康熙曾经问周培公要做个什么样的将军。周培公答道：善败将军。周培公接着解释道：善败并非常败。淮阴侯韩信、蜀汉之孔明，皆善败将军！兵法所谓善胜者不阵，善阵者不战，善战者不败，善败者终胜——小败之后连兵结阵，透彻敌情，再造胜势。比之项羽百战皆胜，而乌江一战一败涂地，岂不好得多？

【点评】胜败乃兵家常事，人生亦是如此。失败并不可怕，可怕的是从此一蹶不振。"失败是成功之母"，有了周培公对善败的解释，并且能这样去做，这句话才能成立。否则，这句话就是空话。

11. "六尺巷"的由来

清朝康熙年间，在安徽桐城，张家和吴家是邻居，关系非常融洽。张家的家主张英是当朝宰相。后来吴家对宅院进行改造，双方因为地界的问题发生了冲突，互不相让，并且把官司打到了县衙。张家给京城的张英写了一封书信，希望张英跟地方官打个招呼，做出有利于自己的判决。张英给家里回了封信，里头有一首诗："千里修书只为墙，让他三尺又何妨。万里长城今犹在，不见当年秦始皇。"张家人看了信之后非常惭愧，主动后退，让出了三尺地基，吴家见张家这样谦让，也主动让出三尺。这样，两家和好如初，就形成了一条六尺宽的巷子。此事成为美谈，当地老百姓给这条小巷子起了个名字，叫"六尺巷"，也叫"仁义巷"。

【点评】许多人将聪明机巧当作智慧。这是大错特错的。其实，智慧更是一种境界，很难用恰当的语言表述。人品是智慧，忍让是智慧，勇敢、勇气、抉择、坚毅等许多美好的品质也是智慧。

聪明机巧是大脑思考的层面，智慧更侧重于心灵灵魂的层面。聪明机巧可以通过学习提升。智慧，则可以是与生俱来，也可以通过磨炼领悟来获得和提升。聪明机巧属于人道，智慧则与天道相合。"人法地，地法天，天法道，道法自然。"智慧可以获得，但最忌讳的是自私和欲望。"嗜欲深者天机浅"，不为外物牵绊、不喜欢算计、内心强大安静、不执着于"得"的人，更容易获得智慧。古人有云：占了人和事上的便宜，必受天道的亏。笔者认为这是至理名言。

12. 高僧妙喻解心结二则

（1）一位女士向高僧述说自己的烦心事。

高僧：这些事情都是过去发生的吗？

女士：都是几年前发生的，一想起来我就非常难受。

高僧：这些事情都是不好的事情，对吗？

女士：对。

高僧：你拉出的粪便很臭，和你的那些事情一样，也不是好的东西。对吗？

女士：对！

高僧：你拉出的粪便现在在哪里呢？

女士：当时就冲掉或者掩埋掉了。

高僧：为什么不把它们包起来放在身上呢？为什么不经常拿出来看一看、闻一闻呢？

女士：那多恶心啊！

高僧：对呀！你的那些烦心事，也和你的粪便一样。你为什么不把它们也都扔掉呢？为什么还要经常拿出来恶心自己呢？

（2）一个青年因失恋而向高僧求教。

青年：大师，我太难受了。没有她，我活不下去。

高僧：你是什么时候认识她的？

青年：三年前。

高僧：认识她之前，你快乐吗？

青年：快乐。

高僧：你现在很不快乐，是吗？

青年：是的。因为她离开了我。

高僧：三年前你很快乐，说明你不是因为她才快乐的。现在，你等于又回到了三年前。你应该仍然感到快乐才对。

青年恍然大悟。

【**点评**】上述两个小故事，大概都不是真实存在的事情，但其中的道理都是真的。

实际上，高僧并没有帮助他们解决实际的问题，只是让他们换一个角度看待问题：原来，这些所谓的问题和烦恼，本就不应该存在的啊！世上本无事，庸人自扰之。在绝大多数情况下，烦恼都是内心滋生出来的，是我们自己在为难自己。布袋和尚有言：行也布袋，坐也布袋。放下布袋，何等自在。就算真的有烦恼，那也无所谓。我们之所以烦恼，是因为我们没有放下烦恼而已。

13. 先修改原件

一对夫妇向高僧求教。说：大师，我的小孩不听话，不爱学习，经常出去惹祸。该怎么办？

高僧：您复印过文件吗？

夫妇：复印过。

高僧：孩子其实是你们夫妻两人的复印件。这样说有道理吗？

夫妇：有道理。

高僧：如果复印件上面有错字，您是需要先改复印件呢，还是先改原件？

夫妇：当然得先改原件。

高僧：对啊。你们得先改掉自己身上的毛病，才能彻底改掉孩子身上的毛病。

【**点评**】我们总是想努力改变别人，但这往往都是徒劳的。假如我们能先改变自己，也许就能改变别人。

在英国威斯敏斯特教堂里的一块无名氏墓碑，却成为名扬全球的著名墓碑。上面写着这样的墓志铭：我年少时，意气风发，踌躇满志，曾梦想要改变世界。但当我年事渐长，阅历增多，我发觉自己无力改变世界，于是我缩小了范围，决定先改变我的国家。但这个目标还是太大了。接着我步入了中年，无奈之余，我将试图改变的对象锁定在最亲密的家人身上。

但天不从人愿，他们个个还是维持原样。当我躺在床上，行将就木时，我突然意识到：如果一开始我仅仅去改变我自己，然后作为一个榜样，我可能会改变我的家庭；在家人的帮助和鼓励下，我可能为国家做一些事情。然后谁知道呢？我甚至可能改变这个世界。

想改变别人，就从改变自己做起。

14．一只蜘蛛的三个启示

雨后，一只蜘蛛艰难地向墙上已经支离破碎的网爬去。由于墙壁潮湿，它爬到一定的高度，就会掉下来。它一次次地向上爬，一次次地掉下来……

第一个人看到了，他说：这只蜘蛛可真是愚蠢，它从旁边干燥的地方绕一下就能爬上去，我以后可不能像它一样愚蠢。于是，他变得聪明起来。

第二个人看到了，他立刻被蜘蛛屡战屡败的精神感动了，并从这里得到了启示。于是，他变得坚强起来。

第三个人看到了，他叹了一口气，自言自语地说了一句：我的人生不正如这只蜘蛛一样吗？忙忙碌碌而无所得。于是他变得日渐消沉。

【点评】看到的是同一只蜘蛛，从不同的角度出发，便会得到不同的结论。这正像我们的生活一样，生活对待每一个人都是公平的，关键是看你用怎样的态度去面对它！

换一种角度，你可能会收获不一样的人生。

15．和尚救蝎子

一个和尚看见一只蝎子掉进水沟里，就弯下腰去捞蝎子。可是，和尚捞一次，蝎子就蛰他一次。路过的人都嘲笑他。和尚说：蛰人是蝎子的天性，救人是和尚的天性。我不会因为它丑恶的天性，就去改变我善良的天性。

【点评】不忘初心，方得始终。初心易得，始终难守。大多数人的一辈子，起初是有自己的初心的，但是走着走着就迷失了，忘记了自己要到哪里去，也忘记了自己为什么出发。

执着和坚守，是难得的素质与品质。

16．鳄鱼的绝招

鳄鱼捕杀猎物的绝招，就是一口咬住猎物后，立即在水中不停翻滚，从而将猎物弄晕溺死。这招被称为"死亡翻滚"，极少有猎物能够逃脱。

但是，有人利用鳄鱼的这一特点，来猎捕鳄鱼：把肉或动物用绳子系牢扔进水中，鳄鱼一口咬住，随即使出"死亡翻滚"的绝招。随着翻滚，绳子一圈一圈地缠绕在鳄鱼身上，越缠越多，越缠越紧。就这样，鳄鱼把自己捆了起来，成为人类的猎物。

【点评】《淮南子·原道训》中说："夫善游者溺，善骑者堕，各以其所好，反自为祸。"许多时候，人都是败在自己的优点上，而不是缺点上；有时候，人会因为自己的爱好而成功，也会因为自己的爱好而招祸。为什么？因为这些优点、特长、爱好，能让自己受益。时间长了，就会形成惯性、惰性，滋长侥幸、贪婪、傲慢之心。这样说来，人不是败在自己的绝招上，而是败在人性与生俱来的弱点上。

17. 朋友的种类

朋友可以分为许多种，但主要有以下几种：

忠友：人品过硬，忠实可靠，不会因为利益而背叛的朋友。

难友：曾经患难与共的朋友，感情深厚，日后仍然可以共患难，但未必可以共富贵。

死友：交情深笃，至死不相负的朋友。

挚友：交情深厚的朋友。

损友：不为自己朋友着想的人。也指关系圈里亲密度很强，喜欢胡闹、爱搞怪的朋友。损友的本质是坏的，他的出发点和立场都是在捣乱害人。

净友：坦诚相见，敢于直言相劝的朋友。陈毅有诗称赞："难得是净友，当面敢批评。"

益友：经常受其指教助益的朋友。常和"良师"并称。

会友：共同参加同一集会的朋友。

畏友：品德端重、让人敬畏的朋友。

盟友：为特定目的结盟的朋友。

不管是什么样的朋友，能做到"友直、友谅、友多闻"的，都可以深交。

【点评】交朋友是很重要的。朋友圈代表了自己的档次和素质，决定着自己以后的成就。

"鸟随鸾凤飞腾远，人伴贤良品自高。"刘邦早年认识的朋友，如杀狗的樊哙、赶车的夏侯婴、吹丧的周勃、当小吏的萧何，都成了大汉的功臣；朱元璋的"发小"徐达、汤和、常遇春、郭兴等人，都成了一代名将。

"蓬生麻中，不扶而直；白沙在涅，与之俱黑。"朋友是你周围环境的组成部分，也是你的资源。选择朋友，就是选择命运。

18. 柏拉图的坚持

古希腊大哲学家苏格拉底给学生上课，第一堂课就给大家布置了作业：每人每天甩胳膊300次，坚持一年。大家听了都觉得很奇怪，但既然是老师要求做的，必然有其深意。开始的时候，学生都照做了。可是一个月之后有小部分人认为很无趣就放弃了。两个月、三个月，有学生想可能老师当时就是随口一说，又有一部分人放弃了……一年之后，学生中能够坚持下来，而且一天都没有间断的人只剩下一个，他就是大哲学家柏拉图。

【点评】坚持，看似简单，其实不简单。把简单的事情坚持做下去，就很不简单。柏拉图能够成为和他老师齐名的哲学家、思想家，坚持，是不是他成功的秘诀呢？

19. 骆驼的经验

老骆驼在垂暮之年，又一次成功穿越了号称"死亡之海"的千里沙漠。马和驴请"老英雄"去介绍经验。

"其实没有什么好说的"，老骆驼说，"盯准目标，耐住性子，一步一步向前走，就到达了目的地。"马和驴很失望。马说："我以为它能说出些惊人的话来，谁知简简单单三言两语就完了。"驴也深有同感地说："一点儿也不精彩，令人失望！"

【点评】方向不变，坚持下去，就是不忘初心。成功者和我们普通人的区别，就是他们能够坚持。这个典故可以和柏拉图的典故一并学习思考。

20. 汉朝丞相"不问苍生问耕牛"

西汉丞相丙吉某次外出，碰到一场大规模的械斗事件，人员死伤惨重。但丙吉不管不问、径直经过。不久，丙吉看到一个农夫赶着耕牛在路上走，牛气喘吁吁，热得直往外吐舌头。丙吉立即下车，向农夫询问牛为何如此难受。

其他人不理解丙吉为何这样做。他解释道："百姓斗殴，自然会有长安令、京兆尹处理，此等小事不是丞相应当干涉的。但现在是春天而牛却热得如此难受，恐怕是湿热所致，这是阴阳失调、气候异常的表现啊，这恐怕要发生灾害，粮食欠收啊！这才是丞相应当关心的事情。"

【点评】丙吉的做法，在现代社会看来好像是错误的。但是，车走车路，马走马路，每个人、每个岗位都有其特定的职责。一个人、一个单位或者一个社会组织，最重要的是做好自己分内的事情。越俎代庖，可能暂时能收到一定效果，但长期下去，必然破坏了正常秩序。你做了别人应当做的事情，看似做了好事，其实未必会有好的结果。"不在其位，不谋其政"，古代先贤的这句话还是很有道理的。

21．眼里识得破，嘴里忍不过

明朝冯梦龙的《醒世恒言》中有这样一则小故事：有个进士薛某，因病发高烧。梦见自己高热难耐，跳入水中变成了一条金色鲤鱼，在水中游来游去。忽见一渔翁在船上垂钓。薛某知道鱼饵里藏有吊钩，便轻蔑地离开了。但那鱼饵太香了。他又想：我知道饵里有钩，但我小心一点不要吃到他的钩，那不就没事了吗？于是他游到了饵边轻轻地一口一口地吃，越吃越来劲，后来干脆一口将鱼钩吞到嘴里，被渔翁啪地钓了上来。薛某后悔不已，突然醒来，感叹说：眼里识得破，嘴里忍不过！

【点评】人性，是很难经得起考验的。嗜欲、自私、贪婪、图享乐，都是人性与生俱来的弱点。非大智大勇者不能战胜自己。

22．楚庄王的"绝缨会"

春秋时期，楚庄王大摆酒宴，招待群臣，并且把自己的宠姬许姬叫出来给群臣敬酒。突然一阵风把大厅上的蜡烛都吹灭了，全场漆黑一片。这时有一员武将趁机摸了许姬一把，许姬顺势扯下了那人的帽缨。

许姬希望楚庄王追查并惩罚这个人。谁知楚庄王却让人暂缓点蜡烛，对众人说："今天难得这么高兴，大家不要拘束，放开玩闹，不把帽缨扯掉不算痛快。"当晚，众人都玩得十分尽兴。

几年之后，楚国和晋国打仗，情况危急。一名将领奋不顾身，冲进敌营打败了晋国军队。楚庄王在论功行赏的时候，这名将领向楚王坦白：他就是那个被许姬扯掉帽缨的人。

【点评】楚庄王容人小过，却换来了下属输肝剖胆效命疆场。两人其实都是君子，这样做才有了好的结果。如果其中一人是小人呢？你的施恩会让他觉得你软弱可欺，进而变本加厉。

对待君子和小人，不能用同样的思维与做法。

23. 诸葛亮办事妥当

据《晋史》记载，桓温伐蜀的时候，诸葛亮当年手下一名小吏还活着，已经一百多岁了。

桓温问道："诸葛公有什么过人之处吗？"小吏回答说："没有什么过人之处。"桓温听完觉得自己比诸葛亮厉害。

可那名小吏沉默了一会儿又说："但是诸葛公去世以后，便再也没有见到过像他那样办事妥当的人了。"桓温这才觉得很惭愧。

【点评】办事情，最难得的就是"妥当"了。这两个字，也正是对诸葛亮的最高评价。办事办得妥当，可能不会让人们觉得高明。因为大家都认为这件事情就应该这样去办。其实，这才是办事的最高境界。办事办得让人觉得高明，办事的过程轰轰烈烈，会不会有哗众取宠、博人眼球的目的呢？会不会有搞"形象工程"的嫌疑呢？

24. 范文程一眼看透洪承畴

明朝的蓟辽总督洪承畴，不幸被清军俘虏。皇太极不断派人劝洪承畴投降，但洪承畴每次都不假思索地予以拒绝。皇太极非常着急。

可是，清朝的大臣范文程发现了一个细节：房梁上的尘土掉在洪承畴的衣服上，洪承畴一边跟范文程说话，一边反复拍打拂拭衣服上的尘土。

范文程就对皇太极说：洪承畴一定可以招降。洪承畴对自己的衣服尚且如此爱惜，更何况对自己的生命呢？皇太极听后亲自来到洪承畴的住处，嘘寒问暖、关心备至，还脱下自己的貂裘给洪承畴披上。洪承畴就这样被"糖衣炮弹"搞定了。

【点评】慷慨赴死易，从容就义难。洪承畴并非真的不想活了，不过是心理上仍不能割舍忠孝思想而已。如果新恩能盖过旧恩，给他一个台阶下，给他一些为自己找理由的时间，用"温水煮青蛙"的办法，他就能被轻易搞定了。范文程能够从一个小细节，做出这样的判断，真可谓洞悉人性、见微知著。

25. 乐池用人事与愿违

战国时期，中山国的丞相乐池带领车队出使赵国。因为人员较多，他选了一名很有智谋的门客作为管理者。可是，整个队伍还是混乱不堪。乐池指责了那名门客。那名门客立即辞职，并且说："有威信才能使人心服，有利益才能让人听话。现在我是你最年轻的门客。用年轻人管理年龄大的人，用地位低的人管理地位高的人，本来就是管理上的大忌。况且，你没有给我任何的权力，表现好的我不能奖励他，表现差的我不能处罚他。我怎么能管理好呢？"

【点评】管理是门大学问。人，都是不愿意被约束的，管理者掌握一定的施恩降祸的权力方可。管理光靠说服教育是不行的。否则，要司法机关干什么？要政府部门干什么？

26. 以马喻人

历史上有三个人以良马比喻人才。

第一个是汉武帝。《武帝求茂才异等诏》中说：要建立不同一般的事业，必须依靠特殊的人才。有的马爱发脾气踢人，却能一日千里；有的人受到世俗讥讽，却能建立功名。这些不受驾驭的马和放纵不羁的人，只在于如何驾驭他们罢了。

第二个是"唐宋八大家"之首韩愈。他在《马说》中这样议论：日行千里的马，有时一顿能吃尽一石粮食。饲养马的人不懂得它有能日行千里的能力而用普通马的标准来喂养它。这样的马，虽然有日行千里的才能，但吃不饱，力气不足，才能和品德就显现不出来。驱使千里马却不能按照正确的方法；喂养它却不能够充分发挥它的才能；听千里马嘶鸣，却不能懂得它的意思。只是握着马鞭站到它的跟前，说："哎呀，天下没有千里马啊！"

第三个是南宋名将岳飞。宋高宗赵构问岳飞是否得到过好马。岳飞回答说：我过去有两匹马，它们每天要吃几斗豆子，喝十斗泉水。而且如果不是精细的饲料、洁净的水，那么它们宁愿被饿死也不吃喝。它们开始跑得不快，等跑了一百多里后，才开始加速。这样一直从上午跑到傍晚，仍能继续再跑两百里路，跑完就像没有跑路一样。可惜这两匹马死了。这样的马，食量大但不随便接受食物，体力足但不逞能，是能日行千里的良马。现在我所骑乘的马匹却不是这样。它每天吃得不多，而且不择马料精粗和泉水清浊。我跨上马还未抓牢缰绳，它就蹦跳着快速奔跑。才跑一百里路，就跑不动了，喘着粗气，浑身淌汗，就像要累死一样。这样的马，吃得少，容易满足，喜欢逞能，但很快就跑不动了，是资质低下的马。宋高宗连声叫好，说："你说得太到位、太精彩了。"

【点评】墨子说过："良弓难张，然可以及高入深；良马难乘，然可以任重致远；良才难令，然可以致君见尊。"人才之所以成为人才，就是因为他们有着常人没有的品质和特点。这些特点或品质可能会让领导者和他人厌烦。但假如他们改掉了自己的那些"缺点"，他们就不会成为人才了。

27. 刘秀身先士卒

在昆阳之战中，昆阳城被王莽的42万大军团团围住，而昆阳城中的守军不到一万。无奈，当时只是偏将的刘秀带领13个骑兵，冲出包围去搬救兵。

当刘秀带领着几千名救兵返回昆阳城外时，情况已经十分危急，城内的将领心惊胆战，命令士兵不准出城作战。城外的援军也顾虑重重。刘秀就带着3 000名将士主动出击，自己率先闯入敌营，一口气杀敌数十。

刘秀的行为极大鼓舞了城内外起义军的士气，他们内外夹击，以一万多的兵力打败了王莽的42万大军。刘秀因此一战成名。

【点评】将为兵之胆。一个团体领导者的情绪、胆略、风格、意志，直接影响和造就整个团体的形象与状态。

领导者并非总是坐在军帐中或者在大后方"运筹帷幄之内，决胜千里之外"，关键时刻或危急关头还要冲在前头，亲自上阵杀敌。这样的队伍才是有凝聚力、有战斗力的队伍。

一个领导者，说"给我上"和"跟我上"的效果是截然不同的。一字之差，天壤之别。这个差别，就像国民党军官和共产党干部的差别。"平常时候看得出来、关键时刻站得出来、危难关头豁得出来"，这是我党对所有党员的要求。领导者更应具备这样的素质。

28. 张飞以身作则

刘备很器重马超。马超因此狂傲自大，疏忽了君臣之礼，和刘备说话常常直呼其名。关羽十分气愤，请求刘备杀掉马超。刘备不允许。张飞说："对马超这样的人，我们应当给他做出示范。"

第二天，刘备召集将军们开会，关羽和张飞手持钢刀，像亲兵一样笔直地站立在刘备的两旁。马超进入军帐，在座位席上看不到关羽和张飞，却看到他们两人笔直地站在刘备身旁侍候，不由大吃一惊，从此以后对刘备格外的恭敬。

【点评】张飞被《三国演义》冤枉了几百年。他不但勇猛异常，被称为"万人敌"，而且出身书香门第，智谋过人，擅长书法绘画，能吟诗作赋。一个莽夫，怎么能做到教训马超、义释严颜的事情呢？身教胜于言传，张飞深谙这一点。

29. 王阳明装傻坐上席

明武宗年间，宁王朱宸濠发动了叛乱，声势浩大，举国震惊。但仅仅

35 天，就被王阳明平定擒获。

明武宗派来的宠臣江彬等人到达江西时，叛乱早已被平定。这些人为了抢夺王阳明的功劳，就四处散布流言污蔑王阳明，还到处找碴为难他，试图让他屈服。王阳明第一次去见他们的时候，他们不按规定安排王阳明的座位，故意给他安排到旁边低等的座位上。王阳明装着什么也不知道，直接坐到了上座，主动开口让江彬这些人坐到下首的席位上。江彬等人破口大骂，可王阳明心平气和地向他们解释朝廷的规矩，就是不给他们让座。江彬等人无可奈何。

假如是一般人，恐怕摄于江彬等人的权威而忍气吞声了。王阳明不是为了争一个座位，而是因为一旦在这些人面前低了气势，以后就要处处被动，一切事情就要听命于他们，受其制约了。

【点评】座位、礼仪规格之类的事情，看似是小事情，是一种形式，其实饱含深意。别说是在官场，就是平常的民间宴请，座位的安排也是非常重要的。

江彬等人将王阳明安排到次席下座，就是为了羞辱他，为了夺权争功。如果王阳明屈服，也许还会死在这些人手里。中华民族乃礼仪之邦，特别讲究这些规矩。这些礼仪规定，是千百年来约定俗成的，代表的是秩序和规矩。秩序乱了，规矩坏了，恐怕什么事情也做不成了。

30. 和尚妙言免死

唐朝初期，有人向唐太宗李世民告发法琳和尚，说他的言论触犯了国法。唐太宗命人把法琳投入监狱，并对他说："你写文章说，诚心念观音的人，用刀也杀不死。我给你七天时间，让你去念观音。七天之后，看刀子能不能砍掉你的头。"

七天后。唐太宗问他："这七天你念观音了吗？"法琳和尚回答："和尚七天以来，不念观音，唯念陛下。"唐太宗很惊奇，问："为什么呢？"法琳回答："因为陛下您，才是真正救苦救难的观音菩萨啊。"唐太宗哈哈大笑，就把法琳和尚释放了。

【点评】"千穿万穿，马屁不穿。"和尚的这个回答可真到位，也充满机智，假如你是观音菩萨，我就不会死；假如你坚持要杀我，你就不是观音菩萨。

31. 朱元璋普法有绝招

朱元璋在《大明律》的制定上，投入了较多的心血，《大明律》经过近30年的修改才得以审定发布。怎样才能让这些法律精神普及到家家户户呢？

一是把法律变成故事。朱元璋亲自参与编写了《大诰》，也就是典型案例汇编，里面的案例情节生动、扣人心弦，特别是对行刑的过程、罪犯的表情声音等状态描写得具体细致，让人毛骨悚然、终生难忘。当时大多数的老百姓是文盲，根本看不懂、记不住那么枯燥的法律条文。这样做就能让一般老百姓理解法律的主要精神。同时，朱元璋还规定：犯罪情节不是特别严重的人，假如家里头有《大诰》这本书，可以减罪一等。这些措施，确实做到了让《大诰》家喻户晓。

二是把法律宣讲融入日常生活。在乡村基层设立申明亭，让退休官员、地方士绅等人调解民间纠纷、宣传相关法律；并且在群众集会或重大活动、重要仪式上，都要安排精通法律人士进行法律宣讲。

三是把法律列为官员的应知应会内容。要求各级官吏熟读法律，如果出现不能讲解、不了解法律内容的，要予以罚款、责打、记过、降级等处罚。

四是把法律纳入学习和考试内容。不仅把相关的法律列入科举考试中，并且"从娃娃抓起"，把法律搬上了课堂，列为读书人从小就要学习的科目，要求各级官吏对读书人学习法律的情况进行督导检查，学习不认真或学习效果不好的要进行处罚。

以上这些措施掀起了学习法律的热潮。最多的时候，到京城学习交流法律的人有19万。

【点评】朱元璋可谓普法的模范。他出身穷苦，为地主放过牛羊，当过和尚，讨过饭，当过兵，是历史上少有的平民皇帝。他的普法措施很接地气，这可能与他出身基层、阅历丰富有关。他接触过各阶层、各领域的人和事，对社会和人性洞若观火。

"宰相必起于州郡，猛将必发于卒伍。"书本知识是代替不了经历阅历的，不然就不会出现纸上谈兵的赵括。朱元璋了解老百姓大多是文盲的事实，所以通过讲故事的方式来普法；朱元璋了解情节生动的故事能吸引人、恐怖的刑罚细节能震慑人，所以《大诰》才有了恐怖小说的血腥味道。朱元璋知道地方士绅、退休官员对基层老百姓的影响力，所以让他们参与普法宣传；朱元璋知道乡村基层经常开展什么活动、老百姓经常参加什么集会，所以就利用这些活动、集会进行普法。朱元璋知道教育的重要性、知道官员学用法律的重要性，所以组织官员学法，把法律列入科举考试。人都有着趋利避害的本能，所以朱元璋才规定家有《大诰》者可以减罪一等，才有了那些看似不可思议的普法措施。

没有在底层生活工作过的人，没有经历过磨难的人，没有丰富阅历的人，是难以挑起重担的。

32. 王阳明脱衣审盗

王阳明在庐陵担任县令时，抓到了一个江洋大盗。这个大盗面对各种审问拒不招供，态度嚣张强硬，一副"死猪不怕开水烫"的样子。

王阳明亲自审问他，他还是不屑一顾，生死不怕。王阳明就说："那好，今天就不审了。不过，天气太热，你还是把外衣脱了，我们随便聊聊。"大盗很痛快就把外衣脱了。过了一会儿，王阳明又说："天气实在是热，不如把裤子也脱了吧！"大盗很豪爽地把裤子也脱了。又过了一会儿，王阳明又说："天气太热了，你把内裤也脱了。一丝不挂岂不更自在？"大盗这回一点都不"豪爽"了，双手按着内裤说："不方便，不方便！"王阳明说："有何不方便？你死都不怕，还在乎一条内裤吗？看来你还是有廉耻之心，有良知的，你并非一无是处呀！"说着，王阳明就让旁边的衙役去脱他的内裤。这个大盗连忙认罪招供。

【点评】一般县令判案，要么动用酷刑，要么敷衍定罪。王阳明则"出其不意，攻心诛心"，真可谓环环相扣，步步为营。

大盗拒不配合，自以为嘴紧牙硬，啥都不怕。王阳明顺势激将，轻松转移对方注意，不动声色掌握对话节奏，变被动为主动，从脱衣小事到廉耻大义，利用大盗倔强狂妄的心理状态，一步一步诱导对方叩问"良知"，不知不觉瓦解罪犯的心理防线。晓人情、懂人心，王阳明不愧为一代心学大师。难怪很多人说，中国的圣人有两个半，半个是曾国藩，一个是孔子，另一个就是王阳明。

33. 留守值班获提升

雍正六年（1728）正月十五晚上，清政府的内阁衙门中，只有一个姓蓝的供事在衙门里值班，其他官员和当差的都回家或者出去观灯玩耍了。

供事不是官员，没有功名在身，是京城一些要害部门从民间招录的办事员，相当于现在的临时工、合同工。如果表现得好，差满之后可以授予八九品之类的小官。他摆下酒菜在房间里自斟自饮。突然有一个人来到内阁。此人雍容富态，衣冠华丽讲究。供事认为此人可能是内阁里值班的官员，就赶紧请来客入座。两人边喝酒边聊。来客问了供事许多问题，比如姓甚名谁，什么职务，管什么事情，有多少同事，他们现在都去做什么了，等等。

来客问供事："你为什么不去观灯玩耍？"供事回答："内阁是朝廷最重要的部门，不能一刻无人。虽然今天是节日，一般不会有什么事情。但是，万一有了什么事情、出了什么疏漏，那责任可太大了！"

来客问供事："你来内阁当个供事，有什么愿望吗？"供事回答："将来差满的时候，朝廷能让当个小官就行了。"来客让他说得具体一点，他说："能到广东河泊当官，就心满意足了。"来客点点头，又喝了几杯酒就离开了。

第二天，朝廷就派人来到内阁，宣布让供事到广东河泊任职。供事这才知道，当晚和他喝酒谈话的人是雍正皇帝。

【点评】不要小看值班这个不起眼的日常工作。凡是值班不认真的人，都不可重用。因为这些人有侥幸懒惰之心，责任心不强，容易玩忽职守，甚至可能酿成大祸。雍正皇帝破格提拔这个小吏，就是看中了他忠于职守这一点。把平凡的工作做好就不平凡，把简单的工作做好就不简单。从任何平常小事，都能看出一个人的品质作风和能力。

34. 管仲的马栏用人理论

桓公视察养马场，问："养马场里什么工作最难？"管仲回答说："我也曾当过养马的官，最困难的事就是用木材建造马栏了。如果你首先选用曲木，曲木必须与曲木相配才行，那么直木就无法使用了，整个马栏将会是扭曲无状的；如果先用直木，直木要与直木相配，曲木也就无法挤进来了，这个马栏则是方正整齐的。"

【点评】管仲说的是建造马栏，同时也说明了选人用人之道。假如一个团体的主官是好的，那么和他配合共事的人都会是好的。因为能人会选用能人，好人会选用好人。好人和坏人是难以共事兼容的。用对了一个人，这个人就会发展出一个好的用人圈子，会形成良性循环。反之亦然。

35. 优孟智劝楚庄王

楚庄王爱马。他养了许多马，给它们建造了富丽堂皇的宫殿，而且让它们吃最好的饲料，甚至还给它们披上华丽的衣服。有一匹马死了，楚庄王很伤心。他命令所有的官员向死马追悼致哀，还准备按照宫廷官员的规格举行葬礼。有人去劝谏楚庄王，楚庄王不但不听，还非常恼怒，说：

"谁再来劝我，我就杀了谁。"

一个滑稽幽默的艺人，名字叫优孟。他见到了楚庄王，号啕大哭。楚庄王问他为什么哭。优孟回答说："那匹死去的马，是大王最心爱的。像楚国这样一个大国，却只用一般官员的规格礼仪来埋葬它，实在是太不像样了！"楚庄王问他："你觉得应该怎么办呢？"优孟接着说："应该按照国王的规格举行葬礼！应该通知到每一个诸侯国，让他们派出使节前来吊丧。出殡那天，让齐国、赵国的使者在前面敲锣打鼓，让魏国、韩国的使者在后面摇幡招魂。再将这匹马加封为万户侯，建造一座祠堂把马的牌位供奉起来。这样，让天下人都知道，大王把马看得很重要，把人看得很低贱。"楚庄王如梦方醒，说道："难道我的过错就这么大吗？现在我该如何处理这匹马呢？"优孟说："这很容易。用炉灶作它的坟墓，用铜锅作它的棺材，放些调料，把它煮熟了，让大家饱餐一顿就行了。"楚庄王接受了他的建议。

【点评】优孟机智过人，多次以幽默滑稽的方式劝谏楚庄王，并且能得到采纳。但是，这种做法对明智大度的人是很有效的，对小肚鸡肠的人，就可能会适得其反。假如他用这种方式去劝谏纣桀二君，恐怕会死无葬身之地吧！

36. 晏子持刀谏齐王

春秋时期，齐国有个人得罪了齐景公。齐景公将他绑到大殿前，准备将这个人大卸八块，并说："谁敢来劝谏，我就杀了谁。"齐国大夫晏子自告奋勇走上前，左手抓着这个人的头，右手拿着刀，问齐景公："古代尧舜这样的贤明君王，在肢解人的时候，不知道他们是从哪里下第一刀的？"齐景公马上站了起来，连忙说："算了，把这个人放了吧！这是我的错。"

【点评】晏子使楚的故事，大家耳熟能详。他的机智让人叹服。"伴君如伴虎"，晏子的许多机智劝谏能够奏效，也和优孟一样，是因为自己的胆量，也是因为君主的大度。

37. 曹操烧信安人心

官渡之战结束后，在袁绍的营帐中，收缴了很多曹操的部下私通袁绍的信件。这令很多人惶恐不安。曹操直接让人一把火烧了这些信件，说道："当时连我自己都不相信能够战胜袁绍，何况别人呢？"

【点评】光武帝刘秀诛杀王郎后，收缴了几千封自己部下和王郎往来勾结的书信。刘秀让人把信全部烧掉后，说："让那些睡不着觉的人安心吧！"

曹操的做法，是在学刘秀吧？两种一样的做法，收到了一样的结果：那就是收获了人心，保持了自己阵营的稳定。在形势和人心比较混乱，自己尚且不能完全掌握局势的情况下，这种做法是十分明智和恰当的。在太平盛世，在法度严明的平常时期，这样做就是姑息养奸了。

所以，做决策、办事情都要根据当时的情况决定，不能生搬硬套。项羽当初"破釜沉舟"，将自己"置之死地"，鼓舞了士气，战胜了秦军，做到了"置之死地而后生"；韩信当时"背水一战"，打败了强大的项羽，也做到了"置之死地而后生"。但是，三国时期的马谡学习他们二人的做法，结果却失去了街亭要地，彻底将自己置于死地，逼得诸葛亮不得不"挥泪斩马谡"。同样是一把刀，有的人举刀能杀敌，有的人举刀却干掉了自己。

38. 张辽以静制动

一天晚上，张辽的军营中有人意图谋反，纵火制造混乱，造成军营一片恐慌。张辽对身边的将领说："不要乱动！这不是整个军营里的人都谋反，一定是有作乱的个别人想要借躁动来扰乱人心罢了。"他向军营下达号令："凡没有参加叛乱的人，安稳坐好不要乱动！"张辽率领几十名亲兵站在军营的正中央。不一会儿工夫，带头谋反的人就被捉住了。

【点评】类似的典故还有两个。西汉的周亚夫率兵讨伐七国之乱时，夜间军营中发生骚乱。周亚夫安稳地躺在床上不起身，不久骚乱就不再出现了。东汉的吴汉担任大司马时，曾经有贼寇半夜攻击他的军营，军中受到惊扰。吴汉躺在床上就是不起身。军中士卒听说大司马连床都没起，便都回到自己的岗位。等军中安定下来吴汉才起床，挑选精兵半夜出击贼寇，大获全胜。

三人的应对方式如出一辙，都是以静制动。因为突然出现令人一惊一乍的事情，往往是有人蓄谋已久、暗中操作，目的是制造混乱、乘乱生事或声东击西。这个时候，最忌讳乱了阵脚，仓促应对。这样就会中了敌人的圈套，被牵着鼻子走。可谓一事被动，万劫不复。最好的办法，就是在保证安全的前提下，保持镇定，稳住局势。只要我们能岿然不动，情况就会拨云见日，所有的阴谋就会原形毕露，敌人也就无所遁形。

"无事常如有事时，提防才可以弥意外之变；有事常如无事时，镇定方可以消局中之危"，这句话可谓至理名言。"泰山崩于前而色不变，麋鹿兴于左而目不瞬。然后可以制利害，可以待敌"，为将、为官、为人，均当如此。

39. 陈子昂摔琴成名

"前不见古人，后不见来者。念天地之悠悠，独怆然而涕下。"这首《登幽州台歌》的作者是唐代著名诗人陈子昂。

唐高宗末年，出身豪贵的诗人陈子昂从四川来到长安参加进士考试。唐代的进士考试，卷子不密封，考官除了看考生的卷子外还要看他的名气，更重要的是看是否有达官贵人的推荐。因此，当时尚未成名的陈子昂两次考试双双落榜。

一天，长安街上来了一个卖琴的西域商人，一把胡琴就要卖千两银子（100万铜钱）。许多人围观，但因价格太贵无人购买，也很好奇这把琴为什么这么贵。这时，在这里连续观看两天的陈子昂走上前来将琴买下了，并当众宣布：明天在这里演奏绝妙的乐曲，望大家回去相互转告。第二天，果真有许多人在此等候，也有不少长安有名的诗人。陈子昂站到台阶上，高声喊道："我是蜀人陈子昂，善于写诗文，可是在长安却没有人知道。今天请各位来是听我演奏的。可一把乐工用的胡琴怎么可以卖价这样贵？这把琴也同其他的一样，没有什么特殊的。这把胡琴，怎么能和我的诗文相比？"他说完将手中的胡琴用力一摔，琴变成了碎片，在场的人都目瞪口呆。他趁机将自己准备好的诗文分发给大家。由于他的诗确实写得很好，这样，一天内他的名字传遍了长安城。在24岁那年，他如愿考中了进士。

【点评】陈子昂出名的方式出人意料。但是，他写的诗歌确实惊艳古今。没有实力的话，就算再摔几把胡琴也不会千古留名吧？没有实力的技巧，往往只是笑话。

40. 井里出美酒，还嫌没酒糟

传说，古时的江西宜黄有口名叫玉泉的井，有对夫妻在井边开了家小吃店。有一位穷道人经常光顾，虽然他经常赊账，但这对夫妻从来没有埋怨过，反而热情招待。

道人觉得这对夫妻很不错，也非常勤俭辛苦，就想帮帮他们。他问店主要了点糯米放在玉泉井里，对店主说："明天你们看看井里的水怎么样。"第二天，夫妻俩惊奇地发现，井水变成了香甜可口的美酒。小吃店的生意马上火爆起来了。两年后，道人又来了，他问夫妻俩生意怎么样？夫妻俩说生意很好，但男人抱怨说："酒是很好。可是光有酒没有酒糟也不行啊。没有酒糟，俺家的几头猪，不是还得掏钱买饲料去喂？"道人叹了口气，说了几句话："天高不算高，人心比天高。井里出美酒，还嫌没酒糟。"此后，玉泉井再也不出酒了。

【点评】"人心不足蛇吞象"，人的欲望是无止境的。欲望本身并不是坏事，但贪得无厌就不行了。"人为财死，鸟为食亡"，这对夫妻的结局还算很不错了，有多少人因为贪心丢了性命甚至家破人亡。

41．子贡观礼知兴衰

春秋时期，邾（zhū）隐公来拜见鲁定公，并举行了觐见礼仪。邾国是鲁国的附属国，邾隐公应该算是鲁定公的臣子。

孔子的学生子贡参加了观礼。观礼之后，子贡对孔子说："这两位君主，都有灭亡的征兆啊。"子贡解释说："礼仪是生死存亡的标志。左右周旋，进退俯仰，都需要有一定的礼数。邾隐公是臣子、是客人。他向鲁定公进献玉佩的时候，昂首挺胸，态度不够恭敬。这是骄傲欺君的表现，发展下去就会惹祸上身。鲁定公是上级、是主人，他在接受玉佩的时候，却低着头，非常谦卑。这是虚弱衰败的表现，可能会先死吧。"

几个月后，鲁定公得病死去。后来，邾隐公由于傲慢无礼，先后两次被吴王夫差、越王勾践废黜，最后孤零零地死在越国。

【点评】从细节和小事上可以看出一个人的习惯、修养、心态和素质。古人见微知著、以小见大的例子众多。

另外一个例子，也说明了这一点。春秋时期，秦国准备偷袭郑国，军队通过周朝都城洛阳的北门。按照礼仪规定，士兵必须下车脱去盔甲向王宫礼拜，表达对周天子的敬意。但他们没有脱去盔甲，仅仅摘下了头盔，且只是做个样子，便争先恐后地跳上车离开。

王孙满看见了这情形，对周王说："秦国军队一定会遇到大灾祸。"周王问："为什么呢？"王孙满说："秦国军队的举动轻狂骄横。轻狂就会缺少谋略，骄横就会不注意礼节。不注意礼节会随随便便，缺少谋略会使自己陷入困境。进入了险要之地还是随随便便的，能不失败吗？"果然，秦国军队在崤山遭到晋国的痛击，三个主帅白乙丙、西乞术、孟明视被晋军俘虏。

42．子贡要马白费口舌

孔子周游列国的时候，有一回他的马跑了，吃了农民的庄稼。农民很生气，就把马扣下不还。孔子让得意门生子贡去要马。子贡费尽口舌也没能把马要回来。

孔子说："用别人听不懂的道理去说服他，那怎么行呢？"于是又让马夫前去。马夫对农人说："我们在东海之滨种庄稼，过去没有来过这里；你在西方这个地方种庄稼，也从来没去过我们那里。可两地的庄稼却长得一个模样。马儿又不是人，分不清哪些庄稼属于谁。它怎么知道那是你的庄稼而不能去啃吃呢？"农人听了觉得有理，就把马还给了马夫。

【点评】子贡的学识，要比马夫强得多了。可他在要马这件事上，就不如马夫了。和别人沟通，要用别人熟悉的且听得懂的方式才行。我们党经常强调要讲老百姓听得懂的话，道理就在这里。

43. 容人小恶免大祸两则

（1）一个姓夏的富翁，乘船从桥下过。一个人将粪便从桥上泼到夏翁的船里头。仆人非常气愤，想要打那个人。夏翁认为这里头肯定是有原因的，就制止了仆人，反而安慰了那个泼粪的人几句，让他走了。

回家之后，夏翁这才了解到，那个泼粪的人欠他30两银子无力偿还，就想通过这种方式去寻死，这样债务就不用偿还了。夏翁知道这个情况后，就把借条烧掉了。

（2）有一个大年三十的下午，一个曾经典当过衣服的人，到当铺大叫大骂，非要拿回自己典当的衣服，但是不拿钱赎回。

当铺老板就让人把他典当的衣服给他，还赠了他一件新衣服，说："天气太冷，你的衣服拿回去御寒吧。这件新衣服，你可以在给人拜年的时候穿。"那个人什么也没说就走了。当天晚上，那个人死在了另外一个人的家里。因为这样，当事的两家人打了很多年官司。

原来，那个人欠债太多没法偿还，就提前喝了毒药，想死在债主家里，借此免除债务并趁机让家人敲诈一笔银子。有人问当铺老板为何能提前知道那个人的目的。当铺老板说："凡是一个人敢于明目张胆地去无理取闹，肯定是有恃无恐，想要达到某种目的。如果在这种小事上不能容忍，那么大的灾祸就会随之到来了。"

【点评】《菜根谭》中有云："忍得一时之气，免得百日之忧。"有人突然找碴闹事，肯定就是想激怒你，让你做出应激反应，然后找你的碴，碰你的瓷。千万不能上这个当。怎么办？向典故中的两个老板学习，忍得一时之气就行了。

现在是法治社会，科技手段也很多。在万不得已情况下，我们要留下证据，求助法律。当然，首先是能容忍得了他人的小恶。

44. 萧规曹随

汉朝丞相萧何病逝后，曹参接替了丞相的职务。曹参处理政事，一切按照萧何已经确定的章程，一点都不变动。有些大臣认为曹参懒政不作为，向他献计献策。可凡是有人来劝说曹参的，曹参就请他们一起喝酒，直喝得酩酊大醉才行。

汉惠帝看到曹参这种表现，也认为曹参不尊重自己这个年轻皇帝，偷懒耍滑。他就当面质问曹参为何这样做。曹参问汉惠帝："皇上，您和先帝相比，哪一个更英明？"汉惠帝说："当然是先帝。我怎么能比得上先帝呢？"曹参又问："那我和萧何丞相相比，哪一个更能干呢？"汉惠帝很坦率地回答道："你好像不如萧相国。"曹参于是说："确实不错。陛下不如先帝，我又不如萧相国。他们制定的制度非常完美。我们无法超越他们，就按照他们的规定去治理国家就可以了。为什么要去另搞一套呢？"汉惠帝明白了他的良苦用心，对他大加赞赏。

【点评】曹参是个大智慧的人，更是一个有良心的官员。他没有为了显示自己的才干，而去改动前人的制度；他不去搞"新官上任三把火"，而是"一张蓝图绘到底"，把前人的未竟事业继续做下去。

为政一方，最怕就是为了展示自己的魄力能力，树立自己的所谓形象和权威，擅自变动前任的规划和尚未完成的工程，另起炉灶另搞一套；不停地以"创新"之名瞎折腾，"拍脑袋决策，拍胸脯表态，拍大腿后悔，拍屁股走人"，造成了许多"形象工程""政绩工程"和"烂尾工程"。结果，魄力成了破坏力，创新成了创伤。所以，民间流传着这样一句话：张县长挖，李县长填，刘县长来了没法圆。中央近年来狠查"形象工程""政绩工程"和"隐性债务"，就是因为深谙这种做法的危害。实事求是地做决策、干工作，把党和人民的实际需要作为工作的出发点与落脚点，这才是讲党性的表现，才是党员干部的本色。

45. 管仲洞悉人情识小人

管仲得了重病，桓公前去探视，问他说："仲父的病很严重了，您有什么教诲我的呢？"管仲回答说："希望君王您疏远易牙、竖刁、常之巫、卫公子启方。"桓公说："我随口说自己没吃过人肉，易牙就杀了自己儿子以满足我的口欲。这样的人还能够怀疑吗？"管仲回答说："人的本性没有不爱自己儿子的。对自己儿子都那么残忍，对君王怎么能好呢？"桓公又说："竖刁阉割了自己，以便能侍奉我。这样的人还能够怀疑吗？"管仲回答说："人的本性没有不爱惜自己身体的。对自己的身体都忍心残害的人，对君王又怎么会好呢？"桓公又说："常之巫占卜人的生死，能驱除鬼降给人的疾病。这样的人还能够怀疑吗？"管仲回答说："生死是命中注定的，人的疾病是由于精神失守引起的。君王不听任天命，守住精神，却去依靠常之巫。他将因此而为所欲为。"桓公又说："卫公子启方侍奉我15年了，他的父亲死了都不回去奔丧。这种人还能够怀疑吗？"管仲回答说："人的本性没有不爱自己父亲的。他对自己父亲都如此无情，怎么会对君王有感情呢？"桓公说："我听你的。"

管仲死后，齐桓公把这四个人全都驱逐走了。可过了三年，齐桓公又把他们全都召了回来。

第二年，桓公病了。常之巫从宫中出来，说："君主将在某日去世。"易牙、竖刁、常之巫共同作乱，堵塞宫门，筑起高墙，不准人进宫，假称这是桓公的命令。卫公子启方逃走并投降了卫国。桓公流着眼泪说："唉！如果死者有知，我将有什么面目去见仲父呢？"于是用衣袖蒙住脸，死在寿宫。

【点评】还有四个比较典型的类似故事。

其一，春秋时期，齐人攻打鲁国，鲁国想任吴起为将。但吴起的妻子是齐国人，鲁国因此犹豫不定。吴起为了成就功名，竟杀了自己的妻子以表忠心。鲁国虽然任他为将，但在打败齐国后就立即罢免了他。这就是"吴起杀妻求将"的典故。

其二，春秋时期，魏国派乐羊子担任主帅出兵讨伐中山国。中山国君杀死乐羊子的儿子，煮成肉汤送给乐羊子。乐羊子为表忠心，在军帐中把肉汤一口气吃完。乐羊子打败中山国后，魏国虽然奖赏了他，但不再信任他，罢免了他的兵权。

其三，明朝天顺年间，都指挥使马良很受皇帝重用。马良的妻子死了，马良许多天没有上朝。皇帝准备去看望他，可突然得知他娶了新妻子，正在家里办喜事呢。皇帝大怒，狠狠责打了他一顿，从此不再重用他。

其四，明朝宣德年间，金吾卫指挥使傅广把自己阉割了，然后请求到皇宫中当太监。皇帝很奇怪："他已经是三品官了，还想干什么？残害自己的身体是想要再升官吗？"就让司法部门去治他的罪。

不爱惜自己身体的人，更不会爱惜别人的身体；不爱自己父母妻儿的人，更不会爱别人。

在新闻中看到过这样的事情：有的企业家经常积极参与慈善活动献爱心，可他手下的员工工资却很低，还经常拖欠不给。这样的人有爱心吗？对自己的身边人、下属没有爱心的人，怎么会对素不相识的人产生爱心呢？可以说，他们和易牙、竖刁之流一样，都是善于表演善于伪装的"戏精"，都是为了达到不可告人的目的。

46. 箕子预言天下大乱

箕子是商纣王的叔叔。商纣王即位不久，不再使用木头竹子制作的筷子，而使用象牙筷子。

箕子唉声叹气地说："这是要天下大乱了啊！他使用了象牙筷子，肯定不会使用陶瓷烧制的碗碟酒杯了，肯定要用犀牛角白玉做的东西了；有了象牙白玉做的工具，再去吃粗粮、穿布衣、住草房，那也不可能了，肯定要去追求锦衣玉食、宝马香车、宫阙楼阁了。这样下去，他的欲望会越来越多，整个天下都满足不了他了。我害怕他离死不远了。"不久，商纣王开始大兴土木，大肆搜刮天下来满足自己的欲望，老百姓就开始起来造反了。

【点评】"一叶落而知天下秋""见瓶水之冰而知天下之寒"，任何大的祸患都是从不起眼的小事开始的。"祸患常积于忽微，而智勇多困于所溺。"圣人能够见微知著、高瞻远瞩，就是因为这个道理。

47. 诸葛亮一眼看穿刺客

一天，刘备跟一个客人聊得很投机。诸葛亮忽然走了进来，客人立即起身上厕所。

刘备对诸葛亮夸奖起这个客人。诸葛亮说："这个人跟您说话的时候，眉飞色舞。但是一看到我，面色改变、神情紧张。他目光向下四处乱瞄，躲躲闪闪的，眼睛不敢正视我。他的外表露出奸形，内心包藏祸心，必然是曹操派来的刺客！"刘备赶紧派人去追捕，但那人已经跳墙逃跑了。

【点评】古人说："眼为心之苗。"现代人说："眼睛是心灵的窗户。"从一个人的眼神，确实可以看出人的智愚正邪。心里想什么，平时做些什么，都可以从眼睛中看到。所以，《孟子·离娄上》中说："存乎人者，莫良于眸子，眸子不能掩其恶。胸中正，则眸子瞭焉；胸中不正，则眸子眊（mào）焉。"

48. 一枚铜钱取消功名

乾隆年间，南昌地区有一位秀才，因为特殊的机遇，被选拔到江苏常熟担任县尉。

依照惯例，他上任前去拜谒自己的顶头上司——江苏巡抚汤斌。可是，他去了九次都无法见到巡抚一面。秀才第十次去拜谒巡抚时，还没等他开口说话，看门的人就对他说："巡抚大人的命令下来了，他要你不必赴任了，你的名字已被列入弹劾名单中了！"秀才问道："那巡抚大人可曾说，我因何事被弹劾？"巡捕说："就一个字，贪！"秀才辩解道："我至今尚未上任，也未曾做过一官半职，何来的'贪'呢？"

经过提醒，秀才想起了当年在京师书店中的一件事。那天，秀才到过一家书店。有一个少年买书的时候，不小心掉落了一枚铜钱，可怎么也找不到，只好怅然离去。原来那枚铜钱滚落到了秀才的脚边，秀才立刻用脚把它踩住，不动声色地假装站在那里好像在看书一样，等少年离去后，他偷偷把铜钱捡起装进兜里。当时一名衣着朴实、儒者模样的老翁也在书店里，还走到他身边，跟他聊了几句，问了他的姓名，然后就冷笑着离开。这个老翁，就是江苏巡抚汤斌。

巡抚还让人传话："你当秀才时，就已经十分贪婪了，连一文钱都不放过！如果当了官，能不中饱私囊、搜刮民财吗？朝廷已经同意撤销你的任命，你还是回家反省改过吧！"这个秀才竟因贪图一枚小小的铜钱，丢失了自己的大好前程。

【点评】 还没上任就被弹劾罢官，世间唯此一例。一滴水也可以折射太阳的光辉。有些小人物只做过小的坏事而没有做过大的坏事，不是他不愿做，而是地位能力还达不到。那个秀才如果当了官，肯定是个贪官。江苏巡抚汤斌的做法，值得称道。

49. 万二听诗避祸端

明太祖洪武初年，江南嘉定县有个人叫万二，是当地数一数二的富豪。他非常关心京城内大小事件和国家动态，每逢有人从京城回来，他总是详细询问。

万二一个朋友从京城回来，万二向他打听有什么新闻和大事。那人回答："也没什么新闻和大事，就是皇帝最近作了首诗：百僚未起朕先起，百僚已眠朕未睡。不如江南富足翁，日高三丈犹披被。"万二叹道："完了！不好的兆头已出现了。"原来，江南的一些商人富可敌国，早就引起了朱元璋的猜忌，他一直在等待时机对江南的富商采取行动。万二马上把财产委托给几个能干的家人掌管，自己买了一艘大船载妻子儿女泛水漫游，到洞庭湖和湘江一带去了。很快，明太祖朱元璋找借口对江南富豪进行抄家，独有万二在外躲过一劫，得以善终。

【点评】古往今来，许多大人物都是从细不可查的小事中判断多年后发生的大事。

"秋风未动蝉先觉"，大事发生之前，都有细小的先兆发生，唯有有智慧的人能够察觉。

50. 驴和猫的不同待遇

一天，主人赶着驴子下地干活。回来后，驴子大汗淋漓，身上沾满泥土。主人拌了草料让它吃。一旁的小猫见到主人回家，立即扑到主人怀中撒娇。主人宠溺地对小猫又亲又搂，还拿出肉喂小猫。

驴子很羡慕，也学着小猫的样子，向主人怀中扑过去撒娇。结果一下子将主人扑倒在地。主人很生气，拿起鞭子狠狠抽打驴子一顿。驴子就不明白了：为什么小猫撒娇就能受到宠爱，自己却挨了一顿打？

【点评】每个人生存的方式是不同的，适合别人生存的方式，并不一定适合你。你如果硬是学着别人去做，可能会被生活狠狠地教训一顿。

结语
"万能答案"的秘诀实质

这本书就要结束了。笔者拟对整书作一总结和概括。

前面讲过面试的得分增分要素和每类面试题的答题规律甚至"万能答案""万能关键词"等。其实，这些内容和所有的面试答案，不外乎以下思维和方法：

一、三种万能思维方式

（1）利他思维。真正地、发自内心地尊重他人，心中要有爱；时时处处为他人着想，为他人服务，明白"成全别人就是成就自己"的道理；站在党、国家、人民的立场来看待和处理问题，用党员的标准要求自己，"心里装着人民群众，唯独没有我自己"，即使你不是党员，也要这样去想、去做。这也是大局观念。

（2）辩证思维。每遇到一个问题，都要从正反两方面去思考、去准备、去处理。

（3）阳光思维。对任何的事情和问题，都要从正面去理解和对待处理它。不能怨天尤人，不能自暴自弃，不能半途而废，不能有"躺平"思想。所表达的内容必须是个人的"真善美"，是积极向上、阳光乐观的正能量。即使面对的是非常黑暗的事物，也要充满信心、充满斗志，积极面对解决它。本书收集的名句和典故，就是以"阳光"为主要原则。

二、四种万能的心态

（1）真心。前面的篇章中，关于真心、真情的重要性已经论述不少了，这里不再多说。

（2）信心。遇到难以解决的困难，首先要树立信心，鼓舞自己的斗志，表现出自己的正能量。

（3）恒心，也包括耐心。不达目的誓不罢休，不忘初心，牢记使命，咬牙坚持，砥砺前行。

（4）平常心。对待荣辱得失保持平常心，要在回答中体现这一点。

三、九种万能方法

（1）学习。平时要学习，遇到不会的要学习，遇到新问题新情况要学习；向书本资料学、向身边人学，现代社会更要向网络学；学理论、学政策、学法律、学业务、学工作、学生活。反正，要树立终身学习的观念，需要什么你就学什么，活到老，学到老。

（2）创新。遇到难题要创新。过去的老办法已经不灵时，只有创新才能解决问题。

（3）吃苦。这是一种精神，也是一种方法。"嚼得菜根，则百事可做"，这是真理。

（4）吃亏。任何时候都不能计较个人得失，敢于吃亏，甘于奉献。这样能化解许多矛盾。

（5）借力。自己不会，可以请教别人，借助别人的大脑；自己干不了，就向别人求助，借助别人的力量，甚至可以借助领导、上级、社会各界的力量。遇到大事难事，可以考虑使用这种方法。

（6）调查。遇到新情况新问题，首先要做的就是调查了解，然后才能拿出解决问题的方案。

（7）自省。工作出错了要自省，关系不协调了要自省。首先要从自己身上找原因。别人的、外部的原因也可以找，但都必须先从自己身上找。工作顺利取得成绩了也要自省：千万不要得意忘形啊！

（8）沟通。凡是遇到人际关系上的问题，沟通是少不了的。沟通未必能化解所有的矛盾,但不沟通一定不能化解矛盾。缺乏沟通,必然导致隔阂。平时经常沟通,也是预防出现矛盾隔阂的必要方式。

(9)总结。毛泽东主席曾经指着自己的头说:"我这个人不是特别聪明,但是我很善于总结。"总结,就是回顾思考、寻找规律。总结,才能"前事不忘,后事之师";总结,就是回顾过去、把握现在、展望未来。经常静下心来,进行阶段性总结,是一种很重要的人生方式和工作方法。

以上内容,总结为"三思四心九法",可以作为面试答案的指导思想。其实,这也是生活工作中必须具备的基本素质和方法,是做人、做事、为官的基本准则和方法。面试,就是考察你做人做事的基本观念和方法是否正确,考察你走上工作岗位后会如何对待群众、对待同事、对待领导、对待家人、对待朋友,如何对待党、国家和社会,如何做好自己的本职工作。

总的来说,面试的答案就是如何做好人、做好事、做好官的道理和方法。

最后一句话,面试其实就是这么简单,和相亲没有什么本质性的区别!